The Blue Book on the Development of
SMBs in China (2016-2017)

2016–2017年
中国中小企业发展
蓝皮书

中国电子信息产业发展研究院　编著

主　编／刘文强

副主编／赵卫东

人 民 出 版 社

责任编辑：邵永忠　刘志江

封面设计：黄桂月

责任校对：吕　飞

图书在版编目（CIP）数据

2016－2017 年中国中小企业发展蓝皮书／中国电子信息产业发展研究院 编著；
刘文强 主编 .—北京：人民出版社，2017. 8

ISBN 978 － 7 － 01 － 018091 － 5

Ⅰ.①2… Ⅱ.①中… ②刘… Ⅲ.①中小企业—经济发展—研究报告—中国—
2016－2017 Ⅳ.①F279. 243

中国版本图书馆 CIP 数据核字（2017）第 204751 号

2016－2017 年中国中小企业发展蓝皮书

2016－2017 NIAN ZHONGGUO ZHONGXIAO QIYE FAZHAN LANPISHU

中国电子信息产业发展研究院 编著

刘文强 主编

人 民 出 版 社 出版发行

（100706　北京市东城区隆福寺街99号）

三河市钰丰印装有限公司印刷　新华书店经销

2017 年 8 月第 1 版　2017 年 8 月北京第 1 次印刷

开本：710 毫米 ×1000 毫米 1/16　印张：18. 5

字数：300 千字

ISBN 978 － 7 － 01 － 018091 － 5　定价：95. 00 元

邮购地址　100706　北京市东城区隆福寺街99号

人民东方图书销售中心　电话（010）65250042　65289539

版权所有·侵权必究

凡购买本社图书，如有印制质量问题，我社负责调换。

服务电话：（010）65250042

前　言

大力发展中小企业，是我国一项长期战略任务。党中央、国务院高度重视中小企业发展问题，中央领导多次作出重要指示和批示。近年来，国务院制定了一系列促进中小企业发展的政策措施，各地区、各部门认真贯彻落实，加大对小微企业扶持力度，并结合本地区、本部门实际出台了一系列配套办法和实施意见，各项工作取得积极进展。

一是发展环境进一步优化。本届政府以来，大力推进简政放权、放管结合和优化服务。国务院部门共取消和下放行政审批事项 618 项，取消非行政许可审批类别，工商登记前置审批精简 85%，全面实施"五证合一、一照一码"，投资核准中央层面减少 90%，一系列改革举措的深入推进，极大地激发了小微企业活力和创造力。2016 年，全国新增市场主体日均保持在 4 万户以上，其中新登记企业平均每天 1.5 万户。

二是财税支持进一步加大。财政部会同工业和信息化部等 5 部门开展"小微企业创业创新基地城市示范"工作，先后确定两批示范城市，中央财政安排补助资金 160 亿。国家中小企业发展基金有序推进，目前，4 只直投子基金均已开展投资，所投项目涵盖高端装备制造、新能源新材料、生物医药、节能环保、互联网新媒体等领域。继续深化惠企税费政策，将小微企业减半征收所得税标准由 30 万元逐步提高到 50 万元；继续推动营改增，简化增值税税率结构；全面推开涉企收费公示制，降低了养老保险、失业保险、工伤保险和生育保险费率，着力减轻企业负担。

三是融资支持进一步加强。通过实施定向降准、小微企业再贷款、再贴现等方式，扩大小微企业信贷资金来源。人民银行数据显示，截至 2016 年末，人民币小微企业贷款余额 20.8 万亿元，同比增长 16%，分别比同期大型和中型贷款高 7.2 个和 9.1 个百分点。为提高金融服务覆盖率和可得性，有关部门推动大中型商业银行设立普惠金融部，实行专业化管理，严格落实小微企业贷款"三个不低于"要求。另外，人民银行、工业和信息化部等部门印发《小微企业应收账款融资专项行动工作方案（2017—2019年）》，推动金融机构和供应链核心企业支持小微企业供应商开展应收账款融资。

四是推进企业创新创业。组织实施创办小企业计划，目前，各地共认定小企业创业基地2495家，入驻企业26万户，提供就业岗位500余万个。开展国家小微企业创业创新示范基地培育和认定，2015年、2016年两年共公告两批194家示范基地。推动创客中国平台建设，举办创客中国大赛。工业和信息化部与知识产权局印发《全面组织实施中小企业知识产权战略推进工程的指导意见》（国知发管字〔2016〕101号），提高中小企业知识产权创造、运用、保护和管理能力。实施"互联网＋小微企业"创新创业培育行动，引导信息化服务商和电信运营商，建设信息化服务平台，支持中小企业应用互联网和信息技术，做强核心业务，实现创新发展。

五是完善公共服务体系。推动中小企业公共服务平台网络建设和示范平台管理。中央财政累计安排近15亿元支持各地中小企业公共服务平台网络建设，共带动各类服务机构12万个，2016年服务企业250万家（次）。组织实施企业经营管理人才素质提升工程和中小企业银河培训工程，每年完成对1000名中小企业领军人才和50万人次企业经营管理人员的培训。建立和完善中小企业管理咨询专家库，鼓励和引导管理咨询机构开展中小企业管理诊断和管理咨询服务。

六是推动交流合作与市场开拓。深化与有关经济体在中小企业领域的交流合作。先后与美国、韩国、日本、德国、欧盟及亚太经合组织（APEC）等在中小企业领域建立双边和多边合作机制。成功举办第13届中国国际中小企业博览会，为中小企业交流合作、开拓市场搭建平台。推进中外中小企业合作园区建设。2013年以来，先后批复设立了中德（太仓）、中德（揭阳）、中国（广州）、中欧（江门）、中德（蒲江）、中德（芜湖）中小企业中外合作区。另外，2016年，我部与中国银行共同印发《促进中小企业国际化发展五年行动计划（2016—2020年）》，推动搭建中小企业市场开拓经贸合作平台。

2017年是全面落实"十三五"规划的关键一年，也是推进结构调整、转型升级的关键之年。赛迪智库中小企业所立足对中国中小企业的持续关注，延续以往的系列研究，组织编辑撰写了《2016—2017 年中国中小企业发展蓝皮书》，对 2016 年中小企业发展状况和 2017 年中小企业发展态势进行梳理和展望。相信本书有助于广大中小企业了解和掌握国家的相关政策，同时也为新形势下社会各界研究中小企业政策和发展提供参考。

工业和信息化部中小企业局局长

目　　录

专 题 篇

政　策　篇

热　点　篇

展 望 篇

综合篇

第一章　2016 年中国中小企业发展环境

2016 年，国内外经济形势仍然较为严峻。从国际来看，国际经济复苏进程缓慢且不均衡，同时，世界贸易缓慢回升，折射出全球市场需求回升成为中小企业发展的重要拉动力。从国内来看，国内宏观经济下行压力依然较大，但是，随着一系列政策措施的落地，中小企业活力也随之释放，高企的成本得以缓解，企业营商环境不断优化以及跨区域合作水平也显著提升。

第一节　中小企业发展的国际环境

一、世界经济复苏进程缓慢且不均衡

2016 年世界经济复苏缓慢且不均衡。2017 年 1 月 17 日，联合国发布的《2017 年世界经济形势与展望》对世界经济增长做出了分析，2016 年全球经济增长以 2.2% 的水平创下 2009 年全球经济危机以来的最低值。2017 年 1 月 16 日，世界货币基金组织（IMF）发布的最新《世界经济展望》报告指出，2016 年，中国经济增速为 6.7%，其对全球经济增长贡献了 1.2 个百分点，而美国和欧洲对全球经济贡献分别为 0.3 和 0.2 个百分点，这意味着中国的贡献率远超所有发达国家之和。与我国经济增长水平相当的还有印度，经济增速为 6.6%，都成为全球经济发展的亮点。2017 年 1 月 10 日，世界银行发布的《全球经济展望》指出，2016 年全球经济增长仅为 2.3%，创下自金融危机以来的最低增幅。其中，发达经济体经济增速为 1.6%，远低于新兴市场和发展中经济体 3.4% 的水平，也反映出全球经济体间经济发展水平并不均衡。

表1-1　世界主要国家制造业采购经理人指数统计

国际机构	预估对象	2016 年
国际货币基金组织 （2017 年 1 月）	世界	3.1
	发达经济体	
	新兴市场和发展中经济体	
联合国 （2017 年 1 月）	世界	2.2
	发达经济体	–
	新兴市场和发展中经济体	–
世界银行 （2017 年 1 月）	世界	2.3
	发达经济体	1.6
	新兴市场和发展中经济体	3.4

资料来源：赛迪智库整理，2017 年 1 月。

二、世界主要经济增长分化明显

1. 美国经济复苏态势明显

虽然，美国新任总统特朗普推行的政策难以完全落实，但对于提升该国经济信心具有重要推动作用。

进入 2013 年以来，美国 GDP 在 2014 年 3 月触底，经过多次波动后，2016 年 3 月实现自 2014 年 3 月以来的最低值。但是，进入 2016 年以来美国经济总体向好，前三季度 GDP 增速折年率不断攀升，从第一季度的 0.8% 升至第三季度的 3.5%，增幅明显，反映出美国经济复苏态势明显。

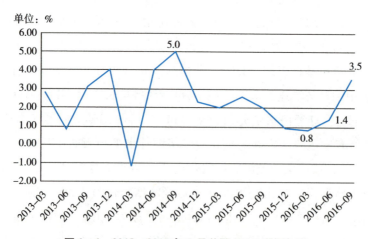

图 1-1　2013—2016 年 9 月美国 GDP 增幅年率

资料来源：Wind 数据库，2017 年 1 月。

从采购经理指数（PMI）来看，除个别月份外，美国制造业 PMI 均位于荣枯线之上。1月美国PMI触底，但是，8月开始美国经济持续复苏，PMI从8月荣枯线以下不断回升至11月的54.7，增幅较大，反映出美国制造业复苏迹象明显。

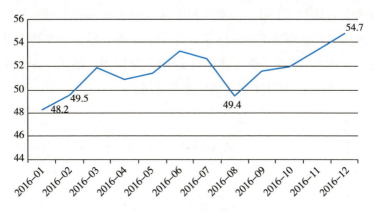

图 1 - 2　2016 年美国制造业 PMI

资料来源：Wind 数据库，2017 年 1 月。

2. 欧洲经济格局重构，经济增速有所放缓

在难民危机、债务问题、地缘政治、黑天鹅事件的共同作用下，欧洲地区之间不平衡状况加重，国家间利益取向和政策目标分化加剧，经济格局正在经历重构。2016 年前三季度，欧元区 GDP 同比增长分别为 1.7%、2.3%、

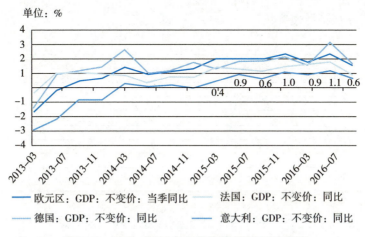

图 1 - 3　2013—2016 年 9 月欧盟 GDP 同比增速

资料来源：Wind 数据库，2017 年 1 月。

1.5%，其中，德国以 1.51%、3.12% 以及 1.54% 的水平与欧元区总体水平持平。相较于上一年，意大利 2016 年 GDP 增速小幅提升，但仍低于欧元区总体水平。2016 年前三季度，法国 GDP 增速略低于同期欧元区 GDP 增长水平。

从采购经理指数（PMI）来看，2016 年底欧元区制造业以扩张收尾，扩张态势几乎遍及调查覆盖的所有国家，这表明 2016 年欧元区制造业增速整体好于以往。2016 年 12 月，欧元区制造业 PMI 为 54.9，已经连续三年多高于荣枯分界线，并创下自 2011 年 4 月以来的新高。

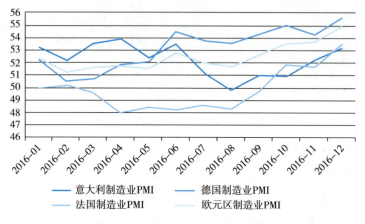

图 1-4　2016 年欧盟制造业 PMI

资料来源：Wind 数据库，2017 年 1 月。

3. 日本经济低速增长

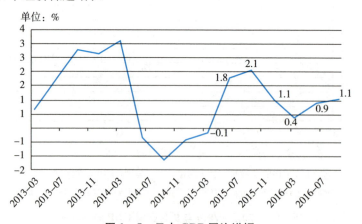

图 1-5　日本 GDP 同比增幅

资料来源：Wind 数据库，2017 年 1 月。

在人口老龄化、政府高额债务、要素资源匮乏等多重因素持续困扰下，该国经济仍然表现出缓慢复苏态势。虽然2016年二三季度GDP均低于上年同期值，但该国经济自进入2016年以来不断缓慢回升，GDP同比增速从第一季度的0.4%，不断攀升至第三季度1.1%的水平。

从采购经理人指数来看，2016年日本制造业呈现"U"形增长。2016年5月，该国制造业PMI从1月52.3的水平大幅回落至47.7的水平，成为自2013年1月以来的最低值。9月该国制造业PMI重回荣枯线以上，并于12月升至当年最高值。虽然该国制造业PMI在前五个月大幅回落，但是5月之后，制造业扩张趋势明显，反映出该国经济开始步入复苏阶段。

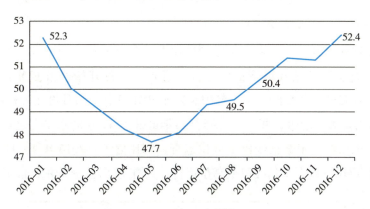

图1-6　2016年日本制造业PMI

资料来源：Wind数据库，2017年1月。

4. 新兴市场经济体整体温和复苏

2016年，新兴市场和发展中国家经济内部分化较为明显，但整体呈现温和复苏态势。联合国发布的《2017年世界经济形势与展望》明确指出，发展中经济体将继续是全球经济增长的主要动力，此外，世界银行发布的《全球经济展望》将2017年新兴市场和发展中经济体增速将从上一年的3.4%上调至4.2%，增长0.8个百分点。从印度经济实际发展来看，其2016年前三季度GDP同比增速分别以7.95%、7.09%和7.26%的水平远高于其他国家，虽然与2014年第三季度8.34%的增长率仍有差距，但其强劲的复苏态势成为新兴经济体的亮点。2016年，巴西GDP同比增速分别为-5.43%、-3.58%和-2.87%，均为负增长。

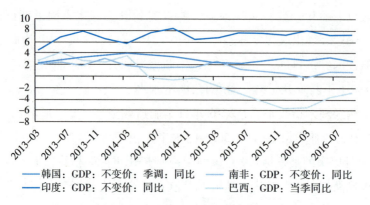

图1-7 新兴经济体GDP增幅变化

资料来源：Wind数据库，2017年1月。

从制造业PMI来看，新兴国家制造业发展分化明显。2016年，巴西制造业PMI一直位于荣枯线以下低位运行。南非自8月开始经济复苏，制造业PMI于9月回升至荣枯线以上。韩国制造业PMI只有个别月份在荣枯线以上，7月开始出现大幅滑落，并于9月降至当年最低点47.6的水平，之后虽有缓慢回升，但始终处于荣枯线以下低位运行。相比之下，2016年1—11月，印度制造业PMI一直在荣枯线以上高位运行，只有12月降至荣枯线以下。

图1-8 2016年新兴经济体PMI

资料来源：Wind数据库，2017年1月。

三、世界贸易缓慢回升

2016 年除个别月份外，发达国家出口贸易均为负增长。具体而言，2016 年 1—7 月，美国商品出口贸易额均为负增长，8 月不断回升至 0.84% 的水平。但是，10 月又降至 - 0.17%，11 月缓慢攀升至 0.88% 的水平。虽然，2016 年前 7 个月美国出口贸易一直处于负增长状态，但是其滑落幅度不断减小，最终在 11 月实现正增长，显示出美国出口贸易缓慢回升；进入 2016 年以来，欧盟 19 国出口贸易波动较大。7 月份出口贸易增速触底，以 - 9.50% 的水平创下最低增速，8 月以 8.40% 的水平升至前 11 个月的最高值，之后两个月不断回落，10 月实现负增长，11 月又升至 6.0%；2016 年日本出口贸易同比均为负值，但是，11 月该国出口同比大幅增长至前 11 个月的最高值，反映出该国出口贸易缓慢向好的总体趋势。

图 1 - 9　2016 年 1—11 月欧美日出口贸易同比情况（%）

资料来源：Wind 数据库，2017 年 1 月。

2016 年，世界进口贸易缓慢回升。3 月，美国进口贸易在经历了上月小幅回升后回落触底。美国进口贸易虽然前 9 个月均为负增长，但是回升趋势明显。经过不断回升，10 月实现正增长，11 月以 2.83% 的水平实现前 11 个月的最高值。欧盟 19 国进口贸易波动较大，在 3—7 月间经历了连续负增长后于 8 月实现正增长，在之后两个月短暂的负增长后于 11 月实现 4.9% 的同比增速。近几年，日本进口贸易多处于下滑状态，进入 2016 年后该国进口贸易始终处于负增长，并于 2016 年 7 月以 −24.63% 的水平创下 2015 年 1 月之后的最低值，进入下半年以来，该国进口贸易增速不断回升，11 月该国进口贸易同比虽然仍未负增长，但是实现了前 11 个月的最高值。

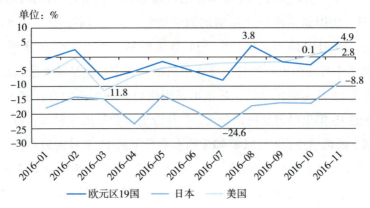

图 1 – 10　2016 年 1 – 11 月欧美日进口贸易同比情况（%）

资料来源：Wind 数据库，2017 年 1 月。

四、世界就业稳定

2016 年全球就业状况总体稳定。2016 年 1—11 月，美国失业率介于 4.6%—5.0%，相较于上年美国失业率不断降低，表明其就业状况得以改善；日本失业率介于 3.0%—3.2%，略低于上一年失业率水平；2016 年 1—11 月，欧盟失业率介于 9.8%—10.4% 之间，失业率从 1 月份的 10.4% 不断降低到 11 月的 9.8%，表明欧元区国家就业状况有所改善。

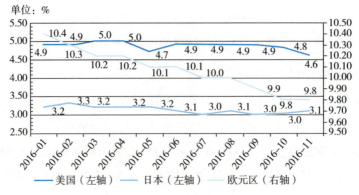

图 1 – 11　2016 年欧美日失业率

资料来源：Wind 数据库，2017 年 1 月。

虽然全球就业市场整体有所改善，但青年失业问题不容忽视。2016 年1—12 月，美国青少年失业率介于 14.7%—16.2% 之间，2016 年 1—11 月，欧元区青少年失业率介于 20.8%—21.7%，低于 2015 年同期水平。

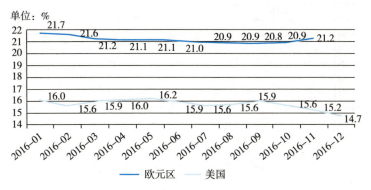

图 1-12　2016 年欧美青少年失业率

资料来源：Wind 数据库，2017 年 1 月。

第二节　中小企业发展的国内环境

一、宏观经济下行压力依然较大

2016 上半年，在积极的财政政策、稳健的货币政策以及房地产新政的多重作用下，我国经济逐渐呈现出企稳迹象。但是，进入下半年以来我国宏观经济持续上半年企稳发展态势难度较大。外部经济波动的重现、内部扭曲的强化、金融风险的不断累计与间断性释放、结构性改革的全面实施等多重因素叠加作用下，我国宏观经济下行压力仍将持续。2016 年前三季度，我国GDP 增长率均为 6.7%，成为 2009 年第二季度以来的最低值，反映出我国经济稳中向好的基础尚不牢固。

从我国中小企业信心指数来看，进入 2016 年以来，我国中小企业信心指数在上半年出现大幅波动，2 月以 53.5 的水平创下自 2013 年 12 月以来的最低值，经过大幅回升，于 4 月攀升至当年最高值 58.7 的水平，但之后几个月一直在 54.9—56.1 徘徊，低于往年较高水平，反映出我国宏观经济下行对中小企业影响依然存在。

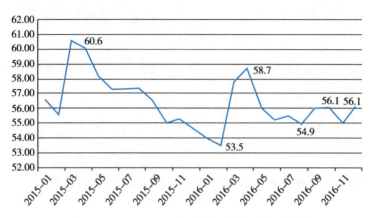

图 1 - 13　2015—2016 年我国中小企业信心指数

资料来源：Wind 数据库，2017 年 1 月。

二、中小企业较高的成本压力得以逐步缓解

长期以来，中小企业面临着较高的成本，制约了中小企业发展。从生产成本来看，随着原材料、土地、劳动力等要素成本的上升，我国企业的竞争优势正在逐步减弱。日前，波士顿咨询公司对全球前 25 位领先出口经济体的制造业成本进行了分析和对比，分析结果显示，中国相对美国的工厂制造业成本优势已经减弱到 5% 以内。除此之外，《2016 年全国企业负担调查评价报告》数据显示，50% 的企业认为生产要素成本负担较重。从融资成本来看，渣打中国中小企业 8 月报告数据显示，银行融资成本指标较 7 月并未明显改善，非银行融资成本指标进一步恶化。另据《2016 年全国企业负担调查评价报告》数据显示，55% 的企业认为融资成本负担较重。从税费负担来看，在现行税费体系下，企业的税费负担主要由税收、对全部或部分行业（企业）无偿征收的专项收入和政府性基金、企业承担的各项社会保险费、行政事业性收费 4 部分组成，其中行政事业性收费绝大多数是按照事项而非经营规模收取的，小微企业的负担相对较重。

为降低中小企业经营成本，我国政府推出了一系列有力的举措。一是出

台了系列举措打好降成本"组合拳"。2016 年 8 月，国务院印发《降低实体经济企业成本工作方案》，对开展降低实体经济企业成本工作作出全面部署，各地政府积极响应并围绕生产成本、用工成本、融资成本等方面提出一系列针对性举措。例如，如陕西省印发《降低实体经济企业成本行动计划》，计划明确每年为企业降低用工成本 41 亿元、用地成本 20 亿元、用能成本 53.5 亿元、融资成本 15 亿元、物流成本 30 亿元。山西省出台了《进一步促进工业稳定运行提质增效的若干措施》，共 20 条，其中缓缴资源价款、降低用工成本、降低物流成本等方面的措施将近 10 条，措施实施后预计 2016 年为企业减负或降成本至少 495.9 亿元。二是营改增试点的全面推开，为中小企业切实降低了税费负担。2016 年 5 月 1 日，营改增试点全面推开后，5 月至 11 月，四大新纳入试点行业累计减税 1105 亿元，税负下降 14.7%。1 月至 11 月营改增减税 4234 亿元。考虑到城建税及教育费附加和个人二手房减税因素，1 月至 11 月营改增带来的整体减税已达到 4699 亿元，全年减税 5000 亿元的目标将能实现。

三、商事制度改革持续推进，企业营商环境不断优化

简政放权的深入推进，大大降低了中小微企业发展的社会成本负担。2016 年 10 月 1 日，"五证合一，一照一码"登记制度正式实施。新的登记制度有效地缩短新设立企业的登记注册时间，大大地节约了企业登记费用，提高了办事效率。国家工商总局的统计资料显示，截至 2016 年 10 月 13 日，全国已换发 56 万张"五证合一"执照。随着"五证合一、一照一码"改革的实施，企业登记全程电子化继续完善，投资创业的便捷性也相对提高。第三季度，网民对市场准入环境的正面评价比例高达 83.2%，其中，55.9% 的网民认为一站式服务工作机制大幅减少了企业创立时的制度性成本。新设立企业登记时间成本的节省，有效地缓解中小企业创业中存在的审批难、登记多等问题，方便了社会投资，激发全社会创业创新的热情。

四、"一带一路"倡议推动了中小企业跨区域合作

"一带一路"倡议提出 3 年多来，已经得到了 100 多个国家和国际组织的

积极响应支持，40 多个国家和国际组织同中国签署合作协议，"一带一路"的合作范围不断扩大，重大项目不断落地开花，为我国中小企业跨区域合作提供了机会。商务部数据显示，2016 年前三季度，中国与"一带一路"沿线国家贸易额达 6899 亿美元，其中，民营企业出口占比保持首位。吉林、浙江、大连、青岛等沿线节点省市围绕跨区域合作推出了一系列有效的举措，显著推动了本地进出口贸易，具体而言，大连市建立三级责任制和五级调度制度推进外贸工作进行；青岛市完善跨境电商生态圈，"互联网＋大外贸"新型商业模式逐步形成，为外贸转型升级注入活力。

金融服务体系为中小企业参与"一带一路"倡议保驾护航。商务部数据显示，2016 年前三季度，中国与"一带一路"沿线国家贸易额达 6899 亿美元，对沿线国家直接投资 110 亿美元。据统计，"一带一路"倡议实施以来，区域贸易和投资年均增速高于全球平均水平的近一倍。鉴于我国企业参与"一带一路"倡议面临着跨境贷款、结售汇、跨境人民币结算等需求，除此之外，沿线多为新兴经济体和发展中国家，政治、经济、社会发展相对滞后且缺乏稳定性，货币汇率波动频繁等现象一直是困扰企业参与跨区域合作的重要因素。我国政府不断完善"一带一路"沿线金融布局，为中小企业参与跨区域合作提供金融支持，例如，2016 年 11 月初，由中方倡议成立的中国—中东欧金融控股有限公司在拉脱维亚正式揭牌，其发起设立的中国—中东欧基金规模将达 100 亿欧元，计划撬动项目信贷资金 500 亿欧元。11 月 16 日，"一带一路"倡议落子非洲的重要金融基础设施之一——丝路国际银行在吉布提正式成立。该行由亿赞普集团、丝路亿商信息技术有限公司等中资企业，以及吉布提财政部共同发起。

第二章　2016 年中国中小企业发展整体情况

2016 年是"十三五"规划的开局之年，也是我国经济深度调整和推进结构性改革的关键一年，财税优惠政策、商事制度改革、"放管服"改革等一系列转职能、提效能的重大举措相继颁布实施，显著优化了中小企业营商环境，进一步激发社会投资热情，推动中小企业数量大幅增长。2016 年，我国中小企业延续了多年来强劲发展势头，在促进创新、吸纳就业、稳增长、调结构、惠民生等发面发挥了重要作用。在当前大众创业、万众创新的新局面下，有效驱动中小企业公共产品和公共服务双引擎，不仅有利于助推中小企业转型升级，进一步激发中小企业的创业热情和创新活力，更有利于"中国制造2025"、"互联网＋"行动计划、"供给侧结构性改革"等国家战略的顺利推进，从而打造中国经济新"增长极"。

第一节　2016 年中国中小企业发展状况

2016 年是"十三五"规划的开局之年，也是我国经济深度调整和推进结构性改革的关键一年，商事制度改革、"放管服"改革等一系列转职能、提效能的重大举措相继颁布实施，显著优化了中小企业营商环境，进一步激发社会投资热情，推动中小企业数量大幅增长。2016 年，我国中小企业延续了多年来强劲发展势头，在促进创新、吸纳就业、稳增长、调结构、惠民生等发面发挥了重要作用。

一、政策红利持续释放，中小企业发展环境进一步优化

（一）创业活力不断迸发，微观主体地位日益稳固

中小微企业[①]的创业热情持续高涨，新登记各类市场主体数量持续增加，进一步激发了市场活力。据国家工商总局统计，截至 2016 年 9 月末，全国新登记市场主体 1211.9 万户，比 2015 年同期增长 13.7%，平均每天新登记超过 4 万户，全国各类市场主体达 8371.6 万户。前三季度新登记企业 401 万户，平均每天新登记企业 1.46 万户[②]。社会投资创业热情仍较高，持续推进改革仍有巨大潜力。

（二）第三产业发展增速，产业结构调整成效显著

三次产业分布更加合理，第三产业新登记注册企业数量增幅较大。商事制度改革持续发力，进一步推动了产业结构的优化调整，三次产业新登记注册企业大幅增加，第三产业增速明显高于第一、二产业。国家工商总局的统计资料显示，截至 2016 年 9 月末，前三季度全国第三产业新登记企业 325.2 万户，同比增长 27.6%，其中现代服务业和高科技企业加速发展，第三产业内部结构调整加速[③]。

（三）融资方式不断创新，企业融资压力有所缓解

"融资难融资贵"一直是困扰中小企业的核心难题。根据银监会统计，到 2016 年第三季度末，银行业金融机构用于中小企业的贷款余额为 25.6 万亿元，同比增长 3.7%，进一步缓解了中小企业融资难融资贵等问题，财政部、工业和信息化部、国家税务总局等多部委多次发文，要五指发力、多措并举、形成合力，不断优化中小企业融资环境，共同解决中小企业融资难融资贵的难题。2016 年，中国银监会、国家税务总局和各地区银行业金融机构联合开展"银税互动"专项行动，将中小企业纳税人的"税务信用"与"贷款信

---

① 本书所称中小微企业与市场主体、新登记注册企业的含义大致相当，原因有二：一是各类市场主体和新登记注册企业中的中小微企业（含个体工商户）占比约为 99.9%；二是当前尚未有中小微企业的全口径统计数据，只能用市场主体数量和新登记注册企业数予以近似描述。

② 中国政府网，2016 年 10 月 17 日，www.gov.cn。

③ 国家工商总局网站，http://www.saic.gov.cn/。

用"相挂钩，对缓解小微企业融资难具有重要促进作用。截至 2016 年 6 月末，全国各省级国税局、地税局与 466 家省级银行机构签订"征信互认银税互动"合作协议，推出了 230 余项无抵押信用贷款金融产品，例如"税易贷""税融通""税添富"等，共为 9 万余户纳税守信企业发放了近 1548.74 亿元的贷款余额。

二、战略地位日益凸显，中小企业社会贡献进一步扩大

（一）投资规模稳步增加，社会投资进一步活跃

中小企业投资活跃，带动固定资产投资稳步增加。随着大众创业、万众创新战略的深入推进，2016 年中小企业创业创新热情竞相迸发，带动社会固定资产投资稳定增长，但月度同比呈现缓慢下降趋势。据 Wind 资讯统计，截至 2016 年 10 月，我国固定资产累计完成 48.4429 万亿元，同比增速达到 8.30%，高于同期 GDP 6.7% 的增速，投资拉动经济增长的效果依然强劲。其中，以中小企业为代表的民间固定资产投资累计完成 29.7725 万亿元，占全社会固定资产投资总额的 61.46%，中小企业固定资产投资贡献全社会固定资产投资总额接近三分之二，对稳定经济增长速度做出重要贡献。但是中小企业在拉动社会固定资产投资稳步增加的同时，其固定资产投资却呈现稳中有降，且有进一步扩大趋势。

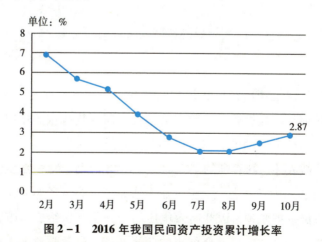

单位：%

图 2-1　2016 年我国民间资产投资累计增长率

资料来源：Wind 数据库。

（二）吸纳就业作用突出，社会稳定进一步得以巩固

作为吸纳就业的主渠道和主力军，新常态下中小微企业吸纳就业的效应越发突出。2016 年我国经济进入深度调整期，全社会就业压力进一步增强。但是新常态下经济调速换挡并没有影响中小企业就业主渠道和主力军的功能，吸纳就业效应依然突出。根据国家工商总局第三季度全国市场主体有关数据统计，截至 2016 年 9 月底，个体私营经济从业人员实有 2.97 亿人，比 2015 年底增加 1666.2 万人。其中，第三产业个体私营经济从业人员显著增长，实有 2.17 亿人，比 2015 年底增加 1418.5 万人，占增加总量的 85.1%。以个体工商户、私营企业为代表的中小企业仍然发挥着吸纳就业的主渠道作用，对巩固社会稳定做出了重要贡献。其中，从业人员少、规模较小的小微企业吸纳就业的带动作用更加明显。

（三）经济贡献成效明显，经济增长基础进一步夯实

中小企业不仅在吸纳就业、拉动社会投资等方面做出卓越贡献，而且创造出不菲的经济成就。中小企业对我国的 GDP 贡献超过 60%，占全国企业总数的 98% 以上，对税收的贡献超过 50%，提供了 80% 的城镇新增就业岗位，新增专利申请占比 70% 以上，中小企业是国民经济的重要组成部分，已经成为我国经济增长的重要推动力量。

第二节　2016 年中国中小企业发展存在问题

中小企业是促进国民经济和社会发展的重要力量，促进中小企业发展，对于促进科技创新、提供就业岗位、满足社会需要具有重要作用。然而受自身弱质性和市场环境波动的影响，中小企业普遍面临创业难、发展难、融资难，缺技术、缺人才、缺管理的"三难三缺"等问题。特别是当前中国经济步入"三期叠加"的新常态，中小企业无法完全依靠市场的力量去解决这些问题，亟须突破发展瓶颈，因此高效优质的公共服务供给成为破题开路的重要抓手。在当前大众创业、万众创新的新局面下，有效驱动中小企业公共产品和公共服务双引擎，不仅有利于助推中小企业转型升级，进一步激发中小

企业的创业热情和创新活力，更有利于"中国制造 2025"、"互联网＋"行动计划、"供给侧结构性改革"等国家战略的顺利推进，从而打造中国经济新"增长极"。

一、社会层面

（一）公平竞争需要进一步保护

与中小企业互为主体的非公经济难以获得平等的市场与机会。国有企业等公有经济主体在市场准入、资源获取、政策优惠等方面往往享有优先地位，而民营企业等非公经济主体则面临更高的准入门槛、更窄的行业领域、更重的财税负担等。在与公有制经济主体竞争中，非公有制经济主体往往处于不利的市场竞争地位，"玻璃门""弹簧门"现象仍较突出，尤其是在自然垄断性行业、公用事业等领域，民营资本进入的难度较大。大企业拖欠中小企业货款、中小企业进入壁垒和人才瓶颈等市场竞争不公平在一定程度上加重了中小企业负担，制约创新创业活力发挥，不利于营造推动中小企业健康发展的良好环境。

（二）公共服务有待进一步健全

针对目前广大中小企业普遍面临的资源碎片化、公共服务碎片化等问题，2011 年工信部和财政部启动了中小企业公共服务平台网络建设，"计划用 3—5 年时间，建成全国中小企业公共服务平台网络"。各地方开始建设区域中小企业公共服务平台。在工信部和财政部的指导及支持下，各地方政府为域内中小企业打造了全方位、一站式、综合性的公共服务平台。平台以服务广大中小企业、促进中小企业健康、可持续发展为重要使命，以中小企业实际需求为导向，提供各类适用于中小企业的高水平、高效率服务。平台在开通运营初期，"基本形成信息通畅、功能完善、服务协调、资源共享、供需对接便捷、具有较强社会影响力的中小企业服务体系"，取得了显著成就，平台网络运营以来，初步形成了"1＋X＋N"的立体网络服务体系。平台网络采用政府组织，公益化和市场化运作相结合的模式，为全国中小企业提供了全方位的支持和帮助。

各地方中小企业公共服务平台在运营过程中存在很多不足之处，比如，平台运营的绩效考核机制尚未建立，运营绩效无法得以体现，难以通过科学系统的运营绩效评价指标体系来真实地反映中小企业公共服务平台运营状况；平台公共服务重点不突出，没有充分发挥枢纽平台政策资源丰富等优势，未形成吸引中小企业的精品服务等。但是最为突出和紧迫的是以下两个方面：一是平台的功能定位不明晰，相关主体关系不明确。平台整体功能定位不明晰，枢纽平台、窗口平台和产业集群平台之间职责不清，管理职能重合，枢纽平台既是服务管理方，负责监督、管理窗口平台和合作机构，又是服务执行方，负责帮助企业对接具体的服务需求。在实践过程中，服务对象无法统一，功能不够明确，导致枢纽平台工作重点不清，既要"掌舵"，又要"划桨"，"越位"与"缺位"并存，枢纽平台、窗口平台与合作机构之间联系松散，难以形成合力；二是缺乏整体有效的运营模式，难以解决平台公益性与营利性目标之间的冲突。中小企业公共服务平台在公益性与营利性之间的平衡，既要体现政府创建平台、服务中小企业的公益性要求即提供大量优质、免费性公共服务，又要解决作为市场化主体追求营利性要求即能够自负盈亏、自我发展的问题。平台的双重使命决定了公益性与营利性目标的平衡机制尚需持续探索。

（三）权益保护亟待进一步落地

2016年11月新修订的《中小企业促进法（修订草案）》做出中小企业权益保护的顶层设计，专设"权益保护"一章，从拖欠货款解决办法、维权机制、保护财产权等方面明确做出规定，来减轻企业负担。目前，大企业拖欠小企业货款现象较为普遍；小微企业扶持政策原则规定多，可操作性弱，落实难；缺乏相关交易合同指导，维权渠道不畅，维权法律援助不足。因此，从顶层设计到精准落地，中小企业的权益保护工作尚需各方协同推进。中小企业处于市场弱势地位，在其发展过程中面临很多维权问题，应通过立法保障中小企业权益，维护市场公平竞争秩序。保护中小企业权益是颁布本法的出发点，因此本法采用7款条例对中小企业维权的主要方面进行了明确规定。

当前，来自行政机关的各类检查、评比多，培训、调研、会议多，仍然存在乱收费、摊派现象。《中小企业促进法（修订草案）》规定"任何单位不得违反法律、法规向中小企业收费和罚款，不得向中小企业摊派财物"。以规范政府行为，减少乱收费、摊派等现象。

大企业利用市场优势地位，侵害中小企业利益，各种潜在的和隐性的恶意拖欠现象较为突出，导致众多被拖欠的中小企业资金链紧张。针对这种不公平的市场环境，《中小企业促进法（修订草案）》明确规定"政府部门和大型企业不得违约拖欠中小企业的货物、工程、服务款项"。防止政府和大企业拖欠现象。

很多中小企业反映普遍面临缺乏投诉及维权渠道，导致其合法权益难以得到有效保护。为健全中小企业维权机制，维护中小企业利益，《中小企业促进法（修订草案)》提出了明确规定。从健全维权机制角度规定"中小企业对侵害其合法权益的行政执法行为有权拒绝和举报、控告。各级人民政府或者有关协会、商会中小企业维权服务机构应当公布联系方式，向中小企业提供维权服务。中小企业有权向中小企业维权服务机构要求提供维权服务"。从增设维权渠道，提升维权服务角度规定"司法机关应当加强中小企业诉讼渠道建设和法律服务，提高中小企业维权程序的透明度和便捷度"。

（四）营商环境尚需进一步改善

简政放权改革有效地减轻了中小企业负担，提高企业办事效率，但也存在改革力度、深度不够等问题，亟待进一步深化。行政审批环节众多、程序繁杂。环评、能评、可研、土地、规划等创业面临的行政审批环节众多，各项行政审批周期长、成本高，以批代管的情况较为突出，严重制约了企业的创业积极性。登记注册制度便利化、企业名称登记管理、优化企业经营范围登记方式、简化注销流程和办事程序等仍然存在改进空间，急需进一步深化简政放权，完善企业退出机制，畅通退出渠道；加快"僵尸企业"清理步伐，促进市场出清；推动中小企业自行选择经营范围，引导企业有序退出，不断提高企业开业率和存活率。建立健全简政放权举措政策效能动态评估制度，继续深化商事制度改革不断提升中小企业政策服务效能。

二、企业层面

当前，中小企业健康发展主要面临创业难、发展难、融资难，缺技术、缺人才、缺管理的"三难三缺"等问题，这些问题的存在从根本上了反映了我国中小企业发展环境还有待于进一步优化，尤其是高素质技术工人等高端人才匮乏、公共服务体系不完善、金融市场发展不完善、结构性矛盾突出等因素严重制约了中小企业健康发展。

（一）有效市场需求不足

由中国民生银行和华夏新供给经济学研究院联合发布的2016年6月民生指数显示，中小企业制造业综合指数为43.2%，较上月下降2.6个百分点；非制造业商务活动指数为42.6%，较上月下降1.8个百分点。"市场需求不足"是大部分受访中小企业排在首位的困难，这充分表明在世界经济复苏依然具有不确定性的大环境下，我国国内有效需求在规模和结构上出现"双重挤压"，供需结构矛盾突出[1]。2016年尽管中央及地方政府出台一系列支持中小企业的政策措施，但中小企业特别是小微企业的经营困境并没有得到根本改善。"有效市场需求下降，经营融资成本上升"的双重困境进一步挤压中小企业的发展空间，严重制约中小企业的健康发展。渣打中国中小企业信心指数（SMEI）旨在追踪中国中小企业经营状况，2016年11月数据显示中小企业经营现状略显改善，但未来仍将面临困难。中小企业面临的市场有效需求依然不容乐观。

（二）融资困境亟待改善

2016年，"融资难、融资贵"依然是中小企业反映强烈的突出问题之一。中小企业融资渠道不畅，加剧中小企业融资难、融资贵问题。信用体系建设滞后，中小企业信用担保体系建设缺位，民间借贷利率较高，担保收费，进一步增加了小微企业贷款成本，导致中小融资贵的问题突出。2016年1—2月份，民间固定资产投资[2]增速出现断崖式下跌，2016年1—6月份，民间固定资产投资158797亿元，同比名义增长2.8%。

中小企业申请贷款中间环节多、收费高、难度大，一些银行惜贷、压贷、抽贷、断贷行为时有发生。针对上述问题，国务院于2016年7月颁布《关于进一步做好民间投资有关工作的通知》，着力解决中小企业融资难融资贵等问

---

① 贾康：《市场需求不足是当前企业面临的主要困难》，http://www.newsupplyecon.org/。
② 民间固定资产投资是指具有集体、私营、个人性质的内资企事业单位以及由其控股（包括绝对控股和相对控股）的企业单位在中华人民共和国境内建造或购置固定资产的投资。

题，旨在切实降低企业成本负担。民间投资企稳回升，国家统计局数据显示，2016 年 1—11 月份，民间固定资产投资 331067 亿元，增长 3.1%，增速比 1—10 月份加快 0.2 个百分点。

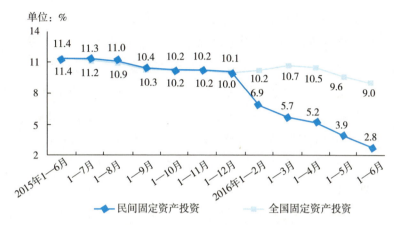

图 2-2　2016 年 1—6 月份民间固定资产投资累计增速

资料来源：国家统计局。

（三）税费负担依然沉重

2016 年 5 月 1 日，"营改增"在剩下的四大行业，即建筑业、房地产业、金融业和生活服务业全面推开，至此实现了对所有货物、服务的生产、流通和消费环节的增值税全覆盖，作为原增值税一般纳税人的中小企业，税负只降不升，而对于小规模纳税人（包括小微企业、个体工商户、家庭作坊式企业等），税负会有不同程度的下降，国家为了支持现代服务业中的小型微利企业发展，将纳入"营改增"范围的增值税一般纳税人应税服务年销售额标准提高到 500 万元，500 万元以下的都属于小规模纳税人，"营改增"前，研发和技术、信息技术、文化创意、物流辅助、有形动产租赁和鉴证咨询等六个领域现代服务业都按 5% 的税率缴纳营业税，改革后都按 3% 的征收率缴纳增值税，整体税负都将下降 40% 以上。国家税务总局数据显示，截至 2016 年 11 月 30 日，新纳入试点范围的四大行业共新增纳税人 1069 万户，其中小规模纳税人 934 万户，占全部试点纳税人的 87%。

社会保险费负担较重。据人社部统计，目前"五险一金"已占到工资总额的 40% 至 50%，远高于国际社会保险平均缴费水平。例如，我国企业需要缴纳基本养老保险的比例为20%，远远高于美国的6.2%，中国台湾地区的6%，加拿大的4.95%。

（四）转型升级攻坚在前

大多数中小企业仍处于价值链低端，低价格、低效益和高产能、高库存的局面短期内难以扭转，中小企业转型升级依然任重道远，尤其是小微企业转型升级的压力大。从行业分布看，小型微型企业主要集中于传统工业（包括采矿业、制造业、电力热力燃气及水生产和供应业）、批发业和零售业、租赁和商务服务业，转型升级的任务比较艰巨。小型微型企业低价格、低技术、低收益、低附加值的传统发展路径依赖，直接制约了其投入产出效益水平的提高，严重制约了转型升级进程。要"通过专、特、精、新的发展，在中小企业中打造一批专注于细分市场，技术和服务出色市场占有率高的中小企业单项冠军，同时在中小企业中开展智能制造，包括个性化生产、柔性化定制、协同生产、协同设计，运营大数据分析，海量分析等手段，促进传统企业的转型升级"[1]。

---

[1] 冯飞：《中国将多措并举，促进中小企业转型升级》，2016年7月17日，www.cankaoxiaoxi.com。

第三章　小微企业创业创新基地城市示范研究

2015年5月财政部、工业和信息化部、科技部、商务部和国家工商行政管理总局联合发布《关于组织申报小微企业创业创新基地城市示范的通知》，正式开始启动小微企业创业创新基地城市示范工作，经公开竞争选拔评比，哈尔滨、沈阳、杭州、长沙、江门、上海浦东新区、成都等15个市（区）入选国家"小微企业创业创新基地城市示范"城市。2016年2月财政部、工信部等五部委继续启动第二批小微企业创业创新基地城市示范申报工作，唐山、呼和浩特、西安、重庆九龙坡区、北京昌平区、深圳等15个市（区）入选第二批国家"小微企业创业创新基地城市示范"城市，全国三十个示范城市在推动小微创业创新发展方面取得了显著的成绩。

第一节　城市发展思路与定位

一、哈尔滨"双创示范"发展思路

哈尔滨市"双创示范"工作整体思路可以概括为"一二三四"——遵循一条主线，聚焦两大生态，坚持三个原则，做实四项工作。

（一）遵循一条主线

以小微企业创业创新基地建设工作推动产业实现转型升级。将小微企业创业创新基地建设作为哈尔滨市落实国家"东北振兴"战略的重要工作抓手，并将其与东北老工业基地产业转型密切结合，推动产业结构优化升级。重点立足成熟的老工业基础体系，紧密衔接主导产业，突出哈尔滨资源优势，系统整合创业创新资源，构建创新驱动的内在增长机制，转变发展模式，积累老工业基地产业转型升级、提质增效经验，探索可复制、可推广的转型升级路径，示范引领全省、全国。

（二）聚焦两大生态

系统优化创业生态和创新生态环境。哈尔滨市通过创业基地载体升级，打通创业通路，破解创业障碍，加强创业辅导，强化创业服务，营造创业氛围，系统打造"大众创业"生态环境；通过创新基地载体升级，打通技术研发—孵化—转移—应用—产业化的渠道，加强创新资源聚合，强化创新服务支持，建立科研人员激励机制，推动"万众创新"进程。打破创业创新界限，依托创新高起点创业，以创业促就业，依托创业推动创新，以创新求发展，实现创业创新高度融合。

（三）坚持三个原则

围绕产业链完善创新链，围绕创新链部署资金链，依托资金链提升价值链。引导和支持哈尔滨装备制造、电力、航空、汽车、食品、医药、化工、电子信息等产业加速产业转型升级进程，重点针对产业转型升级中创新链关键环节，集聚资金资源，加大资金支持力度实施重点突破。遵循产业转型升级、提质增效的核心，立足现有产业链条，整合产业链各环节、产业链内外创新资源，变产业链协同为创新链协同，推动产业全链条创新。通过在关键环节和领域加大资金支持，推动传统产业创新，培育壮大新兴产业，推动产业结构升级，实现价值链跃升。

（四）做实四项工作

一是加强创业创新空间载体建设，分别在众创空间、小企业创业基地、科技孵化器、商贸企业集聚区、服务外包基地以及特色创业创新基地领域推出6大工程，全面优化双创空间载体环境。二是完善小微企业公共服务，以企业创业创新实际需求为导向，重点解决制约小微企业创业创新发展的突出瓶颈问题，推动服务机构提高服务能力，引导和鼓励公共服务平台服务模式创新，将小微企业公共服务体系打造成推动哈尔滨市产业转型升级的新引擎。三是通过加大税费优惠力度和完善融资支持措施，推动各项优惠政策得到有效落实，重点改善小微企业的融资环境，完善政策性担保体系建设，加快推动创业创新环境优化、基地升级、科技创新、商务拓展等方面的典型示范。

四是加大体制机制创新，进一步推进商事制度改革，创新科技成果转化机制，优化营商环境，全面推动小微企业加强品牌建设。

二、唐山市"双创示范"发展思路

唐山市"小微企业创业创新基地城市示范"工作紧密围绕"遵循一条主线，强化两大引擎，立足三个支点，打通四条路径"四个方面展开。

（一）遵循"一条主线"

探索资源型重化工业城市转型发展新模式。以创业创新基地建设化解产能过剩、资源依赖、节能减排等带来的巨大压力，释放创业创新活力，增强转型动力，实现产业结构优化升级。借力京津冀协同发展，深化体制机制改革，引导创业创新资源集聚，构建创新驱动内生动能，推动发展模式转换，积累重化工业城市转型发展经验，探索可复制、可推广的转型发展路径，示范引领全国创业创新发展。

（二）强化"两大引擎"

激发创业活力，增强创新动力。依托创业创新基地建设，强化创业服务，破解创业障碍，拓宽创业通道，营造创业氛围，激发创业活力；推动双创基地功能升级，创新资源集聚方式，完善"研发—孵化—转移—应用—产业化"链条，打造创业创新新动能。依托基地平台载体，整合创业创新要素，打破创业创新界限，实现创业创新高度融合，系统打造"大众创业、万众创新"生态环境。

（三）立足"三个支点"

立足京津冀协同发展，引进创业创新高端资源。以京津冀协同发展为契机，充分发挥京津唐都市圈基点城市的独特区位优势，引进京津高端创业创新资源，补足创业创新短板，提升创业创新基地层次和水平，助力产业结构升级，推动城市转型。

立足健全的工业体系，拓展创业创新领域空间。依托全市钢铁、能源、建材、化工、装备制造、陶瓷、电子信息、节能环保、生物医药、新材料等完整的工业体系，积极引领小微企业以"补链、长链、强链"为重点，引导和支持小微企业依托本地产业优势延伸产业链条，提升产品附加值，打造一批"专精特新"中小企业，实现传统产业提升和小微企业创新发展的双赢。

立足鲜明的特色集群，放大创业创新共享优势。依托全市业现形成的陶瓷、动车、散热器、园林工具、板栗食品等特色鲜明的产业集群，促进创业创新资源协同共享，以产业集聚推动创业创新，以互助合作共享技术优势，以产业特色强化区域优势，挖掘区域产业发展潜力，壮大特色产业经济规模，全面推动资源型重化工业发展模式实现转型升级，激发创业创新活力。

（四）打通"四条路径"

推动传统产业现代化，重塑市场竞争新优势。通过创业创新引导和支持全市钢铁、煤炭、水泥、装备、化工等传统产业向高端制造业转型，加速现代化改造进程，使创业创新成为改造传统产业，促进传统产业转型升级的重要路径。依托创新创业增加科技型企业数量，培育小微企业群体，优化存量产业结构。同时通过技术创新、管理创新、模式创新、产品创新为传统产业注入新活力，促使其摆脱资源依赖、规模依赖、环境依赖，推动发展方式由粗放式向集约式转变，实现经济增长方式的转型。

推动新兴产业规模化，实现发展动能的转换。围绕壮大动车、机器人、智能仪器仪表、电动汽车、石英晶体元器件、石墨烯等高端装备制造、新能源、新材料、现代生态农业等新兴产业规模，优化创业环境，增强创新动力，提升创新能力，推动产业结构由资源型重化工业主导向传统产业、新兴产业并重转换。

推动优势产业多元化，打造区域竞争新高地。延伸钢铁、化工、建材等优势产业链条，丰富传统优势产业的业态，推动优势产业多元化发展；以创新升级产品结构、技术结构、组织结构，扩大优势产业范围，提升区域产业经济竞争力，彻底改变"一钢独大"的产业发展格局。

推动特色产业集群化，构建协调发展新格局。立足陶瓷、自行车零部件、散热器、园林工具、板栗深加工等十大特色产业基础，围绕特色产业链条推动集群创业，促进创业资源协同共享，通过集群化发展做大特色产业规模。依托集群创新，构建区域知名品牌，推动产业链整体竞争晋位，实现价值链跃升。

三、呼和浩特市"双创示范"定位

（一）双创基地城市示范定位——探索民族地区绿色转型创新发展新路径

内蒙古呼和浩特市双创基地城市示范工作将定位于"探索民族地区绿色转型创新发展新路径"，全面践行党的十八届五中全会提出的"绿色发展"和"创新发展"理念。以双创工作为抓手，发挥省会城市比较优势，通过双创基地主体功能区建设，推动产业转型升级，打造清洁低碳、创新高效的现代产业体系。重点围绕基地建设构建创新创业新动力，以空间建设为载体，以完善服务为手段，以体制机制改革为突破，以优化环境为导向，发挥本市现代服务业优势，以绿色低碳循环发展产业体系为现有产业体系升级目标，探索产业绿色转型发展的新路径，为实现打造草原丝绸之路战略节点城市、民族特色鲜明的区域中心城市、绿色转型与创新创业引领城市的目标，提供强大动力，努力实现习总书记"把祖国北部边疆这道风景线打造得更加亮丽"的希冀，打造民族地区绿色转型创新发展新标杆。

（二）整体思路——一体两翼三核心

1. 一体：打造"创业社区＋众创空间＋创意孵化器＋商贸集聚区"四位一体的空间载体

围绕破解创业障碍、打通创业通路、强化创业服务、营造创业氛围、激发创业活力等核心环节，以"一区一主线，一旗（县）一中心"构建四大核心载体建设区，辐射周边旗县，形成"1城4园5中心"的空间体系核心布局。以完善基地功能、强化资源聚合、打通"研发—孵化—转移—应用—产业化"渠道等为重点，探索民族地区城市转型发展新路径。以加载服务、创新激励机制、打破创业创新界限等为手段，实现创业创新高度融合。

2. 两翼：以完善公共服务为抓手、以体制机制改革为突破

围绕创业创新大赛、人才培训、创业辅导、法律维权、管理咨询、财务指导、检验检测认证、知识产权保护、技术服务、研发设计、会展服务和重点展会参与11大类标准化服务，增加公共服务供给。以互联互通平台建设为载体，集聚服务资源、实现协同共享。

深入贯彻落实商事制度改革，降低小微企业市场准入门槛；以构建小微企业信息体系为基石，促进协同集约发展；以深化投融资机制创新为突破，破解小微企业融资难；以创新科技成果转化机制为支点，加速科技成果转化；通过完善涉企收费目录清单管理，实现小微企业负担的降低；以完善贸易便利化机制为助力，推动营销模式创新，系统优化"大众创业、万众创新"生态环境。

3. 三核心：以创业、创新、创意为核心

围绕创业、创新、创意三大核心，引导和鼓励小微创业创新发展。以文化创意产业园、科技创新产业园、创业社区为支撑，促进三创联动发展。以高新科技创新创业工业示范为辐射，引领全市工业转型。

第二节　创业创新空间建设主要举措

一、西安市"双创"空间建设举措

（一）加强各类小微企业创业创新空间载体建设

1. 打造小企业创业基地和工业园区创业基地

依托"四区一港两基地"，在现有小企业创业基地和工业园区创业基地的基础上，新增专业化小企业创业基地。围绕西安传统优势产业领域（电子信息、先进制造、汽车装备等），通过加大税费融资支持优化创业创新环境，打造浓郁的创业文化，引进域外知名创业孵化机构在本地打造小微企业创业基地。对成功入选国家级、省级及市级示范基地项目给予一定财税政策支持。

2. 建设众创空间/科技孵化器

在已有科技孵化器/众创空间基础上，2016—2018年，计划新增大约100个科技孵化器/众创空间，共打造二百余家众创空间或科技孵化器，地上建筑面积共计新增二十余万平方米，其中，2016—2018年分别新增40家、30家和30家科技孵化器/众创空间。

3. 打造商贸企业集聚区

在服务、商贸、茶业、建材、休闲、商务、创意、汽车和旅游九大领域，依托现有 23 个商贸集聚区基础，新增打造九大商贸企业集聚区，完成建设三十二个商贸企业集聚区的空间布局。

4. 培育壮大 6 大西安特色产业创业创新基地

在现有园区基地建设基础上，继续加强具有明显产业优势的生物医药产业创业基地、中韩工业企业创业创新产业基地、国家数字出版创业产业基地、兵器工业产业创业基地、国家印刷包装文化创意产业基地和新材料高新技术产业基地六大特色基地建设，大力培育孵化小微企业。

（二）以"盘活存量"为核心加大创业创新载体建设

1. 通过改造闲置区域增加空间供给

一是对全市闲置楼宇、厂房、库房、办公场所空间情况进行统计，建立专项数据信息库，加强对闲置空间资源的改造创业载体再利用。二是支持各类载体将高校院所及周边闲置建筑、园区闲置库房、未使用标准厂房等改造成为低成本、集成化、网络化的新型创业空间，并通过内部改造，拓展实验、创意展示和交流互动等公共空间。

2. 通过改建老旧厂房增加空间供给

充分利用老旧军工厂、企业的闲置资源，如通过改建东郊幸福路地段、万寿路地区的东方机电、北方秦川机械、昆仑工业等军工企业老旧厂房，增加创业创新空间供给，降低空间建设及使用成本，将老旧厂房改建打造成为西安双创空间建设的一大特色。

3. 通过改变楼宇用途增加空间供给

一是充分利用西安市闲置的房地产资源，改变其功能定位，探索商业地产向创业孵化载体转型，增加创业创新空间供给。二是进一步推动产城融合发展，鼓励发展楼宇经济，在城市棚户区改造中建设一定数量创业载体，培育一批"设计楼"等特色楼宇，为小微企业提供更多的创业创新空间，计划以瓦胡同村安置的 10 万平方米物业，作为西安文化科技创业城的加速园区进行规划建设。

（三）优化小微企业创业创新空间载体环境

1. 开放实验空间/技术中心加速技术转移

推动全市国家级重点实验室（17 家）、省级重点实验室（86 家）、省级工程技术中心（108 家）和市级工程技术研究中心（42 家）全面向全社会小微企业开发共享技术资源。对提供共享设备用于检测或租赁的单位，根据其年度新增共享设备台（套）数以及服务本地小微企业情况给予一定额度的奖励。支持大中型科研仪器、高端数控加工中心、高性能计算机等科技资源提供开放共享服务，完善共享服务定价机制、创新共享服务收费模式，持续推动更多仪器设备资源实现开放共享。

2. 完善空间载体交流/展示/互动工作机制

加快创业载体间的交流互动，打造"孵化＋技术""孵化＋创投""孵化＋新媒体"等新型交互式载体建设，建立健全载体间交流、展示及互动机制。完善"创业苗圃＋孵化器＋加速器＋园区"全过程的孵化服务链条，为小微企业提供包含诸多创新要素的双创空间载体，在有限的空间内完成无限的创新要素汇聚、展示、交易、共享、转化、服务和交流，通过互联网或者移动终端自由开展创新要素的发布与互动，推动创新要素更多更快进行孵化和成果转化。

二、重庆九龙坡区双创空间建设举措

（一）以盘活闲置资源为基础打造创业创新的新空间

采取改造利用闲置楼宇、厂房、库房、老厂区、老校区，整合利用标准厂房、商务楼宇等方式，着重打造 8 类创业创新空间。到 2018 年，全区新增各类创业创新基地四十余个，计划未来三年每年新增十余个创业创新基地。

1. 众创空间。充分发挥新一代技术优势，利用大数据、云计算等移动互联网技术鼓励众创空间服务模式创新，建设一批低成本、便利化、开放式的创客社区、创客工厂、创客咖啡、创客公寓等专业化众创空间，打造"创意——创业"的服务链条，建设 Intel－重庆高新区众创空间、智汇空间、设计工场、蚁聚九龙电商众创公社等十余个众创空间。

2. 小企业创业创新基地。以九龙区、高新区及西彭园区的平台和产业为基础，建设重庆智创园区、智能科技产业谷、龙鼎企业中心、重庆新绿云产业园等小企业创业创新基地。

3. 科技孵化器。以重庆高新区为依托，围绕战略新兴产业发展，重点培育精密制造、集成电路以及新材料等领域的高新技术中小企业，布局建设重庆市精密（智能）制造创新创业孵化基地、富邦金玖重庆科技智能创新孵化园、EDA集成电路孵化园、高新区孵化加速中心等科技孵化器。

4. 商贸企业集聚区。瞄准建设现代服务业集聚区目标，大力发展商贸服务业，重点打造西部国际涉农物流园区、华岩新城商业中心、盘龙新城商业中心等商贸企业集聚区。

5. 微型企业孵化园。鼓励和支持社会资本参与建设文化创意微型企业孵化园、电商孵化园以及食品加工产业孵化园等创业创新空间载体。

6. 楼宇产业园。在杨家坪商圈、石桥铺商圈等商务集聚区，改造和新建华润大厦、金茂珑悦写字楼、皇庭珠宝城写字楼、通用·时代港湾等商务楼宇。

7. 文化产业示范基地。在黄桷坪、巴国城等文化产业基础较好的区域，规划建设黄桷坪艺术园区、京渝国际文创园、重庆版权交易市场、重庆艺山众创空间、陶艺工作坊等文化产业示范基地。

（二）探索创业创新空间建设措施

1. 整合与新建并举。全面摸排统计全区闲置楼宇、厂房、库房、办公用房等情况。重点对工业园区、商圈、老企业的闲置楼宇、厂房、库房、办公用房重新规划、改造和再利用，优化调整业态，引进符合产业发展要求的小微企业。探索PPP等开发建设模式，积极引入社会资本在重庆高新区、九龙园区、西彭园区整合开发小微企业标准厂房，并配套完善厂房建设、租用等财政补贴政策。

2. 推进高校老校区再利用。引导社会资本与高校开展合作，充分发挥高校老校区特色，利用重庆理工大学、四川美术学院、重庆广播电视大学等校区闲置空间资源，将其打造成智力资源集中的众创空间和创意基地。

第三节 完善公共服务主要举措

一、呼和浩特市完善公共服务典型做法

1. 举办创业创新大赛，进一步活跃创业氛围

继续打造呼市"中国创翼"品牌，围绕青年创业创新大赛和大学生双创大赛，计划每季度开展一次双创大赛预选赛，开展内蒙古首届"互联网＋"大赛，筛选优秀创业创新项目，集中在每年的"全国大众创业万众创新活动周"期间开展决赛，对获奖的作品和创业者给予奖金支持其创业的同时，也要对每一名获奖者给予创业培训、创业辅导、法律服务等一系列的服务，最大化发挥公共服务的优势，帮助其创业成功。加大媒体宣传，营造浓郁的创业文化，激发呼市创业创新活力和热情。

2. 加大人才培训力度，提高创业创新者素质

完善小微企业人才培训体系，以小微企业实际业务需求为导向，推动高校院所与企业加强合作，创新人才培养模式，推动小微企业提高人才素质。加大人才培养力度，提升中小企业管理水平，全面实施中小企业经营管理领军人才培训，搭建人才交流平台。鼓励利用互联网等信息技术创新人才培养模式，积极开展各类专业知识和专业技能培训，探索订单培养等新型校企合作人才培养模式。

3. 深化创业辅导服务，切实提高创业成功率

进一步开展创业辅导活动，提升创业成功率。选择各个行业的创业辅导专家、业界精英组成创业辅导团队，对创业者进行专业的、系统的创业辅导服务。整理国家、自治区、市各种创业优惠政策，组织开展创业优惠政策宣讲辅导，最大限度地给予创业者辅导。每年开展创业辅导活动 10 场以上，预计辅导创业者可达 5000 人次以上。

4. 完善法律维权机制，保护小微企业合法权益

紧密围绕呼和浩特市民营经济法律维权中心，结合全市实际，开展基层法律援助站，为全市小微企业提供各类法律服务，计划每年可为 1000 户小微企业服务。依托律师协会、律师事务所，聘请专业律师团队为小微企业提供法律咨询、法律知识、协助审查修改合同等法律维权服务，计划每年聘请专业律师团队 12 个。推进法律维权进小微企业活动，举办法律维权大讲堂，加强对小微企业人员法律意识的培养，计划每年举办法律维权大讲堂 60 次。

5. 推进管理咨询服务，提升小微企业管理能力

为引导小微企业提高管理水平，全市计划组建小微企业管理咨询专家队伍，定期开展管理能力提升行动，计划每年开展 12 期，服务小微企业 300 户以上。继续联合各个公共服务平台、入驻平台服务机构、中小企业联合会，举办有关小微企业人力资源、管理结构等方面的宣讲，计划每年举办 6 次，服务小微企业 200 户以上。利用现有的网上小微企业服务平台，组织有关领域专家对小微企业管理咨询方面的问题进行一对一解答，为小微企业量身定制战略规划，帮助小微企业能够更好地发展。

二、唐山市完善公共服务典型做法

（一）提升公共服务的专业能力

1. 加强财务指导服务，提高财务管理水平

通过购买服务、集中培训等方式，对小微企业开展财务指导，提升财务人员业务能力，提高财务管理水平。针对小微企业普遍存在财务不规范的情况，加强对小微企业的财务指导，计划每年举办 4 期以上不同层次的财务管理培训，帮助小微企业规范财务管理。

2. 加强检验检测服务，助力创业创新发展

一是进一步加强检验检测机构的服务能力建设，采用政府补贴等方式支持检验检测机构开展服务。二是培育发展各类专业的检验检测机构，重点围绕装备制造、生物科技、节能环保、食品开发等特色产业构建检验检测公共服务平台，对检验检测服务平台购买、更新检验检测设备给予一定的税收优惠，提升检验检测能力，支持小微企业创业创新发展。三是建立小微企业标

准查询、质量体系查询等服务平台，跟踪、收集、研究国内外技术标准、技术法规等信息，为小微企业提供标准化检验检测服务。四是加强企业产品质量诊断、质量体系认证咨询等服务，引导企业建立健全质量管理体系。

3. 完善知识产权服务，增强小微企业创新动力

以中小企业知识产权战略推进工程为依托，提高服务机构知识产权专业服务能力，引导和支持中小企业发展知识产权，提升小微企业知识产权创造、运用和保护的能力。一是探索建立小微企业知识产权法庭，简化知识产权案件审理流程，增强小微企业知识产权服务效能。二是探索依托专利代理机构开展知识产权托管服务，创新托管模式，鼓励和支持开展知识产权培训及资源服务，引导小微企业提高知识产权意识。三是进一步加强知识产权保护，完善专利诉讼机制和维权机制，保障拥有自主知识产权企业的合法权益。

4. 支持会展展会服务，拓展小微企业发展空间

研究出台支持会展业务发展的管理办法，对具有明显公益特征的大型展会基于政策资金扶持，引导小微企业开拓国内外市场。重点支持小微企业参加中国国际中小企业博览会、广交会以及西部装备制造业博览会等大型展会。加大对本地展会品牌的支持力度，对小微企业参加展会的相关费用给予一定补贴。着力培育具有国际化影响力的小微企业专业品牌展会，不断扩大世界园艺博览会、唐山陶瓷博览会等品牌展会的影响力及拉动作用。

（二）打造 19 个互联互通、资源共享平台

推动公共服务平台实现资源共享和互联互通，以省市区县四级平台实现互联互通为目标，引导全市各类小微企业公共服务平台实现服务协同，优化公共服务资源配置，提高服务能力，拓展服务内容，提高在服务体系建设、社会救助、劳动就业、消费维权等方面的服务水平。推动各部门数据资源实现共享，建设统一的公共信息开放平台，降低小微企业的信息搜集成本，提高信息传递效率。促进信用、交通、医疗、卫生、就业、社保、地理、文化、教育、科技、资源、农业、环境、安监、金融、质量、统计、气象、海洋、企业登记监管等方面服务协同。围绕钢铁、装备制造、建材、能源等产业，重点打造"银耐联""物联宝"等互联互通的公共服务平台，全面提升资源共享、服务协同水平。

第四节 税费及融资支持主要举措

一、哈尔滨市税费及融资支持措施

哈尔滨市小微企业创业创新基地城市示范工作以探索东北老工业基地加快转型升级的新路径为主线，因此税费和融资支持政策也紧紧围绕老工业基地转型升级主线，计划从设立小微企业发展基金、改善信贷环境、完善政策性担保体系和扶持创业创新五方面落实五大工程。

（一）小微企业发展基金建设推进工程

以市场化操作为手段，发挥政府财政资金优化小微企业融资环境的引领和杠杆作用，探索"引导基金＋天使＋创业企业"的融资模式，以市场化优化引导小微企业创新发展。

1. 小微企业服务体系建设推进项目

开展设立小微企业服务券工作，购买市中小企业公共服务平台提供的公益性服务。编制《哈尔滨市小微企业服务补贴券管理暂行办法》，为小微企业提供创业辅导、融资咨询、法律顾问、税务代理等公共服务项目能够获得政府资金的支持。

2. 小微企业发展环境优化项目

全市依法行政规范执法专题培训会议部署启动了行政权力清单编制工作，在3013项部门职责事项目录的基础上，按照将部门行政权力逐项拆分到"唯一"和"两报两审制"的要求，全面启动了责任清单编制工作，重点梳理部门主要职责，厘清政府纵向层级之间、部门横向之间职责边界，提出加强事中事后监管和公共服务的具体措施，同步建立责任追究机制，实现权责一致，完善政府购买服务的编制购买计划，扩大政府购买实施范围，进一步提高政府的公共服务水平和效率。

（二）小微企业信贷助推工程

以引导为手段，借助银行信贷增信、业务奖励和成本分摊方式支持商业银行发放小微企业信贷，推动商业银行发挥支持小微企业创业创新融资的主渠道作用，促进商业银行实现"三个不低于"目标，为小微企业创业创新提供坚实的资金保障。

1. 小微企业助贷保证金项目

鼓励引导银行等金融机构加大小微企业金融供给，不断提升小微企业信贷规模和增速，不断提高小微企业申贷获得率。支持和鼓励合作银行等金融机构不断放大小微企业信贷规模，促进小微企业贷款余额规模、增速以及新增小微企业户数及增速不断提升，申贷获得率不断提高。

2. 商业银行小微企业贷款业务奖励项目

协调各部门开展市域内小微企业贷款业务成绩突出的商业银行及其分支机构奖励工作，其奖励的指标主要包括商业银行期末小微企业贷款余额的规模及增速、当年新增小微企业贷款户数及增速和申贷获得率，奖励的标准为当年期末小微企业贷款余额及增速、新增小微企业贷款户数及增速和申贷获得率综合排名前三位的银行；对当年小微企业贷款规模、新增贷款户数、申贷获得率单项指标成绩最优者分别给予一次性奖励。

3. 小微企业信用保险、贷款保证保险补贴项目

鼓励和引导小微企业购买信用保险和贷款保证保险，缓解融资难问题。预计可以间接拉动小微企业银行信贷增加，降低小微企业贷款成本。

（三）小微企业政策性融资担保体系完善工程

为完善小微企业贷款风险分担机制，健全政策性融资担保体系，提升政策性担保机构增信能力，推动构建通畅的银担合作机制，促进担保机构尽快发展。针对绿色农业创业发展的实际，加快构建农牧业融资担保服务平台，弥补农牧业融资担保短板，为农牧企业创业创新发展提供资金支持。

1. 银担合作机制完善项目

为解决中小企业因抵押不足而贷款难问题，按照企业的融资需求，推动银担企加强合作，为抵押物较少、前景看好、创新型、资金需求旺盛的中小微企业及时提供贷款支持，有效纾解中小微型企业融资难题。

2. 农牧业投融资担保服务平台建设项目

对哈尔滨市农牧业投融资担保服务平台提供的小微企业担保贷款发生的

实际贷损额予以补偿，引导合作银行进一步扩大涉农、涉牧企业和专业合作组织担保贷款规模，继续深化与合作银行合作力度，进一步扩大担保规模。

（四）小微企业创业创新推动工程

1. 天使投资引导资金项目

设立哈小微企业天使投资基金，通过参股设立天使投资基金及项目直投等方式，引导社会资金投资初创期小微企业。基金主要投资省内初创高新技术企业，鼓励科技成果转化项目落地哈尔滨地区，推动小微企业创业创新。

2. 科技型小微企业创新项目基金

设立总额为5000万元的哈尔滨市科技型小微企业创新项目基金，对科技型中小微企业自主研发技术创新项目给予资助，拟支持科技型小微企业210户以上，每户企业资助20万—50万元。

（五）小微企业融资渠道拓宽工程

以推动小微企业业务扩充，推动商业银行服务下沉，不断增加区、县支行和小微企业专营机构的数量，坐实小微企业融资主渠道的功能定位。推进区域股权交易市场建设，域内小微企业提供融资和股权转让便利化，激发小微企业创业创新活力。

1. 商业银行小微企业业务扩充项目

拟对开展产业链融资、商业圈融资和企业群融资等小微企业贷款业务综合成绩排名前三位的商业银行分别给予奖励；拟对开展商业保理、金融租赁和定向信托等小微企业服务综合得分前三名的商业银行给予奖励。鼓励和引导商业银行深入贯彻落实"三个不低于"目标，不断扩大小微企业贷款规模及增速，不断提高小微企业申贷获得率。

2. 区域股权交易市场建设推进项目

设立哈尔滨市股权交易中心和股权投资企业注册资本金补贴及小微企业区域股权交易市场挂牌奖励资金。按照注册资本规模的1%，相关部门对市域内哈股权交易中心和股权投资企业进行注册资本金补贴；对小微企业区域股权交易市场或新三板挂牌并成功获得融资的小微企业给予一定的奖励。

二、西安市税费及融资支持措施

(一) 落实税费优惠政策

充分贯彻落实国家税务总局各项涉企政策优惠,全面推动实施"营改增"相关税费工作,做好现有创业创新政策的梳理整合,形成各类重点政策落实清单,全面落实小微企业税收优惠、业务补助等优惠政策,减免和规范各类涉企收费。

1. 实施税费优惠扶持

充分落实国家小微企业税费优惠政策,如对应纳税额30万元以下的小微企业,其所得减按50%计入应税所得,其缴纳所得税税率为20%,从而降低小微企业的税收负担。

2. 完善纳税管理与服务

实施税收精细化管理,扩大税收减免受惠面。通过各种宣传载体与媒介、"一对一"上门辅导、网络辅导、申报系统提醒服务等方式持续宣传小微企业的税收优惠政策,对应享受未享受的企业及时沟通辅导,保证政策更好地得到落实,努力实现"应享尽知、应享尽享"。简化报送流程和所需资料,简化缴税办理流程,加大网上办税的辅导服务,降低小微企业政务流程负担。对小微企业税收优惠政策落实情况作为相关部门的绩效考核内容,完善小微企业咨询服务内容,健全12366平台的服务功能。

3. 落实社保和失业保险优惠

降低社保补贴和事业保险费率,延长小微企业录用新毕业生的社保补贴政策时限,由原来的1年时限改为长期执行。支持高校院所科研技术人员保留公职离岗创业,为高新技术人才创造宽松的创业环境。

(二) 加大融资支持力度

拓宽创业创新型企业的融资渠道,围绕企业不同发展阶段的实际需求,整合各类融资资源为企业提供融资服务,引导企业应用互联网银行、互联网金融等新兴融资渠道获得新的融资支持,利用金融资本助力小微企业创业创新发展。尽快组建设立全市中小企业发展基金,创造条件争取国家中小企业发展基金的投资支持,加快落实西安高新区投贷联动试点工作,缓解全市中小微企业融资难融资贵问题。

1. 引导商业银行投贷联动试点和加大信贷力度

一是建立投贷联动机制。支持商业银行设立具有投资执行的下属公司，通过股权、债券等形式支持小微企业发展，完善商业银行投贷联动机制。由市金融办、市科技局、工信委、市财政局、西安高新区管委会和人民银行西安营管办组成工作协调小组，推动西安银行投贷联动试点，探索由投资收益弥补债权损失的经营补偿机制。对于投贷联动业务中出现的债权损失，市科技局参照规定，分担一定比例损失。同时市科技局牵头建立科技企业专家评价推荐机制，为投贷联动试点提供创新创业项目来源支持。建立投贷联动项目数据库，对投贷联动项目销售收入、利润、税收和就业情况做动态分析，实行动态监测，为后期持续支持决策提供依据。高新区加大对投贷联动项目支持力度，在现有政策的基础上，加大贴息额度、进一步降低房租和提高奖助幅度等。

二是鼓励商业银行加大对小微企业的信贷支持力度。支持商业银行创新金融产品种类，缩减审批环节，提高不良贷款的容忍度，为小微企业提供差异化的融资产品。鼓励商业银行在绩效考核中加大对小微企业不良贷款的政策倾斜，改善小微企业融资环境，为小微企业提供更大的金融支持。

三是拓展工业园区贷融资范围。2017年起，全市在两个区县试点工业园区贷的基础上，加大财政支持力度，将工业园区贷无抵押、无担保业务，采取政府增信方式拓展到小微企业创业创新基地范围内，解决基地内小微企业融资难、融资贵的问题，帮助小微企业解决流动资金短缺的问题，促进小微企业健康发展。

四是健全"政银企"风险分担机制。探索政银合作模式创新，通过设立小微企业助贷资金，扩大"助保贷"的实际业务额度，解决小微企业的抵质押产品不足问题。

2. 完善政策性融资担保体系建设

一是加强担保机构资本金注入支持力度，推动担保机构发展壮大，提高为小微企业的融资担保能力。二是深入推进全市担保类金融机构重组，增强市属担保公司的资金实力，进一步提升担保能力，不断扩大小微企业贷款担保业务，有力推动小微企业创业创新发展。三是完善"政银担"风险分担机制，激发担保机构开展小微企业业务的积极性。

3. 扩大创业投资引导基金规模

推动社会资本成立创业投资基金，改善小微企业融资环境。鼓励开展创投基金试点工作，引导和撬动社会资本增加对创业创新企业的投资力度。通过与国内专业投资机构共同设立子基金并委托其进行股权投资管理的方式，引导基金主要支持辖区内工业、农业、服务业企业及科技型企业做大做强。

4. 积极推广小微企业贷款保证保险

引导和支持小微企业购买贷款保证保险，探索创新小微企业贷款抵质押模式。大力发展贸易保险，通过金融大讲堂的形式为全市贸易型小微企业开展出口保险培训，邀请省市中国出口信用保险公司专家为企业授课。

5. 建设服务小微企业的民间金融聚集街区

一是大力推进民间金融街二期建设。在完善金融街一期发展的基础上，加快拓展金融街二期建设，收储金融街铺面，扩大金融街建设区域。同时尽快开展民间借贷征信系统、民间金融街风险监测协调、民间借贷价格指数发布系统的建设工作，将金融街打造成为全省民间金融创新示范功能区。

二是支持西安市民间借贷服务中心持续健康发展。继续支持西安市民间借贷服务中心持续健康发展，通过增资扩股和股权整合，引入社会资本进入民间借贷服务中心，促进中心提升知名度和品牌，引导民间金融规范化发展，推动金融资源进入实体经济，防范民间金融风险。

第五节　体制机制创新主要举措

一、呼和浩特市体制机制创新举措

（一）健全小微企业信息体系，促进协同集约发展

1. 开展小微企业"互联网＋"转型行动

开展小微企业"互联网＋"专项行动，降低小微企业信息化门槛，大力培育基于互联网的新产业、新技术、新业态、新模式，全面提升"两化融合"

水平。

2. 完善小微企业"互联网＋"生态体系

以两化融合公共服务平台建设为抓手，加快构筑以信息化平台为支撑的小微企业"互联网＋"生态体系，不断增加转型升级新动力，促进小微企业数字化、网络化和智能化发展，不断提升全市经济竞争新优势。

（二）深化投融资机制创新，破解小微企业融资难

1. 进一步降低创业投资门槛

一是进一步完善支持小微企业创业创新发展的后补助政策，对明显具有公益性特征的创业创新项目给予一定的资金补助支持，引导小微企业加大创业创新投入。对科技型小微企业入选"小巨人"计划的创新项目加大资金支持力度，引导和鼓励其加大研发。

二是积极构建"银＋企＋平台"的融资服务模式，全面提升小微企业融资服务效能。在"银＋政＋企"合作基础上，探索银行、企业及地方融资平台或孵化机构加强业务合作提升创新水平，积极试点"创业＋创新＋股权投资基金""孵化园＋股权投资基金"和订单融资等新型融资模式，多渠道缓解小微企业融资难题。

三是加快科技投融资体系建设。鼓励和支持各类金融资源加大对早期项目的支持力度，助力小微企业创业创新项目加速成长。依托市创业投资引导基金等，继续做大科技风险基金规模，通过股权投资加大扶持高新技术企业、科技型小微企业创业创新发展。

2. 建立健全银担风险分担机制

一是进一步完善"政＋银＋担"风险分担和代偿补偿机制，促进激励相容与风险分担相协调，不断提升银行等金融机构小微企业担保贷款业务。设立小微企业担保贷款风险补偿基金，旨在对符合条件的小微企业担保贷款代偿损失进行风险分担，担保公司、合作银行、旗/县/区/市分别承担实际贷损额的40%、30%、20%和10%，切实降低担保公司、合作银行从事小微企业贷款业务风险。

二是积极探索准公益性的政府增信机制。借鉴"助保贷"等政策性扶持措施，探索建立信用保证基金、应急转贷资金等融资支持方式，为小微企业

创业创新营造良好的金融环境。引导和鼓励社会资本参与设立应急转贷资金池，助力小微企业纾解融资难题。

二、唐山市体制机制创新举措

（一）推进科技成果使用、处置管理机制改革

进一步完善科技成果使用及处置机制改革，推动科技成果转化率不断提升。给予高校院所研发人员知识产权的使用权、经营权以及处置权。按照"市场定价"的原则，探索挂牌转让、公开交易等形式，对科技成果给予市场定价，成果研发团队采取事后报备的形式进行管理。

（二）深化科技成果转化收益分配改革

完善科技成果产业化转化的分享机制，保障科研人员在科技成果转化中产生的合法权益。鼓励和支持科研人员将研发成果收益以股权的形式投入受让企业，对产生的现金收益给予一定税收优惠。

（三）科技人员创业创新体制机制改革

支持高校院所科技人员离岗创业，为研发技术人员营造宽松的创业环境。对科研人员创办创业企业，3年内按照其新增财政贡献的50%给予奖励，进一步支持其研发投入。对科研院所与企业加强产学研合作的项目，其成果转化在本市的，其财政贡献10%可以用于奖励，最高不超过50万元。

（四）实行涉企收费目录清单管理机制

对涉企行政事业性收费项目进行清理，规范政府指导定价的服务性收费项目，将涉企收费清单定期向全社会予以公告。接受社会公共监督。严格落实对小微企业的取消、暂停和免征收费项目政策，确保企业受益。

第四章 中外中小企业合作区建设研究

经过近几年发展，我国中外中小企业合作区建设在对外合作平台搭建、资金扶持方式、人才支撑体系以及招商方式等方面取得了较大进步，但是合作区发展仍存在很多问题，产业基础较为薄弱、对外合作层次偏低、创新能力仍待提升、高端人才供不应求、合作区间的横向合作较少以及资金压力较大。因此，还需坚持规划引领，明确发展定位、加大政策支持，优化发展环境、拓展合作渠道，搭建服务平台、强化人才培养，奠定发展基础、实现资源共享，形成良性互动，以进一步优化合作区发展环境。

第一节 中外中小企业合作区建设现状

一、多层次合作平台为中外合作搭建了双方交流桥梁

为推动中外中小企业务实合作，各地搭建了多层次的对外合作交流平台，总体而言，包含官方交流平台以及民间交流平台两种。

搭建官方交流平台。该平台主要依托各级政府与海外政府及相关机构建立联系，截至目前，各地形成了 3 种典型的官方合作渠道：（1）建立海外办事处。各地积极在海外市场建立办事处，建设对外合作的前沿阵地和桥头堡，支持本地中小企业对外合作。例如，中德（揭阳）中小企业合作区在德国柏林、法兰克福、慕尼黑、斯图加特、杜塞尔多夫、德累斯顿 6 个城市以及西班牙、奥地利、捷克和法国设立了 10 个办事处。中德（太仓）中小企业示范区在德国设立了"太仓驻德国办事处"、中国德国商会驻太仓办事处，有力推动了德企进驻中国市场并稳步发展。（2）举办中外合作交流活动。各地中小

企业管理部门积极与海外政府及机构签署合作备忘录，建立战略合作关系，共同为双方企业合作牵线搭桥。同时，在政府推动下承办对外合作交流会，例如德国工业 4.0 中国制造 2015 广州研讨会、乌克兰新材料科技成果推介会、中韩（都市）消费工业项目活动对接交流会、中国共产党与德国社民党第二次可持续发展对话、中国共产党和德国联盟党"中国制造 2025"与"德国工业 4.0"对接对话会等高端活动等。（3）组织经贸团组赴外考察。组织本地中小企业参与赴海外市场的经贸团组，积极引导中小企业抱团出海，大力开拓国际市场。例如，山东省中小企业局与山东省外办联合成立"山东省中小企业对外交流合作平台"，依托该平台有计划地组织了赴阿联酋、土耳其、立陶宛、法国、韩国、德国等多个经贸团组，推动本地中小企业抱团走向海外市场。

搭建民间交流平台。民间交流平台主要依托行业协会等非官方组织与海外协会、机构等建立联系，截至目前，形成了两种典型的民间交流平台：（1）协会/联合会等组织与机构牵头建立合作平台。例如，揭阳金属企业联合会已在柏林等地设立了 6 个办事处，与德国 9 家协会和 20 多家科研机构、中介机构建立合作关系。揭阳开通 3 条到德国的国际通程航班，每个月有两批次以上的中德中小企业代表团互访；（2）开展特色文化交流活动。除双方企业间的技术、人才交往外，文化交流也为加强中外经贸合作与交流、促进双方多领域双赢发展搭建了一座沟通的桥梁。例如，太仓连续 8 年在斯图加特、慕尼黑、杜塞尔多夫等地成功举办的"太仓日"活动、2015 年在慕尼黑举办的第八届"德国慕尼黑太仓日"活动、连续 10 年举办的太仓啤酒节，都成为凝聚海外人才的有力平台。

二、多种资金扶持方式为中外合作优化了融资环境

为缓解合作区及入驻企业的融资问题，各地积极拓宽融资渠道，创新金融扶持方式，加大扶持力度，为合作区及企业创造良好的金融发展环境，具体而言，包括以下几种资金扶持方式：

依托财政资金奖励补贴加大对合作区的金融支持。为促进中小企业对外合作，各地加大了财政资金的奖励和补贴支持力度，对落户本地的中外合资

合作企业进行资金扶持，例如，广州市安排了 1200 万元支持中外合作区核心区研发基地和服务体系建设，从 2017 年起，对新落户广州市中外合作区"一核四区"、符合广州制造 2015 发展方向的中外合资合作创新型企业给予不少于 20 万元的奖励，对广州市企业通过专利技术转移转让、共建研发中心、聘请专家团队等方式利用国外先进技术予以不超过 60% 比例的补助。另外，中欧（江门）中小企业国际合作区创新与银行的合作模式，依托奖补、贴息等方式，用于扶持小微企业和专用车项目发展。

依托专项基金推动中小企业对外合作。为营造良好融资环境，各地设立了多种专项基金，在不同领域支持中小企业对外合作。例如，广州市工业转型升级基金下设立的"中外合作项目基金"重点投向中小企业先进制造业中外合作企业产业化项目；"中外合作区发展基金"重点投向中外合作区园区建设；芜湖设立的"中德合作基金"主要用于芜湖目标投向德语区企业并购；芜湖设立的"中小企业股权投资基金"主要投向具有高成长性、创新型项目并在芜湖注册的德资企业。

依托民间资本加大对合作区的扶持力度。为充分发挥社会资本的作用，各地创新金融合作机制，大力撬动民间资本，在很大程度上缓解了园区建设发展中的资金难题。蒲江创新"政企合作、市场化运作"机制，有效实现了企业与政府在资源、资本方面的互利共赢，截至目前，蒲江在利用 1200 万元政府资金的同时，成功撬动 40 亿余元的社会资本。2016 年 11 月启动探索利用 PPP 模式引进社会资本总投资 340 亿元，用于以工业区为载体的产业新城建设。另外，江门依托 PPP 模式加快园区公用设施建设，为入驻企业营造了良好的发展环境。

三、多重人才支撑体系为中外合作提供了智力保障

先进的技术人才培养模式和水平，是先进制造业的强大后盾和有力支撑。海外先进制造业普遍采取自动化生产，以企业需求为核心，对员工的职业技能要求很高。为培育新一代高素质产业工人，加快先进制造业在我国的发展，各地推出了"外引内培"的专业技术人才支撑体系。

引进海内外高端专业人才。围绕其主导产业、投融资和翻译等方面大力

引进海外高端专业人才，或者与海外高校合作，积极招揽人才。同时，各地开始大力建立从幼儿园至高中的国际学校，为在我国的海外人员子女解决了就学问题，解决了海外高端人才来华工作的后顾之忧。正是通过多措并举的方式，为海外专业人才提供了良好的工作、生活氛围。

借鉴德国"双元制"教育模式建立本土化人才培养体系。为破解技术人才短缺问题，我国很多地方开始借鉴德国"双元制"教育的成功经验，开展"政府引领，双元参与，合同执行，成本分担"的"双元制"本土化教育模式与实践，并重学历教育与职业培训，全面提高专业人才动手能力和操作技能。蒲江在西部率先引进德国 AHK 认证体系，试点建设"中德（蒲江）AHK双元制职教培训基地"。目前，中德（蒲江）AHK 双元制职教培训中心建成并投用，第一、二批78 名学生正在接受培训，中德（蒲江）中小企业合作区"工匠式"人才得到充分保障。另外，太仓也建立了太仓德国企业、太仓欧美企业、德国巴伐利亚、AHK－健雄职业技术学院、舍弗勒、高迈特、海瑞恩、乐客精工、太仓中专－森太汽车等9 大专业技术工人培训中心，成立了机械制造、电子信息、生物医药、文化创意产业、化纤产业等9 个校企联盟，形成了创新性的股东合作式、企业订单式、企业参与式、学校参与式四种"双元制"人才培养模式。

加强对管理者的培养。为培养一批中外中小企业合作的主力军，各地创新管理者培养方式，加大对管理者的培养。例如中德（揭阳）中小企业合作区先后推出了中德合作总裁培训班、中德中小企业合作培训班，支持一批"企二代"前往北京外国语大学进修，在德国企业和经济部门挂职，加快管理者熟悉德国文化、法律以及德国产业精神。另外，蒲江组织本地企业参加"中国中小企业经营管理人员赴德培训班"学习，2014 年以来连续参加德国汉诺威工业展等交流活动，推动本地企业管理者管理能力的提升。

四、多样化招商方式为中外合作整合了全球优质资源

为了引进海外高端项目、优质资源，各地创新招商引资模式，为整合全球优质资源形成了多种有效方式。

滚雪球式的以商引商。依托先入企业的示范作用和连锁辐射效应，以商

招商，吸引海外企业落户。例如，江门依托德润电子、清华同方、富华、牛力等重点企业积极向欧洲招商引资，2016 年 1—10 月，共开展招商活动 150 多次，在谈项目 21 个，计划总投资 118.5 亿元，已完成澳大利亚能源集团动力能源电池、台湾恒耀、富华舜能润滑材料、自信电机等 1 个 10 亿元以及 1 个亿元项目的签约。

全天候的网络招商。各地加快建立专司用于投资招商的网站，作为海外企业了解我国，寻求进一步合作的重要窗口。例如太仓招商网全天候向德国各行业及各界传播相关招商信息。

定专题的项目招商。定期组成招商团队赴海外举行大型招商恳谈会，实现与海外企业的近距离接触。一次恳谈会突出一个专题，项目明确，便于投资者集中把握项目的特点和优势。

依靠专业机构的借力招商。各地通过加强国内外咨询公司及中介机构的合作，以此了解海外企业对华投资战略、捕捉其投资信息、掌握其投资动态、跟踪其投资进展，从而使招商工作具备广泛的信息来源、畅通的沟通渠道和明确的主攻方向。

设立驻外办事处。各地纷纷在海外市场设立办事处，例如，太仓在德国设立了驻德办事处，揭阳在德国 6 大城市以及西班牙、奥地利、捷克和法国共计设立了 10 个办事处，派驻专人开展招商活动，成为对外合作的前沿阵地。

对接海外中小企业管理部门。为与海外市场建立高端长期合作机制，加快中小企业对外合作进程，各地与海外中小企业管理部门建立工作联系，发布境外项目推介信息。例如山东与欧盟中小企业中心、美国纽约州中小企业署对接，发布境外项目推介信息 1300 多条。

五、完善的生活配套设施为中外合作营造了良好环境

为了实现外资企业在我国的长远发展，各地在基础设施建设方面，充分考虑融入海外元素。近年来，中外文化在城市建设、社区服务、公共管理等方面的相融特色愈发鲜明。例如，太仓投入大量资金，在城市道路设计、建设上，特别建设了具有德国小镇特点的专门供人骑车健身休闲的专用边道，

引进了一批德国餐厅、香肠店、酒吧、面包房等生活服务性企业，具有德国浓郁风情特色的城市绿化、商业网点、花园式住宅区等已初具规模，同时开办了中德幼儿园，解决了在太仓的德籍人士子女入学问题。芜湖合作区为吸引德资企业入驻，启动并建设了德国小镇项目，特邀德国工程师坐镇，设立特色商业区、养老服务区和高端养老区三大功能区，高度还原德国建筑风格。同时，该合作区还为德国专家配备了公寓、西餐会所以及能够顺畅交流的外语人员。蒲江坚持对标德资企业需求建设园区及配套设施，逐步形成了国际化宜居环境和文化氛围，让德国企业人员享受到"离土不离乡、宜居更宜业"的良好氛围。

第二节　中外中小企业合作区建设存在的问题

虽然目前我国中外中小企业合作区发展取得了很大成绩，总体发展势头良好，但由于受到国外政治经济环境复杂、大部分合作区发展时间较短，各方面建设不完善等因素的制约，合作区仍然面临着产业基础薄弱、对外合作层次低、创新能力有待提升等六大问题。

一、产业基础较为薄弱

产业规模较小。尽管经过几年的努力，各中外中小企业合作区大多已经建立起相对完善的产业链，并通过平台宣贯，形成了一定的产业规模，但其市场影响力依然较小，对市场的牵引力不够，合作区仍然面临着核心竞争力不强、发展后劲不足、主导产业带动作用较弱、集聚吸引相关企业总体规模相对较小以及产品种类较少等问题。

产业层次偏低。虽然合作区目前都在大力发展高端产业，也积极引进了一批科技含量较高的国内外企业，但总体来看合作区产业仍然多以低技术含量、低附加值的加工环节为主，产品同质化程度高，差异化的特色产品和名牌产品不多，在全球生产网络中处于偏低端位置，多数合作区企业缺乏核心技术和自主知识产权，自有品牌所占比例小，一些核心技术和设备仍需依赖进口。

产业配套能力不足。合作区的健康发展要以产业为基础，一个发展良好的产业要求当地具有较高的产品配套能力，但目前合作区的产品配套能力普遍较弱。以蒲江为例，中德（蒲江）中小企业合作园目前的产品配套能力远远不足，大量的精密元器件需要进口或者从珠江三角洲、长江三角洲采购。对合作区的企业来讲，地方配套能力越强，则意味着企业在本地交易越方便、综合成本越低，也就越能吸引企业扎根落户。当合作区难以满足这些需要时，企业将可能降低与合作区的联系强度，影响国内外企业向合作区进行产业转移的意向，甚至导致企业退出合作区。

二、对外合作层次相对偏低

为加快我国中小企业转型升级步伐，中外中小企业合作区应当着重引进一批旗舰型、科技型、税源型、总部型的优质外资项目，鼓励国外企业把研发中心、结算中心、交易中心、营销中心等功能机构设在合作区，形成以技术创新为核心，业务支撑力强、产业关联度高、市场互补性强的合作格局。但是，当前外资企业通常将标准化技术的生产环节放在合作区，而把核心产品的开发、设计和生产仍然留在其本土，加上受到投资环境等因素的影响，一些国外制造商并不愿意在高端技术上与合作区企业开展实质性合作，导致我国中外中小企业合作区与外资企业合作大多处于产业链的中低端，为外资企业生产配套阶段，形成了对外合作层次偏低的局面。究其原因，我国中小企业对外合作环境存在各种不足，例如，虽然广州地区设立了知识产权法院，太仓作为"全国专利保护重点联系基地"的唯一县级市，针对德企推出了知识产权保护的组合式司法服务，但是，我国中小企业国际合作区在知识产权保护方面大多不具备与知识产权保护和管理工作相适应的工作人员以及中介服务机构，缺乏具有国际标准的仲裁程序，在建立与国际接轨的知识产权保护体系方面仍有待完善，这在一定程度上降低了海外中小企业对中国知识产权保护的信心，从而限制了海外研发中心在我国中外中小企业合作区的落户以及对海外科技成果的转化。

三、创新能力仍待提升

发展方式大多仍以粗放型为主。虽然目前很多合作区已经形成了"1＋N"的产业园区发展格局，但是合作区的创新能力仍然有待提高。部分合作区产业发展仍然停留在追求规模大、产值高的阶段，忽视了合作区集群的内涵式、创新式发展，总体上仍处于全球产业链的中低端，尚未占领研发、设计、营销等高端环节。

高新技术产业发展不足。发展高新技术产业是提高合作区创新水平的重要手段。目前，大部分合作区产业层次整体偏低、科技含量不高，在一定程度上制约了合作区国内企业与国外高新技术企业在研发、设计等环节中的对接合作。以江门为例，中欧（江门）中小企业国际合作区的高新技术产业集聚和科技集聚程度不高，产业规模不大，高新技术产品产值占工业总产值的比重甚至远低于全省平均水平。

中小企业创新意识不强。合作区内的中小企业，目前创新发展的意识不强，生产的产品技术含量较低，附加值不高、缺少自主品牌。仍以江门为例，企业研究与发展经费投入明显不足，企业 R&D 经费占地区生产总值的比重远远低于全省和全国的平均水平，在很大程度上制约了合作区的创新发展。

四、高端人才供不应求

考虑到中外合作区在提升中小企业技术水平、产品层次，推动中小企业转型升级方面的重要牵引作用，应以技术含量高的新兴产业为发展重点，这些产业不同于传统的加工制造和服务业，具有知识密集型的突出特征，对高层次人才需求极为迫切。但目前高端科研人员以及专业技术人员无论是质量上还是数量上都不能满足今后一段时间内合作区新兴产业发展的需求。

高端科研人员不足。随着我国对高端科研人员的重视，我国留学归国人员数量不断增加，截至 2015 年底，我国留学回国人员总数达 221.86 万人，其中 2015 年回国 40.91 万人，比上年增长 12.1%。但是，由于当前我国人才流动机制不健全，导致高端科研人才由企业向国企、事业单位的单向流动现象较为明显，因此，虽然留学归国人员等高端科研人员数量不断增多，但是流向中小企业的仍为少数，远远不能满足中小企业发展，最终成为制约中小企业发展的重要因素。除此之外，中外中小企业合作区往往处于建设发展初期，受到硬件设施、激励手段、发展空间等各方面条件的限制，对高端人才吸引力有限。例如，合作区缺乏对人才的激励机制，很少有合作区设立专门的高端人才激励基金。

专业技术人员不足。随着科技水平不断提高，创新意识不断增强，专业技术人才缺乏日益成为制约企业创新发展的重要因素。虽然我国政府通过持续推进专业技术人才知识更新工程，培养了大量专业技术人才，以 2015 年为例，我国全年技工院校面向社会开展培训 477 万人次，举办 300 期高级研修班，培训高层次专业技术人才 2.1 万人次，但是，当前的职业教育及培训对专业的设置以及培训内容与企业需求存在明显脱节，导致专业技术人才供给仍然成为中小企业发展的制约因素。近几年，我国开始借鉴德国"双元制"教育模式在太仓、蒲江等地尝试开办了多所德式"双元制"职业教育学校，实现有效衔接现代教育以及企业需求，并取得了初步成效，但是，由于当前在我国开办的"双元制"教育模式仍处于试点阶段，培养的专业技术人员数量和中小企业庞大的人才需求仍存在较大差距，导致专业技术人员不足成为制约中外中小企业合作区发展的重要因素。

五、合作区间的横向合作较少

中外中小企业合作区建设发展进程中，合作区所在地各自为政，不同合作区间鲜有合作，导致资源共享程度较低，也未实现优势互补，导致规划层面以及运作层面的"双断裂"成为我国中外中小企业合作区建设中的显著特征。

首先，各地方政府在规划层面形成了"断裂"。各地政府间缺乏配合、协调、互补和规划，没有形成区域性联动，如果各地能重视并充分利用自身的产业优势、资源优势、基础设施等条件，通过构建共同的规划目标，实现双向合作，将会达到事半功倍的效果，但是，我国各地"行政区划式"的发展现象突出，不同省市间缺乏政策协调和项目联合推进机制，这种规划层面的断裂发展将会导致各地不能形成合力，甚至造成内部竞争消耗的局面。

然后，各合作区在运作层面形成了"断裂"。我国中外中小企业合作区分布于不同地方，而区位优势则又赋予了合作区不同优劣势。例如，位于东部沿海地区的合作区往往产业基础较为雄厚，但是人力成本较高，而西部地区的合作区产业基础相对落后，经营成本相对较低。不同合作区间加强合作能够实现优势互补，具体而言，东西部间的合作区间加强合作将有利于西部合作区对接已入驻东部沿海合作区的外资企业，从而实现优势互补，联动发展，但是，当前只有太仓和蒲江两个合作区建立了横向合作机制，其他合作区间鲜有横向交流合作，这将不利于中西部地区承接海外及我国东部发达地区产业转移。

六、税费融资支持有待加强

我国的中外中小企业合作区成立时间都相对较短，很多方面都尚待完善。园区建设初期的特点就是开发投入大，投资回报期长，因此合作区普遍存在较大的资金缺口，在税费以及融资等方面仍需较大支持力度。

税费支持有待加强。虽然我国政府出台了很多针对中小企业的税费政策，减轻了中小企业负担，但是，税费负担重仍然是制约我国小微企业发展的重大问题。2015年中国家庭金融调查及中国小微企业调查数据显示，我国小微企业纳税负担高于上市公司，超过三分之一的法人小微企业主认为税费负担较重，52%的小微企业希望政府进一步加大税费优惠力度。税费较重不利于吸引海外企业落户合作区，也会降低企业研究开发和风险资本投资，然而，当前，我国尚未出台针对合作区的税费减免政策，在很大程度上降低了海内外中小企业入驻合作区的意愿，同时也限制了入驻企业的创新投入水平，延缓了中小企业转型升级步伐。

融资贷款支持有待加强。小微企业融资难融资贵问题依然突出。《渣打银行中国中小企业信心指数》显示，2016年10月渣打银行对中小企业放贷意愿由9月的51.2降至50.3，接近50的中位线，成为2016年迄今为止的最低水平，同时，渣打银行中国中小企业8月报告数据显示，银行融资成本指标较7月并未明显改善，非银行融资成本指标进一步恶化。除此之外，《2016年全国企业负担调查评价报告》发布的数据显示，55%的企业认为融资成本较高，

70%以上的企业建议出台相关"降低融资成本和拓展融资渠道"等方面政策。但是，由于当前合作区服务于入驻企业的风险分担机制以及信用担保机构缺失等因素的作用，造成合作区企业获得融资贷款难度并未改善，抑制海内外中小企业入驻合作区积极性。

第三节　中外中小企业合作区建设经验借鉴

近年来，随着全球经济一体化趋势不断增强，各国之间的经贸合作、科技交流愈加频繁，没有任何一个国家能够独立于全球化发展趋势之外。而推动中外中小企业合作区建设成为促进企业对外合作的重要举措。为加快整合全球优质资源步伐，应借鉴国内其他合作区的成功经验，加强自身建设，改善现有问题，加速合作区发展。

一、中德（揭阳）中小企业合作区

（一）完善合作区规划

中德（揭阳）中小企业合作区通过合理规划合作区的用地布局，积极引导企业进园，推动产业集聚发展，促进了土地集约利用。合作区制定高标准的企业引进综合评估体系，在产业导向、产出贡献、投资密度、资源消耗、土地利用、环保节能、建设周期等方面设置准入门槛，严格控制单位项目的用地指标，要求入住企业项目除了符合规划布局外，还充分了发挥比较优势，突出自身特色，形成规模优势明显、集聚效应突出的发展格局，促使园区优化资源配置，科学利用空间，保护生态环境，打造符合德国标准的生态产业园区。

（二）加强自主创新能力

中德（揭阳）中小企业合作区坚持以市场为导向，企业为主体，院校为支撑，组建了产学研创新平台，有效加强了园区企业的自主创新能力。平台为园区企业及协会会员提供发展战略、规划、信息咨询、人才培训服务，建立科技成果引进、交易和转化机制，引导企业引进各类新产品、新技术和新工艺，促进科研成果转化为现实生产力。协助企业建立技术依托，为企业与国内外大专院校、科研院所建立密切联系提供帮助，开拓合作渠道。如：园区利用平台帮助合作区内的企业与院校建立了紧密合作关系，还引进德国科研体系，建设产业—科技—金融共建的产学研基地。同时也开展金属加工和产品创制过程的共性关键技术和核心技术研发，提高金属产业整体技术水平，促进产业结构调整升级。

（三）重视人才资源

人力资源作为稀缺性、战略性资源，是合作区发展的生力军和助推器。中德（揭阳）中小企业合作区以打造"人才输入型"园区为目标，以高等教育与职业教育并重为手段，努力建设企业人才以本地为基础，大力引进国内优秀人才为辅助，重点吸引德国高级专业人才的新格局。一是高度重视人才培养。筹建中德双元应用科技大学，培养适合园区内中德企业发展的人才。二是推动校企培训合作。加强技术人才与产业发展的对接，保障企业用人需求与院校人才供应的匹配性。三是提高技能人才待遇。对全日制技工学校取得中级、高级、技师（高级技师）毕业证书并取得相应职业资格证书的学生，在政策上分别与中专、大专、本科学历人员同等对待，尤其是在学生参加继续教育、职称评定、公务员招考、机关工作人员选调和事业单位工作人员招考等方面同等对待，并安排一定比例招考高技能人才进机关事业单位工作。四是促进高端人才工作。开展德国人才团队和国内高端科研人才团队引进工作，建立大学生实习平台建设。五是创造宽松人才环境。制订出台中德金属生态城高端人才引进办法，开放工资待遇；利用人才发展专项资金，对引进到园区工作的高层次人才奖励个人安家补助费；充分其意愿，解决户口、社会保险等问题。

（四）搭建公共服务平台

中德（揭阳）中小企业合作区搭建了产业公共服务平台，不断健全服务职能，为生态型金属产业完善全产业链服务体系提供强有力的支撑。一是进一步发挥公共服务的功能。在信息服务、融资服务、咨询服务、培训服务、商务服务、宣传服务、权益服务、科技服务等方面为园区内的企业加强服务。二是促进金融创新支持。提升金融服务实体能力，推进金融与实业的充分融合，发挥金融的杠杆撬动和资源配置功能，推动传统产业转型升级。三是提升技术创新服务水平。通过揭阳市金属企业联合会与德国柏林生产技术中心/弗朗恩霍夫生产设备和结构技术研究所、西班牙巴塞罗那工程设计学院等6个欧洲科研机构将在园区共建金属科技中心及成果交易平台。四是设立知识产权服务机构。利用知识产权公共服务平台，采取有效措施引进国内外实力强信誉好的知识产权服务机构，培育和发展揭阳知识产权服务业，为企业提供便捷高效的知识产权专业服务。

（五）优化政策支持力度

一是加大财政投入，确保经费到位。合作区被认定为"省市共建循环经济基地"，获省扶持金融产业发展专项资金，市财政每年优先安排支持合作区的经费，并且确保及时足额到位，保证了合作区各项活动的正常开展。二是强化利益导向，突出园区规范管理。出台相关的规章制度，促进和保障合作区的建设与开发，加快推进产业转型升级，大力发展循环经济，提高资源综合利用率，节约能源，减少污染物的排放，为园区的企业和个人提供良好的环境和优质高效的服务。三是是努力创建示范工作，打造过硬团队。合作区全方位寻求与德国合作对接，加强与以德国为中心的欧洲国家在人才、科技、教育、金融、管理等领域进行全面的合作，努力推动合作成果的落实与推广。

（六）建立考核机制

中德（揭阳）中小企业合作区还实行严格的园区管理考核机制，把土地集约、节约用地指标等作为考核管理国土部门以及园区运营机构的重要组成部分，落实考核责任制，切实保障园区的用地计划落实执行。

二、中德（蒲江）中小企业合作园

（一）政策支持有力

中德（蒲江）中小企业合作园用有力的政策支持了园区的发展。一是组建了园区协调领导小组。领导小组统筹协调园区建设的重大事项，研究出台园区土地利用、基础设施建设、投资、环境保护、技术创新、财税、金融、招商引资、人才引进和电子商务服务等方面的政策。二是出台相关政策优化发展环境。合作园加大了对德企及"德标"中资配套中小企业发展的扶持力度，落实《促进工业经济加快转型升级的意见》，健全相关支持政策，鼓励本地企业与德资企业协作配套，降低企业生产经营成本和协作配套成本，进一步优化德资企业发展环境。三是加大金融支持力度。利用包括开发银行在内的银行业金融机构的支持，推动国家开发银行对中德中小企业专项贷款加大支持力度。优化科技型中小企业融资环境，引导和支持商业银行加大金融促进科技型中小企业发展的力度。加大直接融资支持，充分发挥多层次资本市场的作用，引进有关投融资服务机构和投资基金等，服务中德园区建设和德国中小企业的投资经营。

（二）拓展合作渠道

中德（蒲江）中小企业合作园灵活开展各种方式，拓展了合作的渠道。一是加强中德中小企业在园区建设、技术、投资和贸易等方面的交流合作，推动产业转移和园区建设。加强与德国中小企业总会、德国华人华侨联合会、德中商会等机构在招商引资方面的合作关系。二是加强园区推广和招商引资，尽可能引进德国的创新型中小企业，是决定园区成败的重要工作。三是举办中德论坛与经贸—投资对接会。搭建"中德（蒲江）中小企业论坛"平台并定期举办论坛，加强中德在园区建设、产业发展、工业设计、职业教育、市场信息、项目对接、创新发展与企业家精神等方面的交流，借鉴彼此经验做法，推动中德中小企业共同发展和共同繁荣。依托有关机构，每年定期或不定期在德国有关城市举办中德经贸—投资对接会，提供投资项目合作信息，推动项目对接洽谈，促进中德经贸—投资交流合作，推动德国中小企业发现更多的经贸、技术和投资合作机会。

（三）打造服务平台

中德（蒲江）中小企业合作园打造了各类公共服务平台，方便了各类中小企业。一是建设了中德中小企业国际合作服务平台。在园区建设了中德中小企业国际合作服务平台，支持德国有关行业协会在园区设立代表处，引进有关服务机构入驻园区，在中德经贸合作、投资、技术引进与转让、工业设计、信息、培训、融资、知识产权等方面加强服务，促进德国中小企业到园区投资经营。二是提升了知识产权服务和管理水平。加大知识产权的服务、管理、监督、保护、宣传和执法的力度，园区配备与知识产权服务和管理工作相适应的工作人员，引进知识产权中介服务机构，在园区推广和项目招商时加强对知识产权服务和保护的宣传力度，在投资项目落地后加强知识产业服务和保护各项工作。

（四）建设人才高地

中德（蒲江）中小企业合作园积极推行"双元制"职业教育，加强园区人才培养。一是推行"双元制"职业教育。加强中德职业教育合作，保障德资企业、"德标"中资配套企业以及其他国内企业人才需求，逐步发挥"双元制"职业教育在促进工业和中小企业转型升级中的重要作用。加快推进蓉德"双元制"职教合作试点，推动双元制职教合作加快发展。推动德国工商大会上海代表处与成都市政府关于"政府投入、学校运营、园区承载"的职业教育合作模式，率先在园区开展"双元制"职业教育合作试点。二是不断强化人才保障。健全人才引进和培育机制，完善《引进和培育高层次高素质人才实施办法》，积极利用中德行业协会、大专院校和中介机构等力量，大力引进中德园区建设、中德合作、招商引资、工业设计、技术研发与转化、技术引进、会展服务和电子商务等方面的人才，加大工资报酬、医疗保健、安全卫生等方面的政策支持，推进项目、人才、智力引进一体化，打造稳定的、专业化的促进中德合作的人才队伍。

三、中德（芜湖）中小企业合作区

（一）实施中德双元制教育创新示范工程

中德（芜湖）中小企业合作区实施中德双元制教育创新示范工程，借鉴德国双元制职教机制，利用德资企业的技术和经验，结合本地人才需求，通过构建双元制职教体系，打造实训基地，加大科研合作，加强人才交流，强化人才培育，打造省内职教人才高地。一是构建双元制职教体系。针对芜湖产业特色，在汽车及新能源汽车、智能制造、电子电器等重点产业率先推广，启动构建以企业为主体，以实践为导向，培训机构、政府、行业协会以及各类公共部门共同参与的双元制职教体系。二是设立专门教育基金。加大对职教体系的资金支持，鼓励企业、学校参与双元制职教体系建设，鼓励培育市场化的职业教育培训机构。

（二）设立芜湖中德中小企业股权投资基金

设立多只以政府为引导的股权投资基金和并购基金，加强对中德中小企业合作项目的金融支持力度，加快推进合作区企业培育、合资并购、技术引进和产业化发展。加快推进中德产业基金的设立。充分发挥中国资本市场的投融资力量。以政府为引导，联合有经验的、有德国中小企业资源的股权投资管理公司共同发起设立多只股权投资基金和并购基金。初期可先设立中德产业合作基金和中小企业基金。产业合作基金主要由省担保集团、芜湖市政府、汉德基金公司等共同出资，面向汽车、新能源汽车、智能装备、卫星、金融、培训等先进制造业及高端服务业领域，以扶持区内中小企业成长、推动承接产业转移为目标，推动在芜湖投资的德资企业股权投资和合资合作，将德国的优势产业和技术引入芜湖，侧重对德产业类大项目的并购支持。中小企业基金由德盛镁和芜湖市建投公司共同出资，优先投资落户在芜湖的中德合作项目，侧重对德技术及人才引进。依托皖江金融中心各类基金及交易平台，集聚长三角金融产业资源，服务中德中小企业投资合作，扶持园区中小企业成长，推动承接产业转移，做大做强主导产业。优化科技型中小企业融资环境，引导商业银行加大金融促进科技型中小企业发展的力度，争取中德中小企业专项贷款加大支持力度，引进有关金融机构和投资基金等，服务合作区建设和合作区内中小企业的投资经营。

（三）政策支持力度大

中德（芜湖）中小企业合作区在政策方面加大了支持力度。一是各类政策支持多。推动芜湖中德中小企业联合开展各类产品或服务展览、展销活动，建立各类产品及技术展示中心，将中小企业境外展销平台建设工作列入商务部主办项目；进一步优化进出口海关通关便利化措施，落实中小企业出口产品退税、进口设备减免税等支持政策。支持示范园区内的中小企业开展境外投资业务，为符合条件的企业提供便利通关措施，简化加工贸易内销手续，在签证、收结汇、检验检疫、清关以及海外运输安全等方面给予扶持。二是金融支持强。推动国家开发银行等金融机构加大资金支持，争取中德中小企业专项贷款加大支持力度，引进有关金融机构和投资基金等，服务中德园区建设和德国中小企业的投资经营。成立中德中小企业产业投资基金，集聚区域金融产业资源，服务中德中小企业投资合作，扶持园区中小企业成长，推动承接产业转移，做大做强主导产业。优化科技型中小企业融资环境，引导和支持商业银行加大金融促进科技型中小企业发展的力度。三是财税支持。加大财税支持力度整合现有专项资金渠道，设立中德合作中小企业专项资金，根据产业发展的新要求，调整优化资金支持范围和方向，加大对工业项目建设、技术改造、技术进步、技术创新、结构调整和节能减排降碳等方面的财政支持力度。运用投资补助、基金注资、担保补贴、贷款贴息、股权投资等方式，支持产业改造、补链、延链项目建设。改革财政支持方式，由直接支持具体项目逐步改为设立产业投资基金。扩大保增稳产促就业互助资金规模和使用范围，发挥互助资金蓄水池作用。全面落实国家结构性减税政策，推动扩大研发费用加计扣除范围和设备加速折旧政策。

四、中德（太仓）中小企业示范区

（一）建立专业合作平台

中德（太仓）中小企业示范区在产业合作的基础上，建立了专业合作平台，在科技、管理、文化、人才等各个领域加强中外中小企业的合作交流，实现全方位、有深度、有高度的合作。一是打造科技、文化、人才等专业平台。加强软环境的合作，包括科技、人才、教育、文化、社区建设和管理等方面的合作，使太仓成为两国文化、技术、教育交融地，中德两国开展全面合作的"乐土"。示范区围绕国家战略，结合自身产业特点、基础条件和发展需求，打造了科技合作平台、文化交流合作平台和人才合作平台等多方位的平台。科技平台完善人才柔性流动和研发创新的政策措施，依托大企业建立科技合作平台，吸引更多德国企业在太仓建立研发中心或研发基地，鼓励德国企业将核心技术带到示范区，并通过该平台进行中德两国中小企业广泛的技术交易与合作。文化交流合作平台吸引了大量中德两国文化机构，开展各种文化交流活动，尤其要加强企业管理文化上的交流，融合中德两国文化，营造和谐环境，促进德资企业的本地化发展。人才合作平台实现了双方企业间的定期交流、互访互动，与德国相关教育机构进行交流合作，引进先进高端技术人才培养机制，吸引更多留德归国人才、德籍人才来太仓创新创业。二是形成专业平台互动机制。专业平台建立中德双方的互动机制，既"引进来"，也"走出去"；既有政府间的互动，也有企业间的互动。依托这些专业平台，深入挖掘德国企业在科技、管理、文化、人才等方面的优势，让中德（太仓）中小企业示范区的中小企业得以借力成长。

（二）培养高端技术人才队伍

中德（太仓）中小企业示范区充分利用德资企业成熟的技术人才培养方法，结合园区实际人才需求情况，完善"双元制"模式教学机制。一是完善和扩展"双元制"教学模式。德国职业教育为德国经济发展提供了极为重要的智力支持，其"双元制"教育模式更被誉为经济发展的"秘密武器"。加强与德国工商会、德国有关职教培训机构的合作，结合中国教育体制和企业需求，发展"双元制"教育模式；设立专门的教育基金，鼓励培育市场化的职业教育培训机构；推动"双元制"教育向中资企业渗透；加强对职业学校教师和企业实训教师的培训。二是建立中德两国"蓝领人才"双向交流平台。开展"蓝领留学"新路子，每年选送一批优秀蓝领赴德培训进修，形成"培训—进修—交流—提高"的专业技术人员培养机制。同时，也要采取"请进来"的方式，利用德国师资力量，使用德国培训教材，培养高素质的"蓝领人才"。在此基础上，扩展交流范围和提高交流力度，建立起两国"蓝领人才"双向交流培养机制和互动交流平台，使示范区成为中德两国人才交流的重要基地。

（三）改进企业经营环境

中德（太仓）中小企业示范区完善内外各种基础设施建设，提升区内软环境建设，推进以企业集群式发展为特征的区域规划，促进产业与城市的融合发展，为中德中小企业发展营造一流的经营环境。

在完善示范区基础设施建设方面。加强示范区基础设施建设，为区内中德中小企业创造良好的发展环境。一是完善公路交通网络，扩展江海联运，构建由近海航线、内贸干线、洋山支线、长江内支线等组成的综合运输体系；二是加快区港联动步伐，完善报税物流中心的功能，为区内企业进出港提供便利；三是加强区内工业公用设施建设，保障企业供电、供热、供水，集中污水和废弃物处理；四是不断完善区内生活设施、文化设施建设，加快建设德国中心、欧美风情街等一批特色街区和居住小区，为德籍员工营造一个良好的工作和生活环境。

在提升示范区服务软环境方面。创新示范区管理体制机制，不断完善规章制度，保持机制、制度的先进性，确保园区运营的法制化、规范化，推进园区管理的高效和便捷，杜绝行政命令朝令夕改、规划频繁更改等现象，保证园区管理的稳定性和持续性，形成一流的园区服务软环境。同时加强示范区内知识产权保护工作，做好宣传的同时，运用知识产权联席会议制度，积极打击各类侵权行为，为示范区内中小企业营造一个良好的创新创业环境。推进"一区多园"的集群式发展模式，尤其是推进新兴产业和现代服务业的集群式发展。加强示范区开发与城市总体规划的衔接，进一步合理布局产业园区与各项城市功能，促进产业与城市的融合发展。

五、中欧（江门）中小企业国际合作区

（一）打造平台

中欧（江门）中小企业国际合作区打造了各类平台，提升园区信息化水平。一是打造"1+6+N"的中欧合作空间平台，作为中欧政府、社会组织、企业、个人交流合作的空间载体。二是打造"1+1+N"的中欧合作虚拟平台，作为中欧信息汇聚、知识交流、成果展示的虚拟平台。第一个"1"是联合全国小微双创示范城市成立"中国小微双创示范城市联盟"，共同建设运营中英双语的"中欧（江门）中小企业国际合作网"，网站的核心模块包括国际江门（对江门及相关城市经济历史人文地理等进行全面介绍），在线咨询（为欧洲企业来华投资、贸易提供在线英语咨询服务），专业服务（具有来华投资、贸易意向的欧洲企业与国内外法律、会计、市场信息等专业服务提供商的对接），合作伙伴（为拟赴江门及相关城市发展的欧洲企业提供原材料供应、渠道等领域的合作伙伴信息），中欧合作（全面展示江门和联盟推进中欧合作的系列活动）等。第二个"1"是打造具有国际影响力的"中欧（江门）国际合作高端论坛"，广邀国内外领先孵化器、传统行业和高技术领域隐形冠军、国际风投、各国中小企业政府管理部门和一流创业创新研究机构共商小

微企业转型发展和创新创业热点问题。"N"是与国内外各类具有影响力的中小企业和创新创业网站（如欧盟中小企业中心网站、中国中小企业发展促进中心、中国中小企业研究网等）开展合作，通过开辟专栏等形式扩大江门中欧合作和"重微双创"的品牌。

（二）营造环境

中欧（江门）中小企业国际合作区营造欧洲企业、社会组织和高端人才宜商宜居的氛围环境，准确识别欧洲企业来华投资发展或开展贸易活动的主要顾虑，通过制度创新、改革突破，切实解决欧洲企业的担心、降低企业的综合运营成本和贸易投资风险。重点通过"七大举措"完善欧洲企业的投资发展环境：一是利用高端国际平台加大江门"重微双创"的品牌宣传，力争通过国际高端论坛，如在2016年召开的G20（杭州）峰会六大板块中的中小企业板块中的中小企业促进政策、中小企业信息化、中小企业融资3个主题中展示江门对外开放、重微双创的经验。二是加强信息沟通，通过虚拟平台提供英文版的江门年度经济发展报告和重点产业发展报告，帮助欧洲企业了解江门的产业状况和市场状况。三是着力加强知识产权保护力度，完善知识产权服务体系。四是在招商引资过程中，注重对欧洲的法律服务、金融服务、信息服务、知识产权服务、会计服务等专业化服务机构的引入，促进形成集群化招商的格局。五是加强部门间和园区间协调，依托中小企业公共服务体系建设，为欧洲来江门投资、贸易企业提供注册、社保、医疗等一站式的公共服务，提高公共服务的透明度和办事效率。六是认真贯彻国家和广东省有关外资企业投资和高技术企业投资的土地、人才、金融、税收等方面的优惠政策，用足政策红利。七是营造欧洲高端人才宜居的政策和生态环境。

（三）建设服务体系

中欧（江门）中小企业国际合作区建设了完整的服务体系。一是依托海外高层次人才，建设中欧（江门）工业技术研究院，为合作区内的欧洲企业提供共性技术服务。二是全面接入国际性的中小企业服务框架。包括力争承办"APEC中小企业工商峰会"，接入亚太中小企业合作的通道和资源；通过与欧盟中小企业中心合作开展欧洲企业在珠三角投资经营或珠三角产业发展方面的研究，形成欧洲企业在江门的成功投资案例或产业研究报告，加深欧洲对江门的了解。三是在专业服务平台建设方面，大力引进欧洲的专业化服务机构，通过政府采购公共服务平台服务，为小微企业提供商标、管理、咨询、专利、维权、人才、采购等服务，另外采取竞争性分配原则，支持和补助建设一批有亮点有特色的企业公共服务平台，包括人力资源服务平台、检验检测认证平台、电商发展支撑平台等。引入欧洲的职业技能培训机构，建立具有江门特色的二元培训体系。四是促进中小企业政策与欧洲的对接，充分借鉴欧美成熟的中小企业实施机制，如 SBIR、STTR 等中小企业创新政策，提高中小企业政策的实施效率。针对江门市传统产业规模大、比重高的特点，设立"制造业扩展项目"，鼓励大企业、工程类大学和具有先进生产制造技术的中小企业面向产业进行工艺技术、现场管理和产业工人技能提升方面的培训和合作。通过技术咨询师认证和鼓励退休工程师成为工艺指导志愿者等形式，在目前的技术改造资金扶持项目中，加入现场管理和技能提升等咨询性服务内容，提高技术改造资金的使用效率，全面提升我市中小企业的工程化和产业化能力。五是打造一批国际化的创业基地。完善创业生态。以中欧合资合作的方式推广新型孵化模式，以中欧中小企业创业创新空间为平台，鼓励发展众创、众包、众扶、众筹空间。积极引入欧洲的天使、创业和产业投资。通过中欧合资合作进一步提升珠西创城、珠西智谷、冈州创客基地、珠西数谷等创新创业平台的能级和水平。打造侨乡创业园，充分利用江门侨乡资源，通过资金引导，挖掘情感诉求，吸引海外华人入园创业。积极争取国家和广东省政策，嫁接深圳自贸区优势，推进江门海外科技人才离岸创业基地建设，面向海外人才，构建低成本、便利化、全要素、开放式、配套成熟完善的空间载体，探索"区内注册、海内外经营"的离岸模式，打造具有引才引智、创业孵化、专业服务保障等功能的国际化综合性创业平台。

（四）提升"走出去"能力

中欧（江门）中小企业国际合作区整合和利用欧洲高端要素资源，加快促进合作区内的企业"走出去"，实现双向开放发展。一是推进"国内国际化"工作，引导江门企业采用欧洲先进技术标准，推进企业的可靠性管理体系建设，强化工艺、质量、节能、环保、卫生等标准化管理，推进江门产品的欧洲标准认证。实施工业强基工程，开展质量品牌提升行动，支持江门企业瞄准国际同行业标杆推进技术改造，全面提高产品技术、工艺装备、能效环保等水平。二是积极推进江门企业、特别是中小企业"走出去"。通过调研走访、政策培训和召开企业座谈会等，宣传介绍支持江门企业"走出去"政策措施，帮助企业解决"走出去"遇到的问题困难。引导小微企业或协会商会在欧洲设立办事机构，设立专项资金支持有条件的企业在欧洲设立研发机构，鼓励企业在欧洲通过兼并收购或绿地投资设立分公司或子公司。三是打造海外孵化器，加快欧洲高技术向江门的转移和产业化。与国内外资本合作，考虑在慕尼黑、伦敦、巴黎等科研院所和高技术产业集聚区投资设立江门欧洲科技园，为广大海外学子、创新创业者、企业家提供一流的科技信息交流平台和孵化服务平台，将其打造成为海外创业者发展的沃土，成功的摇篮，成为欧洲企业及海外人士了解中国、了解江门的窗口和江门企业了解世界、对欧投资的平台，实现"国外创新孵化＋国内加速转化""国外孵化器＋国内加速器"的新型创新创业模式，促进中欧先进制造产业合作共赢。四是加强政府对江门企业"走出去"的海外综合服务能力。在德国慕尼黑、英国伦敦、法国巴黎、瑞士等主要欧洲国家的首都和重要集聚区设立江门办事处，为江门海外发展企业提供商务、法律、金融、财务等方面的上门式服务。加强江门市驻外办事处与驻外使馆、领事馆的交流，构建长效交流、合作机制，建设服务江门"走出去"的国际网络。

六、中国（广州）中小企业先进制造业中外合作区

（一）积极开展对接活动

中国（广州）中小企业先进制造业中外合作区利用海外制造业创新项目企业数据库，定期筛选一批优质企业项目，组织开展中外合作交流活动，为本土优质制造业企业对接海外创新型高科技制造业企业项目搭建活动平台。一是强化宣传招商。利用德国汉诺威工业博览会、意大利国际工业创新展、世界工业技术研究院协会论坛、中德先进制造合作研讨会、中英可持续制造技术创新对接会、广交会、中国中小企业博览会、中国留交会、广州国际投资年会等平台加强海外宣传，扩大广州制造业影响力，寻找引进商机。二是开展系列招商。联合欧美、日韩等国际机构（组织）开展"国外创新小企业

走进广州"系列活动，引导本地制造业企业与在国内有一定市场的国外创新型中小企业对接交流，积极促成德国、法国、意大利、比利时、丹麦、芬兰、挪威、以色列等国家的创新型制造业企业落户广州，以合资、产业链配套等多种形式合作，形成集聚发展。引导、鼓励我市民营企业特别是行业单打冠军、科研机构"走出去"，参与国际展会、承接研发服务外包、扩展海外市场、获取国际认证、申请国际专利、创制国际标准，到海外设立、并购研发机构，实施境外上市和兼并重组，"带土移植"引进技术与产业化的项目。

（二）完善知识产权保护体系

中国（广州）中小企业先进制造业中外合作区积极完善知识产权保护体系。一是推进国家知识产权运用和保护综合改革试点。以广州知识产权法院、国家知识产权局专利局专利审查协作（广东）中心、广东省知识产权服务集聚中心、广东省知识产权研究与发展中心、广州知识产权交易中心、广东中策知识产权研究院等服务机构和运营平台落户广州开发区的契机，制定针对知识产权综合服务机构的定向扶持政策，开展国家知识产权运用和保护综合改革试点工作。打造统一的区域性知识产权交易平台，构建完善的知识产权运营与保护机制，集聚一批知识产权优势资源和高端运营人才。建立知识产权电子商务交易平台和知商群体专家网络、知识产权研究与服务网络、区域业务网络、产业链合作伙伴网络等四个网络。二是建立国际认可的 WIPO 仲裁机制。成立专门研究和推进该项工作的工作组织机构，推进与世界知识产权组织（WIPO）合作，研究制定一套完整的针对知识产权纠纷的仲裁程序，在世界知识产权组织的帮助下在合作区内设立国际标准的仲裁程序，并接受WIPO 的监管，提升国外科技公司对中国知识产权保护的信心。

（三）加强公共服务平台建设

中国（广州）中小企业先进制造业中外合作区探索政府服务新模式，在信用等级评估、担保机构服务和公共服务体系建设等领域与国际接轨，营造中小企业对外合作良好环境。立足合作载体，根据合作区不同的产业定位，高标准、高起点、分层次、分阶段推进技术创新、研发设计、创业辅导、检验检测、市场开拓、管理咨询等一批公共服务平台建设，重点培育一批运作规范、支撑力强、业绩突出、信誉良好、公信度高的平台和服务品牌，为企业提供技术开发、管理指导、技能培训、标准咨询、检验认证等专业服务。利用云计算技术，建立统一的公共信息平台，汇集工商注册登记、行政许可、税收缴纳、社保缴费等信息，推动政府部门、银行、证券、保险等专业机构提供更有效的服务。引导一批跨境电商、外贸综合服务企业进驻合作区，为合作区内企业提供通关、退税、融资、收汇、信保和物流等服务，推动我市中小企业深入开展国内外交流与合作。

（四）加强政策支持

中国（广州）中小企业先进制造业中外合作区强化政策扶持。开展国内外现状对标摸查，研究制订《广州市与国外创新型企业合作的指导目录》及《广州市促进国外高校院所在穗协同创新、协同制造若干政策措施》。推动引进企业创新要素交易的便利化，包括通关、检验检疫等等。在省奖励广州的珠三角地区产业跨市转出奖励资金中，安排不少于1000万元支持核心区研发基地和商会服务体系建设。充分用好产业引导资金和产业发展基金，对制造业创新项目中外合作交流活动予以积极支持，对中国（广州）中小企业先进制造业中外合作区建设予以积极扶持。

第四节　推动中外中小企业合作区建设的政策建议

针对目前我国各中外中小企业合作区存在的五大问题，借鉴国内外园区的发展经验，今后应在建设合作区的过程中聚焦五大领域，分别从坚持规划引领，明确发展定位、加大政策支持，优化发展环境、搭建服务平台，提供创新服务、强化人才培养，奠定发展基础、实现资源共享，形成良性互动五个方面入手，进一步推进合作区建设。

一、坚持规划引领，明确发展定位

中外中小企业合作区应依托国内外知名咨询机构，结合本地资源禀赋、区位优势、产业基础等特点，按照"有所为、有所不为"的方针，找准突破口和着力点，突出区域产业发展重点，规划编制有特色、有差异、有针对性的合作区发展规划，充分发挥规划的引领作用，精准布局，明确园区发展定位，有序推进，实现合作区平稳健康发展。

二、加大政策支持，优化发展环境

（一）加大合作区财税支持力度

1. 加大财政直接支持力度

充分利用国家丝路基金、国家开发银行专项贷款等渠道，对中外中小企业合作区予以支持。根据产业发展的新要求，整合省、部、市各级专项资金，优化资金支持范围和方向，加大对技术改造、技术进步、技术创新、结构调整和节能减排降碳等方面的财政支持力度。同时对合作区内小型、微型和成长型高科技企业实行差异化税收政策优惠，具体可以采取直接减免、降低税率、加速折旧、设备投资抵免等形式，减轻合作区中小企业的税收负担，鼓励企业加大研发力度，提高创新水平。

2. 改革财政支持方式

改革财政资金的支持方式，一方面由过去直接支持具体项目逐步改为通过设立投资基金等方式，采取间接手段支持合作区中小企业发展。另一方面将中小企业财税支持政策与产业集群政策相协调，促进产业集群与中小企业共同发展。例如，可以设立产业引导基金，通过产业引导基金一方面可以在合作区引进拥有国外先进技术的创新型中小企业，另一方面也可以直接投资拥有强大科研能力与专利支持的合作区高科技中小企业。

3. 财政出资探索成立合作区投资公司

可以由我国政府牵头与外方有关方面共同投资，按一定比例出资在合作区成立投资公司。该投资公司可以直接争取各项贷款，尤其是中长期贷款，也可通过设立专项基金等形式筹资基金，重点用于投资园区基础设施和配套设施、园区创新中心等方面的建设。

（二）推进合作区投融资体制创新

1. 突破现有投资体制限制

在合作区设立的各银行分支机构，可以借鉴硅谷银行的经验，对于债权式投资，提取部分客户基金作为创业投资的资本，以减少通过发行债券和股票所募集的创业投资资金，之后银行以高利率将资金借贷给创业企业。对于股权式投资，也可借鉴硅谷银行与创业企业通过签订协议，收取股权或认股权以获利的方式。在具体操作中，合作区可以混合利用两种方式：将资金贷给合作区内的创业企业，可以收取高于市场一般借贷的利息，同时与创业企业达成协议，获得其部分股权或认股权。

2. 加快设立合作区产业基金

充分发挥市场的作用，以政府为引导，联合有经验的、具有国外中小企业资源的股权投资管理公司共同发起设立合作区产业基金。基金由专业项目公司负责运作，设立基金投资决策委员会，由政府相关部门及知名专家构成，是基金投放的最高决策机构。基金项目公司设立董事会，董事长由基金管理公司各股东推荐并选举产生。产业合作基金以扶持合作区内中小企业成长、推动承接产业转移为目标，推动在合作区的外方企业与中方企业进行深度合作，引导外方将优势产业和先进技术引入合作区。

3. 搭建合作区投融资合作平台

推动合作区行业协会、银行、担保机构和租赁公司组成"四方合作"的融资模式，建立政、银、企、项目对接例会制度，推行"四位一体"合作区融资模式。逐步形成以产业基金投入为引导、企业投入为主体、银行信贷为支撑、社会投入为补充的投融资体系。同时还可以平台为基础，适当引进国外科研资金，多层次、多渠道、宽领域地筹集资金，为合作区内中小企业的科技创新提供资金保障。

4. 加大金融机构支持力度

鼓励金融机构加大对合作区的信贷支持力度，可以采取在合作区成立分支机构的方式，引导银行贷款向合作区中小企业倾斜。创新体制机制、金融产品和服务，重点加强和改善小微企业的金融服务，扩大对小微企业的贷款规模和比重，同时鼓励金融担保机构为合作区中小企业提供低费率担保服务。

5. 鼓励合作区中小企业上市融资

积极扶持、指导合作区优质企业上市，搭建信息交流、融资对接平台。对于重点培育的优秀企业，在改制、资本运营等过程中涉及的各项审批，采取特事特办的方式，提供一条龙服务，在依法依规的前提下加快工作进度，支持企业尽快申报上市。

（三）探索建立合作区管理新模式

1. 加强政府公共服务建设

在公共服务体系建设等领域大力推进合作区与国际标准对接，营造合作区中小企业对外合作良好环境。利用云计算技术，建立统一的公共服务平台，汇集工商注册登记、行政许可、税收缴纳、社保缴费等信息，由政府部门牵头，联合银行、证券、保险等专业机构为合作区中小企业提供更有效、便捷的公共服务。

2. 加强合作区信息化平台建设

积极探索合作区信息化平台建设新模式，努力搭建两化融合信息服务平台，形成合作区内产业链上下游企业之间的信息资源分类、采集、管理的共享机制，实现企业之间在原材料供应、技术研发、市场开发等各运营环节的资源优化整合。探索建立合作区中小企业共享软件服务平台模式，逐步建立和完善技术装备等共享平台向企业和社会开放共享的体制机制。

三、拓展合作渠道，搭建服务平台

（一）搭建对外合作信息查询平台

鼓励合作区搭建对外合作的信息查询平台，方便海外有合作意向的中小企业入驻合作区，推动入驻合作区的中小企业加快与海外中小企业在信息共享、人才交流以及技术水平提升等方面的合作步伐。同时，整合对外合作涉及的所有信息，如对外投资备案/核准、外汇汇出登记、年检、统计等业务数据资源，建立中小企业对外投资跨部门联网监管系统，加强对企业对外投资的事中、事后监管，收集有关信息进行实时动态分析，并逐步联合海关、税务、外事、出入境、银行等部门，建立企业对外投资信息数据库，实现有效的大数据管理，方便中小企业对外投资信息查询。

（二）搭建境外合作服务平台

建立合作区与海外相关机构及协会对接机制，为双方企业合作牵线搭桥。推行"一区一中心"策略，借鉴"德国中心"的做法，在合作国家建立专司为本合作区中小企业服务的"服务中心"，为入驻合作区的中小企业提供目标市场需求预测、市场统计资料、贸易保护、法律法规等方面的信息服务，为中小企业在海外市场寻求潜在的合作伙伴，向出口商提供有关政府贸易促进措施及获取金融、保险等方面的服务。依托"服务中心"设立覆盖广泛、专业性强的信息交流平台，使中小企业间共享知识、转让技术、寻找合作伙伴，增强海外企业对合作区的了解以及投资意愿和机会。

四、强化人才培养，奠定发展基础

（一）构建合作区人才培养机制

1. 建立一批职教合作基地

充分借鉴德国"双元制"教育经验，不断扩大在我国的试点范围，建立一批职教合作基地。鼓励合作区企业根据自身业务发展需要，参与制定职业教育内容，强化与职业学校、培训机构的合作，实现理论教育与企业需求的结合。对于参与双元制职教体系建设的企业，在人才引进等政策制定时予以一定的政策倾斜，对选择录用受训学员的企业给予一定的资金奖励。

2. 强化教育科研合作

充分利用合作区优势资源，建设中外教育科研合作和人才培训基地，推动地方院校和科研院所与国内外有关学校之间开展多层次、多方位合作。例如，合作区内可以开展大学本科、研究生、职业教育和技术研发项目的开发合作，为合作区产业发展乃至国内产业转型升级培养专业人才。

（二）完善合作区人才激励机制

1. 设立人才激励基金

建立合作区人才发展与引进专项资金，通过采取政府财政常年专项投入以及动员社会各界捐助的方式，用于奖励与资助合作区内资金短缺的高新技术企业引进国内外优秀管理人才、高技术人才以及在合作区经济社会发展中作出显著贡献的专业技术人员和管理人员等。

2. 完善税费激励机制

在税收、信用担保、非货币财产出资等方面出台相应的激励政策，例如，在税收政策方面，可以对在合作区内创业的科技含量较高的中小企业3年内减免营业税、城市维护建设费等税费。在信用担保方面，可以每年出资1000

万元支持担保机构对合作区内的中小企业,尤其是高科技中小企业提供担保。通过各种优惠政策的实施,加大对创业人员的吸引力。

(三) 建立双向人才交流机制

加强企业管理者的国际合作。鼓励合作区为打算到海外国家发展国际业务的企业管理者提供为期一年的培训,第一阶段为期两个月,由合作区组织专业人员在国内向企业管理者介绍东道国企业、行业和市场等基本情况。第二阶段为期两个月,由合作区组织企业管理者到东道国学习语言、文化、管理及习俗等知识。第三阶段为期八个月,为企业管理者在东道国实习阶段,可由合作区协助企业管理者联系实习单位,以更好地了解东道国企业决策过程及管理特点,帮助其提升专业化知识和能力。

加强高端科研人员的国际合作。推动合作区创办科研人员国际合作培训项目,通过建立海外高校、科研机构国际合作培训数据库,每年定期组织一批入驻合作区企业的科研人员赴海外参加科技创新交流活动,针对不同领域等特征,由合作区协助科研人员联系海外相关机构,帮助科研人员融入吸收海外前沿高新技术,不断增强入驻合作区企业的技术水平。

加强专业技术人员的国际合作。推动合作区创办专业技术人员国际合作培训项目,通过建立海外高新技术企业国际合作培训数据库,每年定期组织一批入驻合作区企业的专业技术人员赴海外高新技术企业参加专业技能提升交流活动,针对企业所属产业领域,由合作区协助专业技术人员联系海外高新技术企业,以帮助其提升专业技能和水平。

五、实现资源共享,形成良性互动

(一) 探索国内合作区横向交流机制

组建"中外中小企业合作区协调领导小组",探索合作区共建思路和运作办法,从规划编制、目标设定、措施落实等方面实现不同合作区间的对接,建立信息通报、会商研讨、资源共享等制度,通过定期沟通及时调控的方式,加快东部以及中西部合作区间的信息交流、资源共享和互联互通,促进西部地区承接东部沿海地区外资企业投资的项目,实现优势互补,联动发展,均衡我国不同地区间的发展。

（二）探索国内外园区（合作区）交流机制

充分利用中德、中意、中韩日以及 APEC 等区域、双边、多边中小企业合作机制，推动海外科技园区与我国中外中小企业合作区开展创新项目中外合作交流活动，加快海外园区成功经验借鉴以及海内外园区交流合作，推动我国合作区中小企业转型升级，实现由产业链中低端向高端不断转移。利用德国汉诺威工业博览会、意大利国际工业创新展、世界工业技术研究院协会论坛等平台加强合作区海外宣传，扩大合作区影响力。

专 题 篇

第五章 中小企业融资政策效果评估体系研究

中小企业融资政策是中小企业扶持政策体系中的重要组成部分，是各级中小企业主管部门开展工作的重要抓手，其政策效果好坏对推动中小企业持续健康发展具有十分重要的作用。特别地，随着中央财政资金使用方式改革的深入推进，各级中小企业主管部门推动中小企业融资工作手段日益减少，开展中小企业融资政策效果评估，进一步丰富中小企业融资工作手段十分必要。

本章通过比较国内外公共政策绩效经验，坚持科学性、代表性、动态性和可操作性原则，从"融资难不难""融资贵不贵""融资快不快"和"融资是否满足"四个维度设定评价指标，科学构建中小企业融资政策效果评估体系，完善中小企业融资政策效果评估机制，推动中小企业融资政策效果评估工作不断深入开展。

第一节 国内外公共政策绩效评估比较

一、制度层面比较

美、法等一些西方发达国家都建立了比较健全的公共政策评估制度。如法国于1989年成立国家研究评估委员会，颁布了16个法律法规条款对该委员会的机构职能、人员组成、评估费用来源等做了明确规定。美国于2003年颁布了《政策规定绩效分析》文件，对实施公共政策绩效评估工作做了系统、全面的规定。韩国于2006年颁布实施了《政府业务评价基本法》，进而把原先依据不同法令制定的片面的或重复的各种评价制度综合为一体化的评估体系，从而确立了公共政策绩效评估制度系统。日本于20世纪90年代引入公共政策评价制度，并于2002年颁布实施了《关于行政机关实施政策评价的法律（评价法）》，进一步要求内阁和政府的各个组成部门在职权范围内做好公共政策评价工作。

与西方发达国家相比，我国尚未建立完善有关公共政策评估的专门制度和法律。始于2000年的中国政府部门预算制度改革，对公共部门引入绩效评估进行了有效的探索，在某种程度上也可看作是我国公共政策绩效评估的伟大尝试。这种改革制度的引入，不仅提高了财政资金的使用效率，而且对公共部门提供公共物品和服务效率的提升具有重大的推动作用。但由于部门预算改革尚处于起步阶段，受人为干扰因素较多，在一定程度上阻碍了符合我国国情的科学的公共政策评估机制的形成，从而导致公共政策决策主体往往忽视政策评估工作的重要性，视公共政策绩效评估可有可无、敷衍塞责时常发生。公共政策绩效评估的缺位不仅不利于科学、客观地评判政策的优劣和成效，有碍于公共政策的补充、修正和完善，而且还会造成公共政策资源的大量浪费，严重制约了公共政策绩效评估工作的规范发展。

二、制定模式比较

当代公共政策评估机制研究表明，公共政策制定主体主要包括精英主体、共同体主体和公众主体三种类型。从公共政策制定主体看，目前，西方发达国家公共政策制定模式正由共同体主体主导模式转变为公众主体主导模式。例如，韩国总理和一位民间专家共同主持政府绩效评估委员会，而公共行政研究所则负责公民满意度调查；日本由外部专家、学者和企业家共同组成政策评价与独立行政法人评价委员会；法国于2002年成立了全国评估委员会，明确了国会、中央和地方行政机关、国家审计法院和地方审计法庭及大区评估委员会等作为法定的公共政策评估机构，其中大区评估委员会是由公务员、民选议员和评估专家组成。

由于科技文化发展水平相对落后以及政治体制机制的特色性，当前我国公共政策制定模式正由精英主体主导模式缓慢地转变为共同体主体主导模式。公共政策制定主体是公共权力机关和享有相应职位权力的个人，包括行政、立法、司法机关以及在这些机关中担任特定职务的个人。这些人既是公共政策制定者也是执行者，因而公共政策评估结果的好坏与其施政绩效有着密切的利害关系。从个人角度看，作为公共政策制定者，他们当然总是希望公共政策评估结果有利于自己，从而为权力提升奠定基础。由于精英的价值偏好与公众有明显差距，精英主体主导模式与公众主体主导模式存在着本质差别，从而导致公共政策制定在起点上就存在本质分歧。这种存在天然瑕疵的政策导向与完善规范下制定的公共政策在执行效率和实施效果方面也必然存在本质差别，精英主体主导模式下制定的公共政策大多是低效率甚至失灵的，存在严重的公平缺失现象，不能充分体现民众的诉求。

三、评估技术比较

欧美等发达国家从事公共政策评估较早，在评估技术方面积累了一些成功经验，对我国建立完成公共政策评估机制提供了有益的借鉴。一是公共政策评估要坚持内部评估与外部评估相结合的原则。如日本政府规定各部门制定政策要从政策规划、立案和实施全环节开展自我评价，而且评价过程中要广泛听取、吸收外部有识之士的意见和建议，以保证政策评价的客观公正性。二是公共政策评估方法原则上要采用定量分析与定性分析相结合的方法。如法国政府规定，公共政策绩效评估要坚持以定性分析为基础，充分运用定量分析手段，采用定性与定量相结合的方法确保公共政策评估的客观性；而美国的公共政策评估则坚持以定量为主、定性为辅的评估方法。三是公共政策评估要坚持专家评估与民众参与相结合的原则。如韩国政府绩效评估委员会由部长和民间专家组成，充分体现专家意见与民意相协调。四是公共政策评估要坚持中央部门和地方政府相区别的原则。如法国规定国家级评估机构组织和实施对中央部门进行政策评估工作，而5万人口以上的城市设评估专员或者省级政府设评估处等对地方政府负责公共政策评估工作。

与国外相比，目前我国公共政策评估技术体系研究相对滞后，评估机制建设尚处于起步阶段。一是有关公共政策评估理论体系缺乏。目前，我国有关公共政策评估学者和政府管理者对公共政策评估技术研究不够重视，还没有认识充分公共政策绩效评估对提高政府绩效、改善政策效率的重要意义。

由于对公共政策评估的认识不足，有关公共政策评估理论体系迟迟不能建立完善，不能有效指导公共政策评估实践发展。二是有关公共政策评估的方法单一。由于缺乏雄厚的理论支撑，目前我国公共政策评估尚未形成科学的方法论体系，可供选择评估手段和方法单一，即仅限于经济学意义上的成本效益分析，而对公共政策涉及的伦理道德、价值、个人偏好等方面的价值评价尚未形成有效的应对措施。三是盲目推崇定性分析，忽视定性分析与定量分析的结合。公共政策的执行效率涉及很多领域，公共政策评估结论来源于对各种相关因素综合分析的结果，需要综合运用定性定量分析手段和定量分析手段，而我国公共政策评估实践中偏好于用价值判断标准代替事实分析，偏好于采用经验总结、工作汇报、座谈研讨等形式取代定量分析，很难保证公共政策评估的公正性和科学性。

四、评估原则比较

从横向看，欧美等西方发达国家有关公共政策绩效评估在评估理论、技术等方面的研究确实积累了一定的成功经验，充分体现了公共政策绩效评估所应遵循的公开透明原则。如韩国规定所有公共政策绩效评估结果都必须在新闻媒体和互联网上公开发布，同时要求公共政策评估者、政府机构和代理机构负责人在联合会议上共同报告总理和总统；日本总务省和政府规定各部门每年向国会提交年度公共政策绩效评价报告书都必须经审定后向社会公众公布；美国则在设计、编写、执行公共政策绩效评估分析报告时规定，除涉及隐私、产权、商业秘密等外，必须要询问公共政策制定所设定目标人群及专业人士和机构的意见，并把评估结论在互联网上公示。法国国家公共政策绩效评估委员会则在评估过程中采用异议制，即允许被评估机构阐述其评估观点或者对评估结论提出异议，委员会成员必须发表独立意见并进行辩论，最终以集体意见作为评估结果。

与欧美等发达国家公共评估政策相比，我国公共政策绩效评估目前具有明显的时滞性，不符合当前互联网时代的要求。首先，评估信息采集渠道不畅通。当前，我国政府系统信息化程度较低，公共政策实施效果的真实数据无法在短期内收集而导致统计数据花费成本较高；一些机构对政策评估或存在抵触情绪，或为了某种特定的目的而故意隐瞒必要的信息，故意提供虚假信息等诸多原因使公共政策绩效评估信息得不到及时、客观、科学的分析，从而给公共政策绩效评估工作有序开展带来极大的困难。其次，传统的层级节制依然存在。由于政府体系层级制的存在，公共政策绩效评估很容易导致上下级之间存在评估目标的偏差，致使公共政策绩效评估不能很好地反映政策的动态过程，对社会环境的变化、政策系统的调试都不能更好地互动，不能适应 E 时代政策评估的扁平化要求。

第二节　中小企业融资政策效果评估目的

一、推动地方落实中小企业融资政策

2014 年以来，党中央、国务院高度重视中小企业融资难、融资贵问题，出台了一系列政策措施，多方破解中小企业融资可获得性低、成本高等痼疾。发展民营银行，规范互联网金融服务，改进商业银行绩效考核机制，降低创新型小微企业上市门槛，加快利率市场化改革等，引导金融机构摆脱信贷投放的"喜大厌小"，合理调整贷款利率高、费用多的问题。地方各级政府也陆续出台了中小企业融资配套政策，全力破解中小企业融资难、融资贵的问题。针对中小企业融资难、融资贵问题，各种政策"药方"是否有效的关键在于政策落实力度。结合中小企业工作实际，从中小企业自身感受的角度，开展中小企业融资政策落实评估工作，定期发布评估结果，可以全面、动态评估各地中小企业融资政策落实情况，切实推动中小企业融资政策落地。

二、指导地方开展中小企业融资工作

考虑到既有的可利用资源优势，结合中小企业融资工作实际，以当前中小企业融资政策主要支持点位为切入点，构建完善的中小企业融资政策绩效评估指标体系，通过委托第三方机构从中小企业自身融资感受的视角开展中小企业融资政策效果评估工作，纵向比较各地中小企业融资环境变化而间接

反映中小企业融资政策落实效果，横向比较地区间融资环境的优劣而间接推动地方落实中小企业融资政策，进而形成推动中小企业融资工作有效的机制，对指导地方中小企业主管部门开展中小企业融资工作具有十分重要的意义。

第三节　中小企业融资政策效果评估方法

对于专业性非常强的某些具体的公共政策，开展公共政策绩效评估必须根据专家的意见制定专门的评估指标体系和标准，而不能简单地套用一般的评估准则。正如图5-1所示的专业模型，即"同行评议模型"。一般的公共政策绩效评估都应征询同行专家的评估意见，并在制定评估标准时予以参考。其他9种模型又可分为两大类来分析。当成本作为重要的考察变量时，构建公共政策绩效评估标准就要分析政策成本与政策效果的关系问题，需要采用经济模型，其中包括了三类有一些细微差别的评估方法；否则，将政策实施后产生的效果作为唯一的评估标准时，有图5-1所示的6种模型作为备选。公共政策实施后，实施效果可能马上显现，可能过很长一段时间才显示出来，

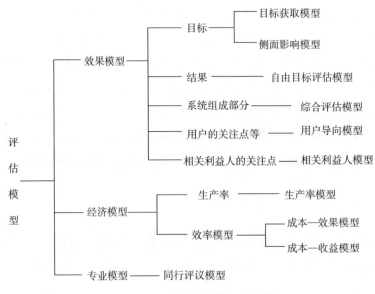

图5-1　国内外对政策评估模型

也可能两种效果兼而有之。因而，公共政策绩效评估需要对政策实施后出现的各种情况进行综合考察，即运用"综合评估模型"，或者，仅将政策实施的最终结果作为唯一的评估对象（其余5种模型均属此类）。但就政策实施效果而言，目前公共政策绩效评估主要存在两套基本的评估体系，即：基于目标的评估（goal-based evaluation）和基于需求的评估（need-based evaluation）。前者对应图5－1中的"目标获取模型""侧面影响模型""自由目标评估模型"三种类型；后者则包括"用户导向模型""相关利益人模型"两种类型。

用户导向评估模型主要是着眼于公共政策接受者（或者称作"政策用户"）的目标、需求、关注点等角度来评估政策实施绩效。目前，欧美等西方发达国家公共政策绩效评估普遍使用用户导向的评估方法，尤其是运用于评估公共交通、绿化、环保等方面涉及公共服务的政策领域。由于本次中小企业融资政策效果评估强调中小企业对融资环境的实际感受，属于用户导向模型。开展用户导向的评估主要有以下几个步骤：

一、确定评估对象

首先，要进行政策用户的定位，本次政策效果评估的用户为广大中小企业，没有行业、区域等方面的限制；其次，要确定评估样本，本次政策评估的样本以中小企业公共服务平台网络填报问卷企业、中小企业生产经营运行检测平台企业为主，前期试点工作开展期间，不对样本数量做硬性规定，待评估工作逐步成熟，再结合实际情况对各区域评估样本数量提出要求。

二、构建指标体系

（一）构建原则

中小企业融资政策评价指标体系的设计，主要从中小企业当前融资现状出发，侧重于中小企业实际融资感受，结合我国当前中小企业融资政策，同时兼顾评价工作的实际可操作性，力图构建一套系统、科学、全面的评价指标体系，主要遵循下列原则：

1. 科学性原则

评价指标体系的设计必须以科学性为原则，以科学的理论方法为指导，能客观真实地反映出各指标之间的真实关系。各评价指标的设计应清晰、明确，避免相互重叠，能对我国中小企业融资支持政策的实施效果等做出客观评价。

2. 代表性原则

中小企业融资政策效果评价可从多方面开展，但是考虑到实际工作强度与现有资源，应聚焦到主要几个方面，通过核心指标反映中小企业融资环境变化情况，反映融资政策实际效果。

3. 动态性原则

中小企业融资环境是动态变化的，融资支持政策也根据实际情况不断调整，因此，指标的选择要充分考虑到此特征，尽量选取不易更改的指标，便于纵向对比，同时每年对指标体系进行审核，及时更新指标体系。

4. 可操作性原则

中小企业财政支持政策评价指标的可比性主要体现为指标选取时，应尽可能选择便于工作人员理解、统计口径和范围一致的指标，便于所有接受调查的对象对评价指标理解一致。同时，在设计中小企业融资政策评价指标体系时应尽可能选择规范化的定量指标，评价指标所需数据易于收集，各项指标计算方法明确。

（二）指标选择

各级政府部门出台中小企业融资政策的根本目的是为了解决中小企业融资面临的难、贵、慢、方式单一等突出问题。正是基于这一初衷，本书试图从中小企业视角构建中小企业融资政策效果评价体系，以前通过中小企业自身融资感受变化，真实反映中小企业融资环境是否改善，客观诊断其融资环境优劣变化，从而督促中小企业融资政策加速落地，实施针对性的改进，全面提高中小企业融资政策效力。结合中小企业融资工作实际，依托现有可获取数据资源渠道，按照"先易后难、以点带面"原则，中小企业融资政策效果评价体系从"融资难不难""融资贵不贵""融资快不快"和"融资是否满足"四个维度（一级指标），针对中小企业"融资门槛""融资获得性""融资渠道""融资产品创新""担保成本""信贷成本"等11个关键环节（二级指标）的18个政策支持点位（三级指标）执行效果进行量化打分，从而确定试点城市或区域某一时期的中小企业融资政策效果评价指数，并通过指数值的纵向比较，判断中小企业融资环境是否得到改善。

1. 融资难不难

从"融资难不难"维度看，目前中小企业融资之所以"难"的关键在于存在"融资门槛"高、"融资可获得性"低、"融资渠道"少和"融资产品创新"不足等主要问题。

导致中小企业"融资门槛"高的原因主要有"银行贷款附件条件"多、中小企业贷款"风险分担机制"不健全、"银担合作"不通畅。为此，中小企业融资政策效果评价体系从中小企业获得银行贷款是否有附加条件、地方是否建有中小企业风险分担机制、银担合作渠道是否通畅三个点位来考察中小企业融资门槛变化情况。

"融资获得性"低则具体反映在小微企业"贷款余额""新增贷款户数""新增担保贷款户数""贷款满足率"和"申贷获得率"五个方面。"贷款余额"是指试点城市或区域银行业金融机构当年结存的小微企业贷款余额，其增速可以反映出银行信贷资金对中小企业的整体支持情况。中小企业"新增贷款户数"是指试点城市或区域银行业金融机构信贷资金支持的中小企业数量，其增速可以反映银行业金融机构信贷资金支持中小企业的覆盖情况。中小企业"新增担保贷款户数"是指试点城市或区域融资担保机构支持获得银行贷款的中小企业数量，其增速可以反映融资担保机构信支持中小企业融资的覆盖情况。中小企业"贷款满足率"则指中小企业获得银行业金融机构信贷数额与其信贷需求的比例，其大小可以反映中小企业融资需求满足情况。中小企业"申贷获得率"是指当年银行发放中小企业贷款客户数占当年符合申贷条件的中小企业申贷客户数的比重，其增速的大小则可以反映银行业金融机构对中小企业信贷支持的精度。

中小企业"融资渠道拓展"主要考查直接融资渠道拓展情况和银行贷款网点分布情况。"获得直接融资中小企业数量"考查的是试点城市或区域中小企业利用直接融资渠道情况，其增速则可以间接反映融资渠道丰富程度，但由于融资门槛较高且存在制度刚性约束，直接融资（包括主板、中小板、新三板）渠道短期内对绝大多数中小企业融资改善的意义并不大。银行"贷款网点数"布局情况仍然是考察中小企业融资渠道多寡的重要指标。通过考查试点城市或区域银行贷款网点分布、数量增减等，银行"贷款网点数"指标可以大致反映中小企业利用银行信贷融资的便捷程度。

银行"融资产品创新"指标主要通过考查"获得免抵押担保信用贷款中小企业数""获得应收账款、知识产权质押贷款以及融资租赁、股权众筹等中小企业数"的变化间接反映银行业金融机构开展"融资产品创新"对中小企业融资环境改善带来的积极影响。

2. 融资贵不贵

中小企业"融资贵不贵"是通过考查中小企业融资成本的变化直接反映中小企业融资贵难题是否得到改善，具体可分为"担保成本"和"银行信贷成本"2个二级指标。"担保成本"直接通过中小企业生产经营运行监测平台获取中小企业获得担保贷款所支付的平均担保费率变动情况，进而反映担保负担是否改善。"银行信贷成本"则通过"贷款综合成本率"指标来考查中小企业获得银行贷款所支付的利息率、第三方评估费率、担保费率和风险保证金比例等变化，直接反映中小企业银行贷款成本的高低。

3. 融资快不快

中小企业"融资快不快"主要衡量中小企业"融资速度"变化情况。由于直接融资程序漫长，且受制度刚性约束短期内很难改变，考虑到中小企业融资实际情况，本书有关"融资速度"指标仅限定于从中小企业"贷款时间"和"续贷周期"2个点位来考查。中小企业"贷款时间"是指贷款申请企业从银行受理贷款申请到贷款到企业账户所耗费的时间段。"贷款时间"越长则说明中小企业信贷融资的速度越慢，中小企业面临的融资环境越差。续贷就是银行继续向中小企业提供流动资金贷款的行为。"续贷时间"是指从银行受理中小企业递交的续贷申请到银行审批手续完结、续贷生效所耗费的时间。与"贷款时间"一样，"续贷时间"越长则说明中小企业信贷融资的速度越慢，中小企业面临的融资环境越差。

4. 融资够不够

中小企业"融资够不够"主要从"直接融资满足情况"和"间接融资满足情况"2个点位考查。

"直接融资满足情况"指标涵盖了"获得股权融资中小企业个数""发行私募债的中小企业个数"和"实现上市融资中小企业个数"3个点位。"获得股权融资中小企业个数"是通过获得天使、PE、VC等股权投资中小企业数量的变化来考查中小企业获得股权融资的满足程度,从而间接反映中小企业股权融资环境情况。"发行私募债的中小企业个数"是通过发行私募债中小企业数量变化来考查中小企业私募债融资满足情况。"实现上市融资中小企业个数"则通过主板、中小板、新三板等上市融资中小企业数量的变化来考查中小企业上市融资满足情况。

"银行信贷满足情况"通过"获得贷款中小企业数及增速""获得担保贷款中小企业数及增速"和"企业融资需求满足率"3个点位来考查中小企业间接融资满足情况。"获得贷款中小企业数及增速"是从整体上考查中小企业获得银行信贷融资的满足情况,进而从全局反映银行信贷满足中小企业融资需求水平。"获得担保贷款中小企业数及增速"是从融资担保的角度看中小企业获得担保融资的整体情况,从而反映融资担保体系对中小企业信贷需求的影响。"企业融资需求满足率"则从中小企业的角度考查银行信贷满足企业融资需求程度,能够直接反映当前企业融资需求是否得到满足。

(三)指标权重

1. 权重设计原则

一是系统优化原则。评价指标体系的设计,不能只从单个指标出发,而应该平衡各个评价指标之间的关系,合理分配它们的权重。各指标权重的划分既不能完全平均,也不能强调单个,应该进行系统分析,权衡各自对于整体的作用,然后再对重要性做出评判。

二是主观与客观相结合原则。评价指标的设计既要根据调查研究的结果,根据实际进行定性分析,又要参考以往的经验和当前的实际,因此指标的设计既有客观性成分又有主观性指标,这也决定了指标权重的设计在主观设定权重的同时也需要一些符合客观的定量方法,保证指标的科学性和公正性。

三是民主与集中的结合原则。指标权重的设计往往与个人经验、学识、能力和价值观有关,每个人都有自己的看法,因此有必要集合群体的意见,进行相互补充形成统一的解决方案。由于群体的智慧可以防止片面性,而且协商和讨论也会进一步增加评价主体对系统目标的认识。

四是指标权重的稳定性与动态性相结合原则。由于权重的设定可以体现评价者的意图和导向，从而影响被评价者价值观的转变，因此权重应保持相对稳定。但人才评价的重点是分析外部环境与内部条件后确定的，当外部环境和内部条件发生变动时，评价指标的权重也应该做出相应改变，甚至在特殊情况下重调评价指标体系，以适应新的情况和新的条件，在此意义上指标权重应该有相对的动态性。

2. 权重的设定方法——层次分析法（AHP）

权重的设定既有专家直接打分法（如德尔菲法等），权重主要由专家根据经验给出，也有定性与定量相结合的层次分析法（AHP）。由于在指标分析上更有逻辑性，而且有数学处理过程，可信度较大，层次分析法在人才评价中经常使用。因此，本书采用层次分析法进行指标权重的设定。

20世纪70年代初期，美国运筹学家T. L. Saaty教授提出了的一种简便、灵活而又实用的多准则决策方法，即层次分析法（Analytic Hierarchy Process，AHP）。AHP将一个复杂的多目标决策问题视为一个决策系统，即将目标分解为多个子目标或准则，进而分解为多指标（或准则、约束）的若干层次，并引入求解判断矩阵特征向量的数学分析方法，求得每一层次的各元素对上一层次某元素的优先权重，最后再加权求和而递阶归并各备择方案对总目标的最终权重。以作为目标或多指标、多方案的优化决策系统，AHP能对一些较为复杂、较为模糊、难于完全定量分析的问题排出优劣次序，从而为公共政策科学决策提供可靠的依据。

第一步，建立递阶层次结构模型。应用AHP分析决策问题的关键是要把复杂的问题条理化、层次化，进而构造出一个有层次的结构模型。基于这个结构化模型，将复杂问题进一步分解为多元素的组成系统。这些元素又可以按照不同的属性及关系形成若干逻辑层次，从而形成上一层次的元素作为准则对下一层次有关元素起支配作用的系统逻辑。这些层次可以分为三类。

第二步，构造判断矩阵。层次结构反映了指标之间的关系，但准则层中的各准则在目标衡量中所占的比重并不一定相同，在决策者的心目中，它们各占有一定的比例。因此需要引入合适的数来标度这些判断形成判断矩阵。判断矩阵是针对上一层次因素的本层次之间相对重要性的比较。Saaty等人用实验方法比较了在各种不同标度下人们判断结果的正确性，实验结果也表明，采用 5—9 标度最为合适，因此建议引用数字 5—9 及其倒数作为标度。下表列出了 5—9 标度的含义。

表 5 - 1　层次分析法评价对比表

标度	含义
1	表示两个因素相比，具有相同重要性
3	表示两个因素相比，前者比后者稍重要
5	表示两个因素相比，前者比后者明显重要
7	表示两个因素相比，前者比后者强烈重要
9	表示两个因素相比，前者比后者极端重要
2，4，6，8	表示上述相邻判断的中间值
倒数：若元素 i 和元素 j 的重要性之比为，那么元素 j 与元素 i 的重要性之比为 $a_{ji} = 1/a_{ji}$	

第三步，层次单排序及一致性检验。

判断矩阵 A 对应于最大特征值 λ^{max} 的特征向量 W，经归一化后即为同一层次相应因素对于上一层次某因素相对重要性的排序权值，这一过程称为层次单排序。如果比较结果是前后完全一致的，则矩阵 A 的元素还应当满足：

$a_{ji} a_{ji} = a_{ik}$，$\forall i$，j，$k = 1$，2，$\cdots$，n

A 的最大特征值 λ^{max} 对应的特征向量为 W = （w_1，$\cdots$，w_n）T，

则 $a_{ij} = \dfrac{w_i}{w_j}$，$\forall i$，$j = 1$，$2$，$\cdots$，$n$ 即

$$A = \begin{bmatrix} \dfrac{w_1}{w_1} & \dfrac{w_1}{w_2} & \cdots & \dfrac{w_1}{w_n} \\[2mm] \dfrac{w_2}{w_1} & \dfrac{w_2}{w_2} & \cdots & \dfrac{w_2}{w_n} \\[2mm] & \cdots & & \\[2mm] \dfrac{w_n}{w_1} & \dfrac{w_n}{w_2} & \cdots & \dfrac{w_n}{w_n} \end{bmatrix}$$

然后，对以上判断矩阵进行一致性检验，具体步骤如下：

A. 计算一致性指标 CI

$$CI = \frac{\lambda^{max} - n}{n - 1}$$

B. 查找相应的平均随机一致性指标 RI。对 n = 1，9 所对应的 RI 值，如表所示：

n	1	2	3	4	5	6	7	8	9
RI	0	0	0.58	0.90	1.12	1.24	1.32	1.41	1.45

C. 计算一致性比率（用于确定 A 的不一致性的容许范围）

$$CR = \frac{CI}{RI}$$

当 CR < 0.10 时，认为判断矩阵的一致性是可以接受的，否则应对判断矩阵适当修正。

3. 实证计算

在考察专家分析意见的基础上，构造判断矩阵，并对判断矩阵的一致性进行检验，CR 均小于 0.10，构建较为合理。

表 5 – 2　各一级指标的判断矩阵

中小企业融资政策效果评估	融资难情况	融资贵情况	融资速度情况	融资满足情况
融资难情况	1	3	5	7
融资贵情况	1/3	1	3	5
融资速度情况	1/5	1/3	1	3
融资满足情况	1/7	1/5	1/3	1
单层权重	0.558	0.263	0.122	0.057

注：$\lambda^{max} = 4.118$；$CI = 0.039$；$RI = 0.9$；$CR = 0.044$。

资料来源：赛迪智库，2017 年 1 月。

融资难情况：

表 5 – 3　融资难情况判断矩阵

融资难情况	融资门槛	融资获得性	融资渠道拓展	融资产品创新
融资门槛	1	3	5	7
融资获得性	1/3	1	3	5
融资渠道拓展	1/5	1/3	1	3
融资产品创新	1/7	1/5	1/3	1
单层权重	0.558	0.263	0.122	0.057

注：$\lambda^{max} = 4.118$；$CI = 0.039$；$RI = 0.9$；$CR = 0.044$。

资料来源：赛迪智库，2017 年 1 月。

表 5-4　融资门槛判断矩阵

融资门槛	银行贷款附加条件	风险分担机制	银担合作
银行贷款附加条件	1	5	3
风险分担机制	1/5	1	1/2
银担合作	1/3	2	1
单层权重	0.648	0.122	0.230

注：$\lambda^{max} = 3.004$；$CI = 0.002$；$RI = 0.580$；$CR = 0.003$。

资料来源：赛迪智库，2017 年 1 月。

表 5-5　融资获得性判断矩阵

融资获得性	小微企业贷款余额	新增小微企业贷款户数	新增小微企业担保贷款户数	贷款满足率	小微企业申贷获得率
小微企业贷款余额	1	2	3	4	5
新增小微企业贷款户数	1/2	1	3	4	5
新增小微企业担保贷款户数	1/3	1/3	1	3	4
贷款满足率	1/4	1/4	1/3	1	3
小微企业申贷获得率	1/5	1/5	1/4	1/3	1
单层权重	0.393	0.296	0.166	0.093	0.051

注：$\lambda^{max} = 6.649$；$CI = 0.412$；$RI = 1.12$；$CR = 0.068$。

资料来源：赛迪智库，2017 年 1 月。

表 5-6　融资渠道拓展判断矩阵

融资渠道拓展	获得直接融资中小企业数量	贷款网点数
获得直接融资中小企业数量	1	1/3
贷款网点数	3	1
单层权重	0.250	0.750

注：$\lambda^{max} = 2$；$CI = 0$；$RI = 0$；$CR = 0$。

资料来源：赛迪智库，2017 年 1 月。

表 5 - 7 融资产品创新判断矩阵

融资产品创新	获得免抵押担保 信用贷款中小企业数	获得应收账款、知识产权质押贷款以及融资租赁、股权众筹等中小企业数
获得免抵押担保 信用贷款中小企业数	1	3
获得应收账款、知识产权质押贷款以及融资租赁、股权众筹等中小企业数	1/3	1
单层权重	0.750	0.250

注：$\lambda^{max}=2$；$CI=0$；$RI=0$；$CR=0$。

资料来源：赛迪智库，2017 年 1 月。

融资贵情况：

表 5 - 8 融资贵情况判断矩阵

融资贵	担保成本	银行信贷成本
担保费率	1	1/2
贷款综合成本率	2	1
单层权重	0.333	0.667

注：$\lambda^{max}=2$；$CI=0$；$RI=0$；$CR=0$。

资料来源：赛迪智库，2017 年 1 月。

融资速度情况：

表 5 - 9 融资速度情况判断矩阵

融资速度	贷款办理时间	续贷周期
贷款办理时间	1	1/2
续贷周期	2	1
单层权重	0.333	0.667

注：$\lambda^{max}=2$；$CI=0$；$RI=0$；$CR=0$。

资料来源：赛迪智库，2017 年 1 月。

融资满足情况：

表 5 - 10　融资满足情况判断矩阵

融资满足情况	直接融资满足情况	银行信贷满足情况
直接融资满足情况	1	1/5
银行信贷满足情况	5	1
单层权重	0.167	0.833

注：$\lambda^{max} = 2$；CI = 0；RI = 0；CR = 0。

资料来源：赛迪智库，2017 年 1 月。

表 5 - 11　直接融资满足情况判断矩阵

直接融资满足情况	发行私募债中小企业个数	获得股权融资中小企业个数	实现上市融资中小企业个数
发行私募债中小企业数	1	1/3	3
获得股权融资中小企业数	3	1	5
实现上市融资中小企业数	1/3	1/5	1
单层权重	0.261	0.633	0.106

注：$\lambda^{max} = 3.039$；CI = 0.019；RI = 0.58；CR = 0.033。

资料来源：赛迪智库，2017 年 1 月。

表 5 - 12　间接融资满足情况判断矩阵

间接融资满足情况	获得贷款中小企业数及增速	获得担保贷款中小企业数及增速	企业融资需求满足率
获得贷款中小企业数及增速	1	3	5
获得担保贷款中小企业数及增速	1/3	1	3
企业融资需求满足率	1/5	1/3	1
单层权重	0.633	0.261	0.106

注：$\lambda^{max} = 3.039$；CI = 0.019；RI = 0.58；CR = 0.033。

资料来源：赛迪智库，2017 年 1 月。

（四）指标体系

表5-13　中小企业融资政策效果评价指标体系

一级指标	二级指标	三级指标	权重	评分标准
融资难不难（0.558）	融资门槛（0.558）	银行贷款附加条件（0.648）	0.202	总计100分，附加条件每增加1项次扣1分，直至0分。
		风险分担机制（0.122）	0.038	总计100分，每1地级市未建分担机制扣5分，直至0分。
		银担合作（0.23）	0.072	总计100分，每1地级市未建银担合作机制扣10分，直至0分。
	融资获得性（0.263）	小微企业贷款余额（0.393）	0.058	总计100分，余额增加幅度在0—5%得60分，5%—10%得70分；10%—15%得80分；15%—20%得90分；20%及以上得满分。
		新增小微企业贷款户数（0.296）	0.043	总计100分，新增贷款户数增幅在0—5%得60分，5%—10%得70分；10%—15%得80分；15%—20%得90分；20%及以上得满分。
		新增小微企业担保贷款户数（0.166）	0.024	总计100分，新增担保贷款户数增幅在0—5%得60分，5%—10%得70分；10%—15%得80分；15%—20%得90分；20%及以上得满分。
		贷款满足率（0.093）	0.014	总计100分，最近获得银行贷款的企业占比在0—60%得60分；60%—65%得70分；65%—70%得80分；70%—80%得90分；80%及以上得100分。
		小微企业申贷获得率（0.051）	0.008	总计100分，申贷获得率达到90%得60分，每增加0.1%，得1分，直至100分，否则得0分。
	融资渠道（0.122）	获得直接融资中小企业数量（0.25）	0.017	总计100分，获得直接融资的中小企业0—5家得60分；5—10家得70分；10—15家80分；15—20家得90分；20家及以上得100分。
		贷款网点数（0.75）	0.051	总计100分，2015年底贷款网点基数得60分，每增1家加2分，直至100分。
	融资产品创新（0.057）	获得免抵押担保信用贷款中小企业数（0.75）	0.024	总计100分，获得免抵押担保信用贷款中小企业0—5家60分；5—10家得70分；10—15家80分；15—20家得90分；20家及以上得100分。
		获得应收账款、知识产权质押贷款以及融资租赁、股权众筹等中小企业数（0.25）	0.008	总计100分，获得应收账款、知识产权质押贷款以及融资租赁、股权众筹等中小企业0—5家得60分；5—10家得70分；10—15家得80分；15—20家得90分；20家及以上得100分。

续表

一级指标	二级指标	三级指标	权重	评分标准
融资贵不贵 (0.263)	担保成本 (0.333)	平均担保费率 (1)	0.088	总计100分，平均担保费率以3%为基数得60分，每下降0.1%加5分，直至100分。
	银行信贷成本 (0.667)	贷款综合成本率 (1)	0.175	总计100分，贷款综合成本率在10%以下的企业占比在0—40%得60分；40%—45%得70分；45%—50%得80分；50%—55%得90分；60%及以上得100分。
融资快不快 (0.122)	融资速度 (1)	贷款办理时间 (0.333)	0.041	总计100分，最近1次贷款办理时间在1—4周的企业占比在0—20%得60分；20%—25%得70分；25%—30%得80分；30%—35%得90分；35%及以上得100分。
		续贷周期 (0.667)	0.081	总计100分，续贷周期在1—4周的企业占比在0—20%得60分；20%—25%得70分；25%—30%得80分；30%—35%得90分；35%及以上得100分。
融资够不够 (0.057)	直接融资满足情况 (0.167)	发行私募债的中小企业个数 (0.261)	0.002	总计100分，发行私募债中小企业0—5家得60分；5—10家得70分；10—15家80分；15—20家得90分；20家及以上得100分。
		获得股权融资中小企业个数 (0.633)	0.006	总计100分，获得股权融资中小企业0—5家得60分；5—10家得70分；10—15家得80分；15—20家得90分；20家及以上得100分。
		实现上市融资中小企业个数 (0.106)	0.001	总计100分，实现上市融资的中小企业0—5家得60分；5—10家得70分；10—15家得80分；15—20家得90分；20家及以上得100分。
	银行信贷满足情况 (0.833)	获得贷款中小企业数及增速 (0.633)	0.030	总计100分，获得贷款中小企业在0—40%得60分；40%—45%得70分；45%—50%得80分；55%—60%得90分；60%及以上得100分。
		获得担保贷款中小企业数及增速 (0.261)	0.012	总计100分，获得担保贷款中小企业在在0—20%得60分；20%—30%得70分；30%—35%得80分；35%—40%得90分；40%及以上得100分。
		企业融资需求满足率 (0.106)	0.005	总计100分，最近1次贷款满足率在80%及以上的企业占比在0—20%得60分；20%—25%得70分；25%—30%得80分；30%—35%得90分；35%及以上得100分。

三、数据采集

本次评估的数据主要通过互联网获取。一方面依托中小企业生产经营运行监测平台采集相关数据。定期获取中小企业上报的经营数据，比如利润总额、财务费用等，同时在中小企业生产经营运行监测平台原有的企业问卷中增加2个新的问题，如企业对融资成本、融资速度的感受。另一方面依托中小企业公共服务平台网络采集相关数据。设置专门的"中小企业融资情况调查问卷"，发布于各地中小企业公共服务平台网络省级枢纽平台，要求各级地方中小企业主管部门鼓励企业积极填报数据。

四、指标使用方法

汇总各项资料来源，参照指标体系评分标准，对各三级指标分别打分。结合各项指标权重及打分，计算出各项三级指标、二级指标、一级指标最终得分及融资环境的整体得分。定期开展评估，通过对试点城市或区域中小企业融资环境整体得分对比，如果当期融资环境的整体得分高于前期得分，就意味着中小企业融资环境有所改善，如果低于前期得分，则意味着中小企业融资环境继续恶化，综合反映当前中小企业融资环境情况，也可对单项指标得分进行对比，反映单项指标变化情况。

第四节　中小企业融资政策效果评估机制构建

一、制作调查问卷

依据待评估政策内容及主要支持点位设计中小企业融资政策评估调查问卷，征求专家及部分企业意见，优化并形成调查问卷正稿。

二、调查问卷发放

定期按照计划开展企业问卷调查工作。依托待评估区域各级中小企业公共服务平台网络开展问卷调查，对平台所服务的中小企业进行现场问卷调研。

三、形成工作方案

研究并制定中小企业融资政策评估指标体系，形成中小企业融资政策效果评估工作方案。

四、修订调查问卷

加强与中小企业公共服务平台网络联系，针对企业调查问卷填报过程中出现的新情况和新问题，及时修缮评估工作方案，及时回收、整理、分析企业调查问卷，并根据问卷填报情况完善企业调查问卷，形成调查问卷正稿，不断提高调查问卷质量。

五、收集整理数据

通过"中小企业生产经营运行监测平台""中小企业信用担保业务上报系统"等多渠道收集、整理、分析中小企业融资相关数据，进一步拓宽中小企业融资资料来源，多角度分析中小企业融资效果，不断提高评估科学性。

六、形成工作机制

科学运用获取的中小企业融资数据，从中小企业视角全面分析地区中小企业融资政策落实状况，形成特定区域中小企业融资政策效果季度分析报告，并公布评估结果，供中小企业相关部门等参考。

第六章　中小企业创业创新发展和服务体系建设研究

自 2014 年我国开始实施"大众创业、万众创新"战略以来，全国各地积极响应，纷纷出台各种政策文件，通过建立中小企业公共服务（示范）平台，认定小企业创业基地，大力促进本地"专精特新"中小企业发展等手段，在全社会营造"大众创业、万众创新"的良好氛围。虽然目前仍然存在东、中、西部发展不平衡等问题，但从全国层面来看，在推动中小企业创业创新发展方面已经取得了显著的成绩，小企业创业基地等载体迅猛发展，吸纳就业等指标均呈现跨越式发展态势。截至目前，我国已在全国范围内形成了较为完备的中小企业创业创新服务体系，为中小企业的创新发展奠定了坚实的基础。

第一节　"十二五"时期支持中小企业创业创新和推动服务体系建设政策情况分析

"十二五"期间，全国在支持中小企业创业方面，共有文件 206 个；在支持中小企业创新方面，共有文件 178 个；在支持服务体系方面，共有文件 142 个；在其他方面，共有文件 133 个。总体来说，出台的扶持性政策较多，在支持创业、创新和服务体系建设方面各有侧重，且在支持中小企业创业方面数量最多。

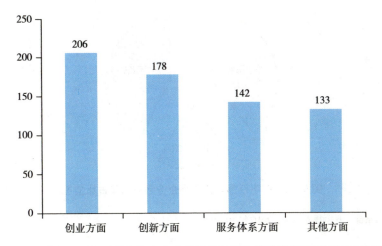

图 6 – 1　"十二五"时期支持中小企业创业创新和推动服务体系建设政策情况

资料来源：赛迪智库整理，2016 年 10 月。

一、创业方面

在支持中小企业创业方面，总体来看，东部地区领先，占比达到 42%，但相比较于中部地区（19%），西部地区的占比更高，且接近于东部地区，为 39%。具体情况如下：北京市 7 个，天津市 3 个，河北省 6 个，山西省 7 个，内蒙古 15 个，黑龙江 3 个，上海市 5 个，江苏省 1 个，浙江省 3 个，安徽省 8 个，福建省 14 个，江西省 6 个，山东省 2 个，湖北省 6 个，湖南省 9 个，广东省 2 个，广西 5 个，海南省 5 个，重庆市 8 个，四川省 7 个，贵州省 10 个，云南省 2 个，西藏 3 个，陕西省 2 个，甘肃省 5 个，青海省 6 个，宁夏 9 个，新疆 6 个，大连市 4 个，宁波市 7 个，厦门市 13 个，青岛市 10 个，深圳市 4 个，新疆生产建设兵团 3 个。

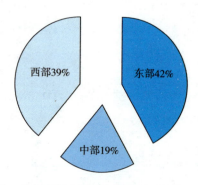

图6-2　东中西部支持中小企业创业政策占比情况

资料来源：赛迪智库整理，2016年10月。

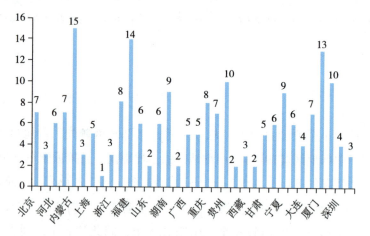

图6-3　各省市支持中小企业创业政策情况

资料来源：赛迪智库整理，2016年10月。

二、创新方面

在支持中小企业创新方面，总体来看东部地区占比最高为69%，其次是西部地区，为19%，中部地区最低，为12%。具体情况如下：北京市9个，天津市4个，河北8个，山西3个，内蒙古1个，吉林2个，黑龙江1个，上海市13个，江苏1个，浙江3个，安徽2个，福建15个，湖北7个，湖南6个，广东2个，广西6个，海南5个，重庆市6个，四川1个，贵州1个，云南3个，陕西2个，甘肃4个，青海2个，宁夏3个，新疆4个，大连市13

个，宁波市 9 个，厦门市 30 个，青岛市 7 个，深圳市 4 个，新疆生产建设兵团 1 个。

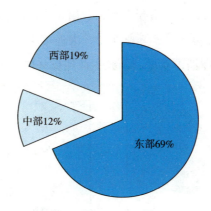

图 6-4　东中西部支持中小企业创新政策占比情况

资料来源：赛迪智库整理，2016 年 10 月。

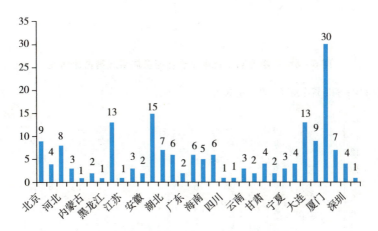

图 6-5　各省市支持中小企业创新政策情况

资料来源：赛迪智库整理，2016 年 10 月。

三、服务体系方面

在支持服务体系方面，总体来看，东部占比最多，为 51%，其次为西部地区，占比为 28%，中部地区占比最少，为 21%。具体情况如下：北京市 5 个，天津市 2 个，河北 2 个，山西 4 个，内蒙古 2 个，吉林 3 个，黑龙江 2

个，上海市 14 个，江苏 2 个，浙江 3 个，安徽 1 个，福建 2 个，江西 7 个，山东 4 个，河南 4 个，湖北 3 个，湖南 6 个，广东 4 个，广西 7 个，海南 7 个，重庆市 3 个，四川 3 个，贵州 1 个，云南 3 个，西藏 1 个，陕西 2 个，甘肃 4 个，青海 4 个，宁夏 3 个，新疆 5 个，大连市 4 个，宁波市 2 个，厦门市 6 个，青岛市 10 个，深圳市 6 个，新疆生产建设兵团 1 个。

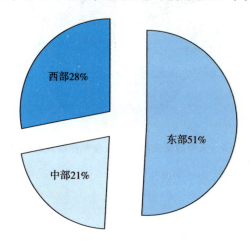

图 6 − 6 东中西部支持中小企业服务体系政策占比情况

资料来源：赛迪智库整理，2016 年 10 月。

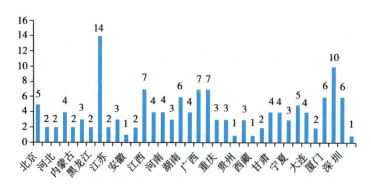

图 6 − 7 各省市支持中小企业服务体系建设情况

资料来源：赛迪智库整理，2016 年 10 月。

四、在其他方面

从总体情况来看东部占比最多，为 51%，其次为西部地区，占比为

28%，中部地区最少，为21%。具体情况如下：北京市6个，黑龙江1个，上海市16个，安徽4个，福建28个，江西1个，河南2个，湖北3个，湖南6个，广西4个，陕西2个，青海9个，宁夏7个，新疆3个，大连市5个，宁波市3个，厦门市24个，青岛市3个，深圳市5个，新疆生产建设兵团1个。

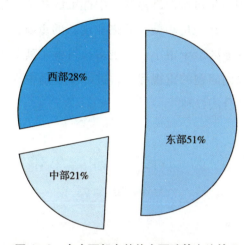

图6-8 东中西部在其他方面政策占比情况

资料来源：赛迪智库整理，2016年10月。

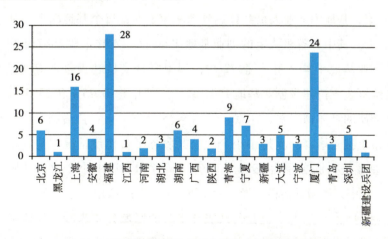

图6-9 各省市在其他方面支持中小企业政策情况

资料来源：赛迪智库整理，2016年10月。

五、政策建议

从全国整体情况来看，不论是创新、创业、服务体系建设方面还是其他方面的政策，都是东部地区占比最多，其次为西部地区，中部地区占比最少。由调研结果可以发现，相对于西部地区，中部地区各项政策发布最少，说明西部地区已经逐渐意识到支持小微企业创业创新的重要性。所以，从政策导向来看，应引导中部地区给予中小企业更多扶持，尤其是要提高中部地区政府部门对中小企业双创问题的重视程度，进一步鼓励中部中小企业加大创新力度，规范和保障其合法权利。

第二节　小企业创业基地和中小企业公共服务（示范）平台建设情况分析

北京、天津等33个省、市、自治区、直辖市、计划单列市和新疆生产建设兵团上报了小企业创业基地建设情况数据，共计培育和支持小企业创业基地4226家，基地内从业人员共计达到5396868人，每个基地内平均从业人员为1277人。其中：省级认定的创业基地2760家，入驻企业198734户，省级小企业创业基地平均入驻企业72户；国家资金支持建设创业基地达到433家，省级资金支持建设创业基地1504家，分别占比10.25%和35.59%。

从调研的具体情况看，北京、天津等35个省、市、自治区、直辖市和计划单列市上报了培育和支持中小企业公共服务平台建设情况，共计培育和支持中小企业公共服务平台6902家，省均培育和支持中小企业公共服务平台187家，其中：省级认定的示范平台2384家，省级认定（示范）平台中技术服务平台844家。从中小企业公共服务平台的区域分布来看，各地培育和支持中小企业公共服务平台数量差异较大。江苏培育和支持平台高达2362家，其中省级认定的示范平台482家，省级认定（示范）平台中技术服务平台152家，分别占比34.22%、20.19%和18%，而深圳则分别只有3家、3家和0家。

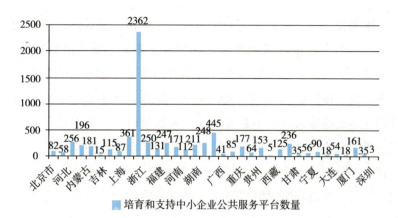

图 6 – 10　各地培育和支持中小企业公共服务平台数量

资料来源：赛迪智库整理，2016 年 10 月。

一、创业基地区域分布情况

图 6 – 11　各地培育和支持小企业创业基地数量

资料来源：赛迪智库整理，2016 年 10 月。

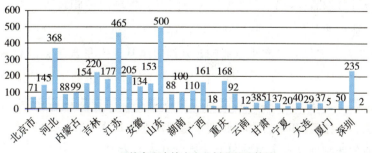

图 6 – 12　各地培育和支持小企业创业基地数量

资料来源：赛迪智库整理，2016 年 10 月。

从总体来看，小企业创业基地区域分布不均衡，地区间差异巨大，各地支持和培育的小企业创业基地数量也存在较大差异。从调研数据看，山东、江苏、河北、深圳、吉林等省市支持和培育的小企业创业基地数量较多，分别达到 500 家、465 家、368 家、235 家和 220 家，而云南、厦门、新疆生产建设兵团等地支持和培育的小企业创业基地数量较少，分别仅有 12 家、5 家和 2 家。其中河北、江苏、山东、吉林、广西等地的省级认定小企业创业基地数量较多，分别达到 368 家、226 家、203 家、183 家和 161 家，而新疆建设兵团、海南、青海和厦门的省级认定创业基地较少，分别只有 2 家、4 家、5 家和 5 家。

二、创业基地入驻情况

从调研数据看，省级认定基地吸纳入驻企业情况较好，省域间差距不大。北京、天津等 32 个省、自治区、直辖市、计划单列市和新疆生产建设兵团共计拥有省级认定小企业创业基地 2760 家，共吸纳入驻企业 198734 户，省级认定创业基地户均吸纳入驻企业 75 户。具体来说，青海、厦门、云南、海南、北京、天津等省市户均省级认定的小企业创业基地现有企业数量较多，分别达到 285 家、220 家、209 家、203 家、125 家和 123 家，其他地区户均入驻企业大多也达到几十家，省域间差距不大。

三、创业基地吸纳就业情况

从统计数据看，基地吸纳就业效应明显，省域间差距较大。各地支持和培育小企业创业基地内从业人员数量整体较多，总计达到 5396868 人，户均超过 1325 人，但是省域间小企业创业基地吸纳从业人员数量差距较大。具体来说，云南、广东、宁波、广西、江苏等 6 省市区小企业创业基地户均吸纳从业人员超过 2000 人，其中云南省小企业创业基地户均达到 6324 人的最高值；北京、天津等 10 省市小企业创业基地从业人员在 1000—2000 人，其他地区小企业创业基地从业人员数量基本在 300 人左右。

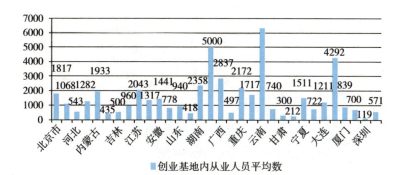

图 6 – 13　各地创业基地平均从业人数

资料来源：赛迪智库整理，2016 年 10 月。

四、基金支持情况

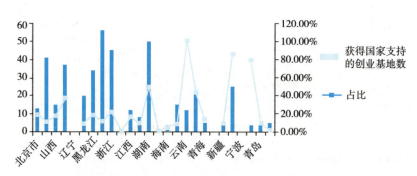

图 6 – 14　各地创业基地获得国家支持的比重

资料来源：赛迪智库整理，2016 年 10 月。

　　从各地上报的数据看，获得国家及省级资金支持的基地占比较低，且各地差异较大。获得国家及省级资金支持的创业基地占各地培育小企业创业基地总量的比重分别为 12.33% 和 42.84%，其中云南、大连、厦门等地获得国家资金支持的比重最大，分别达到 100%、86.21% 和 80%，而安徽、新疆生产建设兵团等地创业基地则根本没有获得国家资金支持；重庆、广西、宁夏的小企业创业基地实现了省级资金支持全覆盖，北京、山西、湖南小企业创业基地获得省级资金的支持面达到了 70% 以上，但吉林、云南、大连、青岛、深圳等地的小企业创业基地则完全没有得到省级资金支持。

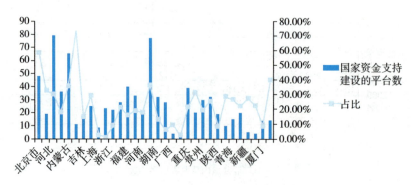

图 6－15　国家资金支持平台建设情况

资料来源：赛迪智库整理，2016 年 10 月。

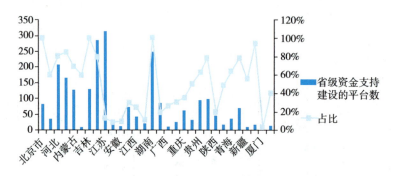

图 6－16　省级资金支持平台建设情况

资料来源：赛迪智库整理，2016 年 10 月。

从调研的情况看，国家资金支持覆盖率较低，但省级资金支持力度总体较大。北京、天津等 32 个地区共计获得国家资金支持建设的平台达到 840 家，占全部培育和支持平台总数的 12.20%；获得省级资金支持的平台 2394 家，占全部培育和支持平台总数的 34.78%。从国家资金支持情况看，辽宁、北京、青岛、湖北和内蒙古获得国家资金支持的平台占比较高，分别为 73.33%、58.54%、40%、36.49% 和 35.91%，而上海、江苏、浙江、广东、广西、海南、陕西和厦门的平台获得国家资金支持的比重均在 10% 以下，其他地区一般都 20% 左右。从省级资金支持情况看，北京、湖南和吉林 3 省市实现对中小企业公共服务平台省级资金支持的全覆盖，宁波中小企业公共服务平台的省级资金支持覆盖率也达到 94.44%，其他省市区省级资金支持平台建设的覆盖率也在 50% 左右，整体支持力度较强。

五、平台网络建设情况

从调研数据看，各地参与平台网络建设的积极性有待进一步提高。参与平台网络建设的国家示范平台和省平台分别为213家、781家，占全部省级认定示范平台的8.92%和32.72%。从参与平台网络建设的国家级示范平台来看，广东、上海、北京、四川等地的国家级示范平台参与平台网络建设的积极性较高，参与平台网络建设的国家级示范平台分别达到28家、18家、14家和11家，而天津、山西、内蒙古、辽宁、江西、山东和新疆生产建设兵团等地尚没有国家级示范平台参与平台网络建设，积极性有待进一步提高。从参与平台网络建设的省平台来看，北京、上海、青岛地实现省级认定示范平台参与平台网络建设的全覆盖，即北京63家、上海49家、青岛14家省平台全部参与了平台网络建设，天津等省市区参与平台网络建设的省平台占全部省级认定示范平台的比重也在20%以上。

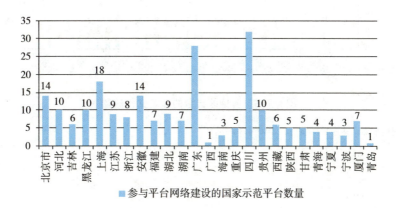

图6-17　参与平台网络建设的国家级示范平台数量

资料来源：赛迪智库整理，2016年10月。

六、政策建议

通过调研可以发现，对于小微企业创业基地，国家资金支持覆盖率较低，大多是省级资金运作支持。今后可以适当加大国家资金例如中小企业发展基金的支持力度，对全国小微企业创业基地进行审核，对于优秀的创业基地可以作为示范基地在全国进行宣传推广，然后通过中小企业发展基金予以支持，从而引导更多的社会资本支持小微企业创业基地建设。另外，针对地方参与平台网络建设积极性不高的问题，也可通过评选示范项目加基金引导的方式，鼓励和引导各地方加大平台网络建设的积极性。

第三节　认定省级小企业创业基地文件情况分析

关于全国认定省级小企业创业基地文件情况如下：共收到34省、直辖市、计划单列市提交的资料，共出台认定各类基地文件173个，认定小企业创业基地文件3004个。

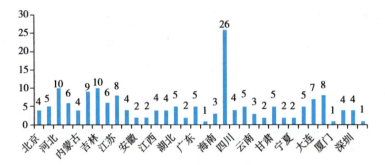

图6−18　各地区出台的认定文件数量

资料来源：赛迪智库整理，2016年10月。

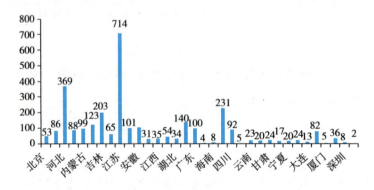

图6−19　各地区省级小企业创业基地认定数量

资料来源：赛迪智库整理，2016年10月。

一、认定文件情况

从各地出台的文件情况来看，东部出台的文件最多，西部次之，中部最少。东部地区共出台文件 76 个，占比为 44%；西部地区共出台文件 54 个，占比为 31%；中部地区出台文件 43 个，占比为 25%。

图 6–20　东、中、西部出台认定文件占比

资料来源：赛迪智库整理，2016 年 10 月。

从各地出台的认定文件数量来看，各地区平均出台文件 5 个，其中出台 5 个文件的有 5 个地区，出台 4 个文件的有 7 个地区，出台 2 个文件的有 6 个地区。综上所述，出台文件在 2—5 个的地区最多，占比达到 60%；出台文件多于 5 个的地区占 30%；少于 2 个的地区占 10%。其中重庆出台的认定文件最多达到 26 个，河北和吉林出台文件达到 10 个，辽宁出台文件 9 个，江苏和宁波出台文件 8 个，大连出台文件 7 个，山西、黑龙江和新疆各出台文件 6 个，天津、湖北、广东、贵州和甘肃各出台文件 5 个，北京、内蒙古、浙江、江西、河南、青岛和深圳各出台 4 个，海南和云南各出台 3 个文件，安徽、福建、湖南、陕西、青海和宁夏各出台 2 个文件，广西、厦门和新疆生产建设兵团各出台 1 个文件。

二、创业基地情况

从各地认定的省级小企业创业基地数量来看是东部最多，中部次之，西部最少。省级小企业创业基地数量，东部地区为 1733 个，占比最高，为 58%；中部地区其次，有 813 个，占比为 27%；西部地区最低，有 458 个，占比为 15%。其余排名靠前的是河北 369 个，辽宁 123 个，吉林 203 个，江苏 714 个，浙江 101 个，安徽 105 个，湖南 140 个，广东 100 个，重庆 231 个。

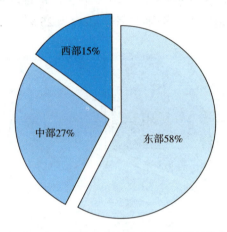

图 6 – 21　东、中、西部认定小微企业创业基地数量占比

资料来源：赛迪智库整理，2016 年 10 月。

三、政策建议

从全国整体情况来看，不论是认定文件的发布情况，还是创业基地的认定情况都是东部地区排在首位。从各地出台的认定文件数量来看，东、中、西部地区虽然有差异，但差别不大。而从认定的小微企业创业基地数量来看，东部地区明显领先，占比超过一半，而西部地区占比仅为 15%。所以，应当进一步鼓励西部地区建设小微企业创业基地，以创业基地为抓手，进一步激发西部地区的创新活力。

第四节　认定省级中小企业公共服务平台文件情况分析

在本次调研中，共有 34 个省、市、自治区、直辖市填报了认定省级中小企业公共服务平台文件统计汇总表，包括北京、天津、河北、山西、内蒙古等，各省市共计发布认定省级中小企业公共服务平台文件 155 份，共认定省级中小企业公共服务平台 6397 个。

一、发布文件情况

其中宁波市发布的文件最多，为 13 份，厦门市发布的文件数最少，只有《关于公布 2015 年厦门市中小企业公共服务示范平台名单的通知》（厦经信企业〔2015〕142 号）一份文件。

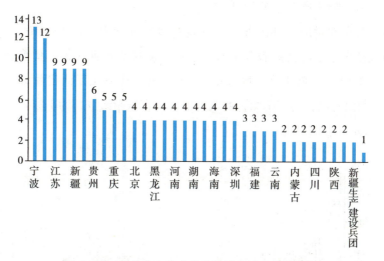

图 6 – 22　各省市中小企业公共服务平台文件数量

资料来源：赛迪智库整理，2016 年 10 月。

在发布文件类型中，以省市中小企业公共服务平台的认定通知为主要文件类型，占总文件数的 93%。关于中小企业公共服务示范平台认定的管理办法占 6%，共有天津市、内蒙古自治区、河南省、贵州省、西藏自治区、陕西省、新疆维吾尔自治区 7 个省市（自治区）发布了针对中小企业公共服务平台认定的管理办法。还有 1% 其他类型的文件，例如《陕西省人民政府办公厅关于省中小企业服务体系建设的指导意见》（陕政办发〔2011〕73 号）。

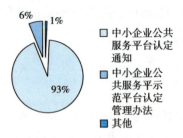

图6-23　各省市中小企业公共服务平台文件类型占比

资料来源：赛迪智库整理，2016年10月。

在对各文件对应公共服务平台认定数量的统计中，34个省市、自治区、直辖市包括中小企业公共服务平台、中小企业核心服务机构、星级公共服务平台等各类型中小企业公共服务平台6397家，其中江苏认定数量最多，为566家，湖南其次，为331家，西藏自治区认定数量最少，为1家。

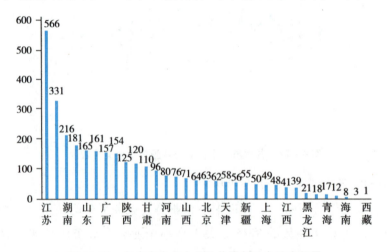

图6-24　各省市中小企业公共服务平台认定数量

资料来源：赛迪智库整理，2016年10月。

二、平台认定情况

从平台认定数量来看，东部最多，为4994个，占比为78.1%；中部其次，为786个，占比为12.3%；西部最少，为614个，占比为9.6%。具体数据为：北京63个，天津58个，河北402个，山西71个，内蒙古181个，黑龙江 21 个，上海 49 个，江苏 566 个，浙江 76 个，安徽 120 个，福建 96 个，江西 41 个，山东 165 个，河南 80 个，湖北 56 个，湖南 216 个，广东 154 个，广西 311 个，海南 60 个，重庆 62 个，四川 50 个，贵州 72 个，云南 64 个，西藏 2 个，陕西 125 个，甘肃 110 个，青海 17 个，新疆 112 个，大连 18 个，宁波 120 个，厦门 12 个，青岛 174 个，深圳 2670 个，新疆生产建设兵团 3 个。

三、政策建议

从调研情况来看，东部认定的省级中小企业公共服务平台最多，占比高达 78.1%，西部地区占比最少，不足 10%。因此，今后应当引导西部地区加大对中小企业公共服务平台的重视程度，鼓励西部地方政府出台相应的平台认定文件，大力发展西部中小企业公共服务平台，引导西部的中小企业在平台聚集，更好地发挥中小企业平台网络的作用，使之成为中小企业创新发展的重要抓手，进而提高西部地区的自主创新能力。

第五节　中小企业创新发展情况分析

"十二五"时期，全国共有知识产权培训和服务的企业 146474 家，质量提升和品牌培育服务的企业 166410 家，推动信息化应用的企业 397734 家。

一、知识产权情况

表 6－1　各省市中小企业知识产权培训和服务企业数量

排序	省市	知识产权培训和服务企业数量（家）
1	北京	54353
2	江苏	30000
3	重庆	12000
4	大连	11602
5	山东	6209
6	宁波	5000

续表

排序	省市	知识产权培训和服务企业数量（家）
7	安徽	3788
8	广东	3781
9	云南	2414
10	天津	2400
11	河北	2266
12	青海	2094
13	广西	1770
14	上海	1533
15	山西	1300
16	海南	1268
17	深圳	759
18	福建	718
19	宁夏	651
20	河南	617
21	甘肃	500
22	浙江	446
23	贵州	395
24	江西	250
25	陕西	200
26	黑龙江	155
27	新疆生产建设兵团	5
28	新疆	0
29	青岛	0

资料来源：赛迪智库整理，2016 年 10 月。

在知识产权培训和服务企业数量方面，北京、江苏、重庆位列全国前三。29 个受访省市平均拥有 5051 家知识产权培训和服务企业。其中，高于全国平均水平的省市有：北京、江苏、重庆、大连、山东，其余地区均低于全国平均水平。

从知识产权培训和服务企业在东中西部地区的分布来看，东部地区共计 120335 家，占全国知识产权培训和服务企业数量的 82%，在不同地区分布中占据绝大多数；西部地区共计 20029 家，占全国知识产权培训和服务企业数量的 14%，占比较低；中部地区共计 6110 家，占全国知识产权培训和服务企业数量的 4%，在不同地区占比中最低。

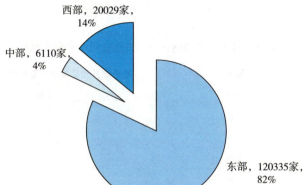

图 6－25　我国知识产权培训和服务企业数量统计

资料来源：赛迪智库整理，2016 年 10 月。

其中，在东部地区，北京以 54353 家位列第一，占东部地区的 45%；江苏以 30000 家位列东部地区第二，占东部地区的 25%。其余依次为山东、广东、天津、河北、广西、上海、海南、福建、浙江。

在西部地区，重庆以 12000 家位列第一，占西部地区的 60%；云南以 2414 家位列西部地区第二，青海以 2094 家位列西部地区第三。

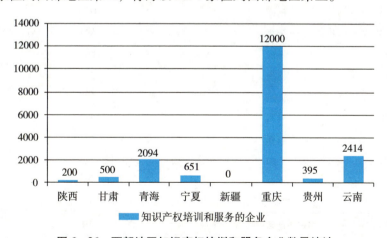

图 6－26　西部地区知识产权培训和服务企业数量统计

资料来源：赛迪智库整理，2016 年 10 月。

二、质量提升和品牌培育服务情况

表6-2　各省市质量提升和品牌培育服务的企业数量

排序	省市	质量提升和品牌培育服务的企业（家）
1	山东	60660
2	北京	51060
3	广东	9615
4	深圳	8370
5	河北	6717
6	安徽	4885
7	广西	4297
8	云南	3968
9	青岛	3400
10	福建	2701
11	青海	2259
12	浙江	1438
13	上海	1375
14	山西	1145
15	河南	1069
16	宁夏	899
17	重庆	600
18	海南	580
19	大连	396
20	贵州	269
21	新疆	225
22	天津	220
23	江西	200
24	黑龙江	52
25	新疆生产建设兵团	10
26	宁波	0

续表

排序	省市	质量提升和品牌培育服务的企业（家）
27	陕西	0
28	甘肃	0
29	江苏	0

资料来源：赛迪智库整理，2016 年 10 月。

在质量提升和品牌培育服务企业数量方面，山东、北京、广东位列全国前三。29 个受访省市平均拥有 5738 家质量提升和品牌培育服务企业。其中，高于全国平均水平的省市有：山东、北京、广东、深圳和河北，其余省市均低于全国平均水平。

从质量提升和品牌培育服务企业在东中西部地区的分布来看，东部地区共计 146532 家，占质量提升和品牌培育服务企业数量的 88%，在不同地区分布中占据绝大多数；西部地区共计 12527 家，占全国质量提升和品牌培育服务企业数量的 8%，占比较低；中部地区共计 7351 家，在不同地区占比中最低，为 4%。

其中，在东部地区，山东以 60660 家位列第一，占东部地区的 41.4%；北京以 51060 家位列东部地区第二，河北以 6717 家位列东部地区第三。

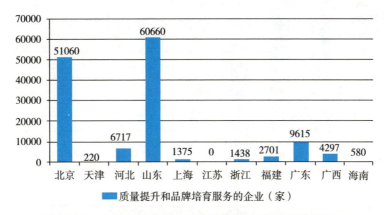

图 6 - 27　东部地区质量提升和品牌培育服务企业数量统计

资料来源：赛迪智库整理，2016 年 10 月。

在中部地区，安徽以4885家位列第一，占中部地区的66%；山西以1145家位列中部地区第二，河南以1069家位列中部地区第三。

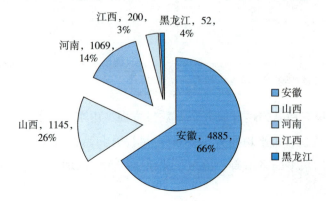

图6－28　中部地区质量提升和品牌培育服务企业数量统计

资料来源：赛迪智库整理，2016年10月。

在西部地区，广西以4297家位列第一，占比为34%，云南以3968家位列第二，占西部地区的32%；青海以2259家位列西部地区第三，宁夏以899家位列西部地区第四。

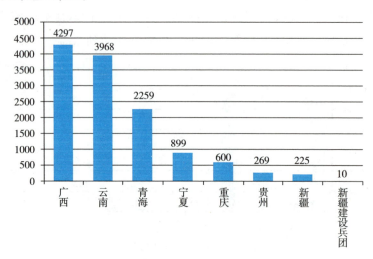

图6－29　西部地区质量提升和品牌培育服务企业数量统计

资料来源：赛迪智库整理，2016年10月。

三、企业信息化应用情况

表6－3 各省市推动信息化应用的企业数量

排序	省市	推动信息化应用的企业（家）
1	深圳	155596
2	江苏	115000
3	北京	60473
4	云南	24263
5	重庆	13000
6	江西	10100
7	广东	3736
8	安徽	3364
9	宁夏	3024
10	广西	2320
11	青岛	1900
12	青海	1878
13	河北	1871
14	上海	1846
15	山西	1500
16	河南	1168
17	浙江	1162
18	宁波	748
19	海南	638
20	天津	600
21	甘肃	500
22	福建	426
23	贵州	418
24	黑龙江	360
25	新疆	349
26	大连	258
27	山东	0
28	陕西	0
29	新疆兵团	5

资料来源：赛迪智库整理，2016年10月。

从推动信息化应用企业在东中西部地区的分布来看，东部地区共计346574家，占全国推动信息化应用企业数量的85%，在不同地区分布中占据绝大多数；西部地区共计41559家，占全国推动信息化应用企业数量的10%，占比较低；中部地区共计18370家，在不同地区占比中最低，为5%。

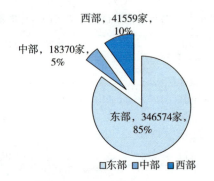

图6-30　我国东中西部推动信息化应用的企业统计

资料来源：赛迪智库整理，2016年10月。

其中，在东部地区，深圳以155596家位列第一，占比为45%，江苏以115000家位列第二，占东部地区的33%；北京以60473家位列东部地区第三。

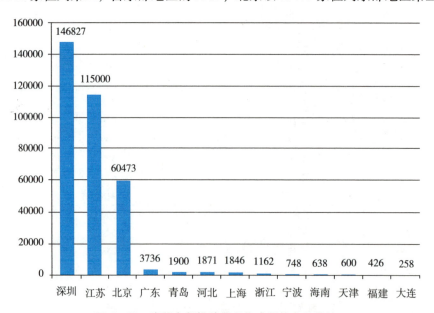

图6-31　我国东部推动信息化应用的企业统计

资料来源：赛迪智库整理，2016年10月。

在中部地区，江西以10100家位列第一，占中部地区的55%；安徽以3364家位列中部地区第二，山西以1500家位列中部地区第三。

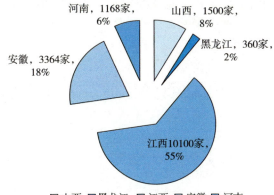

图 6-32　我国中部推动信息化应用的企业统计

资料来源：赛迪智库整理，2016 年 10 月。

在西部地区，云南以 24263 家位列第一，占西部地区的 58%；重庆以 13000 家位列西部地区第二，宁夏以 3024 家位列西部地区第三。

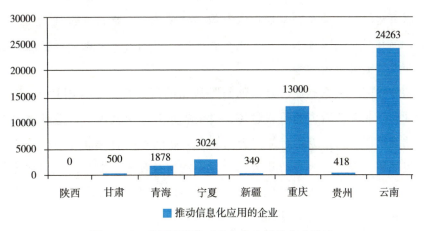

图 6-33　我国西部推动信息化应用的企业统计

资料来源：赛迪智库整理，2016 年 10 月。

四、政策建议

从调研结果来看，东部地区中小企业的创新程度最高，西部次之，中部最低。今后，应当进一步鼓励中西部地区中小企业加大创新投入，尤其是鼓励中部地区建设更多的知识产权培训和服务企业，加大品牌培育力度，增强自主创新能力，同时提高企业信息化应用水平，为中小企业创新创造良好的条件。

第六节　中小企业双创基地发展建设情况分析

一、双创基地的发展情况

自 2014 年我国开始实施"大众创业、万众创新"战略以来，全国各类创业创新基地发展迅速，极大地推动双创要素资源集聚，已经成为推动创业创新的重要载体。针对各地迅速发展起来的双创基地，经深入研究后发现，目前双创基地建设还存在入住率低、造血机制不足、服务能力弱、行业竞争无序等四项突出问题，亟待引起重视。针对双创基地的后续建设和发展，本节提出以下建议：推动双创基地探索有效运营模式，完善行业管理，加强人才培养，提升专业化服务水平，优化发展环境，以期为未来进一步推进双创孵化行业发展提供决策参考。

随着我国"大众创业、万众创新"战略的深入推进，双创基地①作为激发全社会创业创新活力的重要载体，对中小企业健康发展、转型升级起到了重要的推动作用。各级政府部门为贯彻中央和国务院有关促进中小企业发展的决策部署，纷纷出台支持双创基地发展的扶持政策。但是，双创基地迅猛发展的同时，存在着入驻率低、造血机制不足、服务能力弱、行业竞争无序等突出问题，亟待引起重视。

第一，基地规模迅速扩大。截至 2016 年，全国共认定国家级小微企业创业创新示范基地 194 家，省级小企业创业基地 3004 家，基地入驻企业数从 2011 年的 18228 户骤增至 2015 年的 64628 户，年均增速达到 40% 以上②。另据腾讯研究院《2016 创新创业白皮书》预测，2016 年底中国众创空间数量或

---

① 本书双创基地是小企业创业（创新）基地，孵化器、众创空间等各类创业创新载体的统称。
② 根据工信部赛迪智库中小企业研究所 2016 年全国调研统计数据整理。

超过 4000 家①，仅 2014—2015 年间规模已从 50 余家增至 2300 余家，增长 46 倍。全球 INS 大会发布的《2016 中国创新创业报告》显示，截至 2015 年底，中国已有科技企业孵化器和众创空间共 4875 家，孵化器数量为全球之最。其中，国家级 1258 家，即 515 家国家级众创空间和 743 家企业孵化器、加速器以及产业园区②。由此可见，自 2014 年"大众创业、万众创新"成为国家战略以来，我国各类双创基地载体数量增长极为迅速。

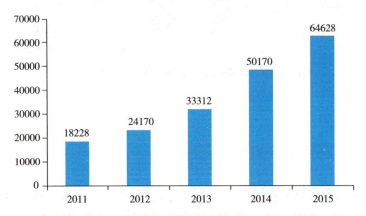

图 6 – 34　全国省级小微企业创业基地驻住企业数量

资料来源：赛迪智库整理，2016 年 10 月。

第二，基地示范作用凸显。众创空间、小微企业创业基地、科技孵化器等新型双创载体建设，极大拓展了中小企业创业创新空间，激发了全社会创业创新活力，有效地推动了国内外创业创新资源要素加快集聚，双创基地建设对推动全国创业创新具有重要的示范辐射作用。以省级小微企业创业基地为例，基地吸纳就业人数从 2011 年的 427393 人上升至 2015 年的 1019869 人，年均增长 25% 以上③。双创基地吸引了大量研究开发、投融资、技术转移、知识产权、检验检测等创业创新服务机构和平台入驻，推动人才、资本、技术、市场等要素依托双创基地加速集聚，对带动中小企业创业创新具有重要的示范带动作用。

①　叶丹：《2016 年底中国众创空间数量或超 4000 家》，《南方日报》2016 年 9 月 29 日。
②　中国孵化器网：《中国科技企业孵化器全球最多业准入标准将逐步成形》，一财网，2016 年 9 月 12 日。
③　根据工信部赛迪智库中小企业研究所 2016 年全国调研统计数据整理。

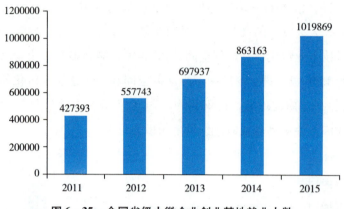

图 6 - 35　全国省级小微企业创业基地就业人数

资料来源：赛迪智库整理，2016 年 10 月。

二、双创基地建设存在的问题

第一，基地建设重数量增长，入驻率不高。基于"大众创业、万众创新"成为国家战略，地方各级政府纷纷加大双创基地载体的建设扶持力度。在政策红利的激励下，大量社会资本纷纷投资双创基地建设，各领域创业创新空间载体发展迅猛，创业基地、孵化园、众创空间、孵化器、创客工厂等各类型双创载体一夜之间遍地开花。以众创空间为例，2015 年上半年，全国上规模的众创空间不足 70 家，一年后仅众创空间就突破 2300 家，另有科技企业孵化器、加速器 2500 多家①。

调研中发现，已建成的各类"双创"基地往往缺少项目支撑，面临入驻率低的问题，造成资源的浪费，影响了行业健康发展。即使在创业创新资源丰富的北京中关村地区，众创空间的平均入驻率也仅有60%②。又如，在过去一年众创空间出现爆发性增长的厦门市，目前大量租用的工位也出现闲置，平均使用率仅为51%，且总体还处于亏损状态③。入住率低折射出众创空间等双创基地同质化发展问题严重，亟待推动基地提高建设质量。

① 《数量超 2300 家众创空间同质化严重洗牌加速》，《经济参考报》2016 年 8 月 31 日。
② 《数量超 2300 家众创空间同质化严重洗牌加速》，《经济参考报》2016 年 8 月 31 日。
③ 厦门市众创空间产业协会：《2015 厦门市众创空间发展白皮书》，2016 年 5 月 30 日。

第二，基地运营模式单一，造血机制不足。调研中发现，我国双创基地普遍面临着运营模式单一和盈亏平衡压力大的问题，这一问题在高房价城市尤为突出。目前，双创基地收入主要来源于场地租金和服务收费。据艾瑞数据显示，目前我国的小企业创业基地、孵化器、众创空间、留创园等空间载体的主要收入来源仍然是场地租赁，占比为81.2%。加之双创基地服务费用普遍较低，仅靠小微企业缴纳的租金很难弥补空间载体高昂的投入成本。虽然目前部分基地已经开始探索股权投资模式，但因其成功率较低且退出周期较长，因此短期内绝大部分双创基地都难以有效化解盈亏平衡压力。

基于双创基地自身很难解决生存问题，地方政府纷纷出台扶持政策，加大资金补贴力度，因此出现部分基地主要依靠财政补贴赖以度日的局面，基本无法实现可持续发展。由于扶持政策存在的巨大利益预期，部分地区甚至出现地产商以双创之名行地产之实，以物业管理思路运作双创基地，形成"招商引企—房租减免—盈利不足—服务投入不足—服务效果不被认可—招商引企更难"的恶性循环。

第三，基地专业人才匮乏，服务能力较低。双创基地建设是新兴事物，懂运营的专业人员凤毛麟角，绝大部分从业人员对双创基地的认知仍处于模糊阶段，人才不足已经成为双创基地运营管理能力提升的重要制约因素。据车库咖啡统计，参与双创基地运营人才培训的人员中，具有基地运营1年以上经验的比例仅为10%。由于专业服务人才的薪资要求与双创空间能负担的工资不匹配，如投融资中介服务（FA）需金融行业专业人才和相关从业经验，但双创基地能够支付的薪资显著低于金融行业，所以很难吸引专业人才。普遍来看，目前双创基地由于缺乏造血机制，为节约成本，只能降低人才引进标准，专业性较强的服务只能委托第三方服务机构承担，基地自身的专业服务能力明显不足。

由于扩张速度过快，一些双创基地往往因前期评估不足、规划不周、定位不准，忽视了地区差异和行业特色，致使大量双创基地管理团队的服务水平和专业能力难以匹配企业的实际需求，双创基地"服务空壳化"现象普遍。据北京市科学技术委员会的调研统计，众创空间能够在供应链服务、科研条件、市场开拓等专业领域提供服务的比例一直较低，仅有20.6%的众创空间有能力提供科研条件，仅39.7%的众创空间能够提供供应链服务，44.4%的众创空间能够提供市场营销服务。另据车库咖啡开展的调研显示，36.5% 的被调研者对众创空间等孵化器的服务质量不满意或非常不满意，59.2% 的被调研者认为众创空间等孵化机构不能满足创业企业的实际发展需求。

第四，市场竞争无序，影响行业健康发展。双创基地发展时间短，行业自律组织建设滞后，市场竞争秩序亟待规范。从国家实施"大众创业万众创新"战略以来，全国掀起了双创基地建设热潮，大量社会资本纷纷加入双创基地建设队伍，基地数量急剧增长，行业竞争日趋激烈。由于缺乏行业自律组织，基地建设质量良莠不齐，也没有规范的行业建设标准。由于进入门槛较低，部分房地产行业投机者也大量涌入，以成立双创基地为名获取政府政策扶持，行房地产开发之实。

由于部分基地以免费入驻的方式吸引创业者，导致适当收费的能够提供专业化深度服务的双创基地引企难度加大，甚至出现了恶意争抢客户的现象，对双创基地行业健康发展造成一定冲击。另一方面，"免费"方式不可持续，难以提供专业化的深度服务，长此以往将容易导致"劣币驱逐良币"现象。此外，双创基地之间也缺乏必要的资源整合和服务合作，影响了行业整体服务质量的提高，行业发展秩序亟待进一步规范。

三、政策建议

第一，明确发展方向，探索有效模式。坚持政府支持、市场化运作的方向，依托具有产业链和创新链资源整合能力的市场化主体建设双创基地，以空间与入孵企业利益一体化为基础，探索构建有效的盈利模式，提升基地服务的积极性和有效性，解决双创基地发展普遍存在的内生动力不足、服务水平低下、造血能力不足、高度依赖政府资金支持等问题。综合运用投资促进、媒体延伸、培训辅导、硬件孵化、龙头引领等手段，推动双创基地走专业化发展之路，着力解决同质化问题。

第二，加强宏观指导，强化行业管理。推动我国小企业创业基地等双创孵化行业建立行业协会、商会，由行会或者商会负责制定行业规范，维护市场竞争秩序，引导行业健康发展。对于政府授牌的双创基地，制定严格的年检标准，建立年度考核以及退出制度，重点考核项目孵化、公共服务平台建设、基地运营等情况，探索开展双创基地的社会化考评与财政支持挂钩，对创业创新孵化行业实行动态管理，不断促进双创基地发展。

第三，强化人才培养，提升服务能力。充分发挥双创基地服务创业主体的主动性和创造性，以服务对象和服务内容的高度专业化为服务能力提升的方向，加强专业人才培养，聚焦明确的产业细分领域，为创业机构提供低成本的开放式办公空间，提供符合行业特征的技术、信息、资本、供应链、市场对接等个性化、定制化服务。支持双创基地人才队伍建设，推动创业服务机构与国内外权威专家、学者有效对接，完善从业人员培训机制，提高从业人员的专业素质，提升专业服务能力，以服务赢得客户信赖，提升入驻率。

第四，加强政策支持，优化发展环境。加大资金扶持，基于创业服务专业性强、技术含量较高，以及创业孵化与投资的天然融合属性，双创基地对资金依赖程度非常高，资金不足一直是困扰创业孵化机构的普遍问题，在行业发展初期急需政府在资金方面大力支持。加大用房、用地政策扶持力度，综合利用空间费用减免、用地指标倾斜等形式降低空间使用成本。加大税费减免力度，降低"双创"基地运营负担，缓解成本压力，推动行业进入良性发展阶段。加强政府采购支持，理清政府购买服务边界，提升双创基地服务的公益属性。

第七章 中小企业"专精特新"发展研究

不论是美国的"工业互联网"还是德国的"工业4.0"，都将服务中小企业确立为核心原则并设立了发展目标，德国更是前瞻性地提出了《中小企业4.0实施指南》。目前，《中国制造2025》已经取得了许多成果，但其对中小企业的带动并不显著。"专精特新"是中小企业"十三五"规划的关键工程，是我国中小企业发展的特色和方向，是实现中小企业转型升级，提高企业发展质量和效益的重要途径，也是实现我国中小企业与《中国制造2025》战略有效对接的重要抓手。目前促进我国中小企业"专精特新"发展面临诸多瓶颈，如尚未形成国家级"专精特新"中小企业认定标准等，这些瓶颈亟待突破。

第一节 中小企业"专精特新"发展总体情况分析

全国共有认定"专精特新"企业14889家，产品4564个，技术58项。总体来说，东部地区认定企业与产品较多，而中西部地区相对较少，且对于认定技术方面的文件普遍较少。而且目前全国范围内对于"专精特新"中小企业的认定尚未形成统一标准，所以各地的认定指标各异。因此，有必要制定全国范围内的"专精特新"中小企业认定标准，提供"专精特新"中小企业名录，以充分发挥"专精特新"中小企业的示范引领作用。

一、全国认定"专精特新"企业情况

在认定企业数量方面，总体来看，东部地区占比最多，达到65%，其次是中部地区，占比为21%，西部地区占比最少，为14%。具体来看，全国共

有认定企业数量 14889 家，其中山西 1000 家，黑龙江 114 家，上海 3790 家，浙江 308 家，安徽 700 家，福建 201 家，江西 564 家，山东 1383 家，湖南 520 家，广西 43 家，四川 1157 家，云南 1300 家，陕西 150 家，甘肃 91 家，宁夏 311 家，大连 369 家，厦门 60 家，青岛 158 家，深圳 2670 家。

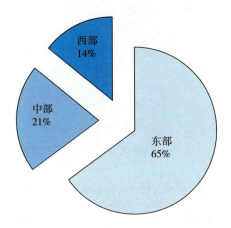

图 7 - 1　东中西部"专精特新"中小企业认定占比

资料来源：赛迪智库整理，2016 年 10 月。

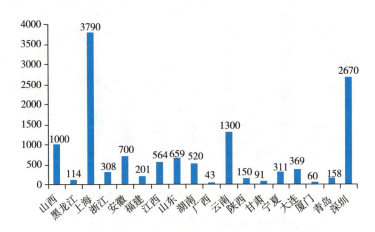

图 7 - 2　各地"专精特新"中小企业认定情况

资料来源：赛迪智库整理，2016 年 10 月。

二、全国认定"专精特新"产品情况

在认定产品数量方面，总体来看，东部占比最多，为 87%，其次为西部地区，占比为10%，中部占比最少，为3%。全国共有认定产品数量4564个，其中天津368个，辽宁1915个，黑龙江131个，江苏250个，福建363个，广西139个，甘肃303个，大连459个，厦门51个，青岛585个。

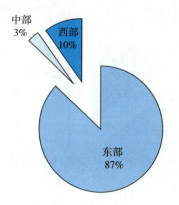

图7-3 东中西部"专精特新"产品认定占比

资料来源：赛迪智库整理，2016年10月。

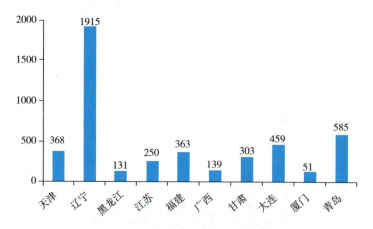

图7-4 各地"专精特新"产品认定情况

资料来源：赛迪智库整理，2016年10月。

三、全国认定"专精特新"技术情况

在认定技术数量方面。全国共有认定技术58项。其中广西15项，大连34项，厦门9项。

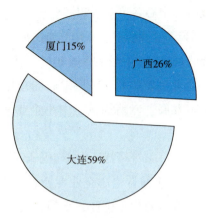

图 7 – 5　"专精特新"技术认定情况

资料来源：赛迪智库整理，2016 年 10 月。

第二节　促进中小企业"专精特新"发展的具体做法

一、发布支持性政策文件

自工信部印发《关于促进中小企业"专精特新"发展的指导意见》以来，各省市高度重视，相继转发并对各地贯彻落实情况提出明确要求，纷纷出台支持性政策文件。

例如，山东省出台了《关于编制发展"专精特新"中小企业规划，实施"育苗扶壮"工程的通知》（鲁中小企局字〔2013〕40 号），发布了《关于印发〈全省"专精特新"中小企业发展规划（企业名单）〉的通知》等一系列关于省内"专精特新"中小企业认定的通知。

广西发布了《广西壮族自治区人民政府办公厅关于印发广西大力促进众创空间发展工作方案的通知》（桂政办发〔2015〕83 号），《广西壮族自治区人民政府关于进一步做好新形势下就业创业工作的通知》（桂政发〔2015〕29 号），《广西壮族自治区人民政府办公厅关于印发大力推进大众创业万众创新实施方案的通知》（桂政办发〔2015〕134 号），以及《关于公布 2015 年新认定广西壮族自治区级研发中心名单的通知》。

上海市 2011 年联合 12 部门制定了《关于加快促进"专精特新"中小企业创新驱动、转型发展的意见》（沪经信企〔2011〕166 号）以及《关于加快促进"专精特新"中小企业创新驱动、转型发展的意见》并制定了相应的认定标准，出台了《上海市发展"专精特新"中小企业三年行动计划（2015—2017）》。

江苏省制定了《江苏省万家专精特新中小企业培育工作指导意见》（苏中小科技〔2012〕99 号）、《江苏省中小企业专精特新产品认定办法》，并于 2012—2015 年连续发布了江苏省中小企业"专精特新"产品的名单目录。

黑龙江省印发了《关于印发〈黑龙江省中小企业专精特新产品认定工作审核认定程序〉》，公布了相关的省内中小企业"专精特新"产品的认定结果。

云南省 2010 年制定了《云南省省级成长型中小企业筛选认定办法》（工信中小〔2010〕223 号），并以此为标准，作为省内"专精特新"中小企业的评定标准。

河北省于 2015 年出台了《关于促进中小企业"专精特新"发展意见》（冀工信企业〔2015〕269 号），作为全省范围内"专精特新"工作的指导文件，并公布了《关于组织申报河北省"专精特新"中小企业的通知》，每年组织认定"专精特新"中小企业一次，每三年再复核一次。

甘肃省出台了《甘肃省"专精特新"中小企业认定管理暂行办法》（甘工信发〔2014〕306 号），作为全省的指导性文件，用以指导省内"专精特新"的工作。随后于 2014—2016 年连续三年印发了甘肃省工业和信息化委员会关于做好"专精特新"中小企业申报工作的通知，作为每年的工作进行推进。

安徽省制定了《安徽省专精特新中小企业认定标准和程序》，作为省内"专精特新"中小企业的认定标准，并于 2014 年印发了《关于促进中小企业专精特新发展的实施意见的通知》（皖经信中小企函〔2014〕162 号）。

宁夏回族自治区制定了《自治区"专精特新"中小企业认定管理办法》，作为自治区范围内认定"专精特新"中小企业的标准，发布了《关于 2014 年度自治区"专精特新"中小企业和小微企业孵化示范基地认定结果的通知》

以及《关于认定第二批自治区"专精特新"中小企业和小型微型企业创业孵化示范基地的通知》。

天津市制定并下发了《关于促进中小企业创新转型培育"专精特新"产品（技术）的指导意见》（津中小企〔2013〕22号）以及《天津市中小企业专精特新产品（技术）认定暂行办法》（津政发〔2007〕36号），以此作为指导天津市发展"专精特新"中小企业的指南。并公布了两批认定的"专精特新"中小企业。

辽宁省出台了《辽宁省中小企业"专精特新"产品（技术）认定暂行办法》（辽中小企发〔2008〕15号），并于2011—2015年发布5批认定的省级"专精特新"中小企业名单。

青岛市出台了《青岛市中小企业"专精特新"产品（技术）认定办法》（青经信发〔2012〕7号），作为青岛市认定"专精特新"中小企业的标准。

湖南省制定了《湖南省促进中小企业"专精特新"发展三年活动计划》（湘经信中小发展〔2014〕179号），并发布了两批湖南省中小企业"专精特新"示范企业名单。

四川省发布了《关于培育"专精特新"中小企业实施意见》，并于2014—2015年发布了多份关于培育"专精特新"中小企业以及"小巨人·成长型"中小企业的通知。

江西省发布了《关于印发江西省"专精特新"中小企业认定办法（试行）的通知》，作为省内评定"专精特新"中小企业的标准，并于2014—2015年公布了两批"专精特新"中小企业的名单。

二、开展专项行动

为保障各项支持政策落到实处，各省市纷纷出台专项行动，切实推进政策落实。

例如，山东省出台"育苗扶壮"工程，促进中小企业走专业化、精细化、特色化、新颖化发展之路，形成一批小而精、小而专、小而特、小而优、小而强的科技小巨人、行业排头兵和明星企业。

广西设立专项计划，支持"科技企业孵化器建设"和"科技型在孵小微企业培育",在 2015 年度合计支持项目 37 个,支持经费 1550 万元。

浙江省实施"三年万家小升规计划",以年营业收入 500 万—2000 万元的小微企业为重点,建立健全小微企业发展跟踪联络机制和成长辅导机制,推动小微企业成长为规上企业,促进小微企业提质升级。大力发展"特色小镇",包括推进上城玉皇山南基金小镇、江干丁兰智慧小镇、西湖云栖小镇、余杭梦想小镇、富阳硅谷小镇和临安云制造小镇等特色小镇,安排专项资金扶持特色小镇发展,为创新型中小企业提供载体和服务。

云南省自 2003 年设立民营经济暨中小企业发展专项资金以来,2015 年规模达到 2.2 亿元,用来引导民营中小企业不断调整优化产业、产品结构,促进企业技术创新和技术改造。具体来说,一是实施"两个 10 万元"微型企业培育工程。自 2014 年起,最新创办符合条件的小微企业每户给予 3 万元补助,由政府成立担保基金,合作银行给予 10 万元信用贷款支持。二是实施省级成长型中小企业培育工程。2010 年制定了《云南省省级成长型中小企业筛选认定办法》,截至目前已培育了 1300 户省级"专精特新"成长型中小企业,被纳入国家及省中小企业生产经营监测范围。三是实施行业"小巨人"企业培育工程,围绕电子信息、生物制药、新材料、机械装备、食品加工等有竞争优势的 10 个产业,首批培育 100 户处于细分行业领先地位的行业小巨人企业。

湖南省组织开展了一系列促进"专精特新"中小企业发展的专项行动。一是举办"专精特新"专题研讨班。组织专家和导师分四批对 1000 多家中小企业进行专题培训,帮助企业编制切合实际的"专精特新"发展规划,引导中小企业"专精特新"发展。二是开展"中小企业 + 互联网"专项行动,计划在"十三五"期间每年支持 100 家左右中小企业应用信息技术增强创新研发能力、优化内部管理和商业模式,走"专精特新"发展模式。三是开展融资对接服务。围绕"专精特新"示范企业的融资需求,引进银行、担保、投资等金融机构,开展融资对接活动,为"专精特新"示范企业融资达 100 多亿元。

深圳市自 2012 年起,在市民营企业及中小企业发展资金中创立小型微型企业培育项目资助计划,对创新型小、微企业为提高"专、精、特、新"水平和自身核心竞争力的投入给予补贴,补贴额每年最高不超过 20 万元。据统计，2012—2015 年共资助 361 家小型微型企业，资助总额为 5539.62 万元。

三、制定认定办法

为了更有针对性地对"专精特新"中小企业进行扶持，各省市纷纷出台认证标准，对"专精特新"中小企业进行认定。

例如，安徽认定标准：第一，依法在安徽省登记注册三年以上，且具备独立法人资格的规上工业企业法人。第二，为各地重点培育的骨干企业，在市场、技术、效益、质量等方面处于国内同业领先水平，具备示范性和先进性，而且最近两年的销售收入平均增长率不得低于 15%。第三，企业坚持走专业化道路，主业突出，主导产品销售收入占本企业销售收入总量的 50% 以上，且企业的主导产品在细分市场领域达到全国前十或安徽前五。第四，企业拥有专利、自主知识产权，专有技术或软件著作 1 项以上，并在生产中得到应用，且企业的研发投入占销售收入的比例达到 2% 以上。

上海的认定标准分为通用标准、专项标准和限制条件。第一，通用标准。在上海市进行工商注册登记达到两年以上且具有独立法人资格的中小企业，同时符合工信部等四部门联合出台的《中小企业划型标准规定》（工信部联企业〔2011〕300 号）的规定。企业年营业收入达到 1000 万元及以上。上一年的营业收入增长率不低于 15%，或连续两年营业收入平均增长率不低于 10%。第二，专项标准。专业化，主攻某一特殊客户群体或某一产品的细分领域，在行业细分市场内达到全国前十；精细化，符合下述条件之一：掌握先进知识或自主知识产权，拥有在有效期内的发明专利 1 项及以上、实用新型专利或软件著作权 3 项及以上，企业研发投入占营业收入的比例不低于 3%，建立区（县）级以上企业技术中心、市级院士专家工作站或企业工程中心；特色化，产品或服务具有独有性、独特性和独家生产的特点。近两年内主持制或修订国家标准或行业标准，企业具有中国驰名商标、上海市名牌产品、上海市名牌明日之星、上海市著名商标等品牌称号；新颖化，不断适应消费者最新的消费需求，符合"新产业、新技术、新模式、新业态"等四新经济发展特征的产品或服务。第三，限制条件。有下列情况之一的企业，不符合上海市"专精特新"中小企业的评定标准。一是在申请认定或复评过程中提供虚假信息；二是近三年发生过质量或安全事故；三是环保不达标或发生过环境污染事故；四是有其他违法违规行为。

宁夏认定标准：申请企业在宁夏自治区内登记注册达两年以上，且具备独立的法人资格；上一年度营业收入为1000万元及以上；近两年主营业务收入平均增长率高于10%，企业R&D投入占其主营业务收入的比例高于行业平均水平；达到专业化、精细化、特色化、新颖化四个标准中的任何一个；近两年内没有发生过质量事故、安全、突发环境事件或受到环保部门的行政处罚，无偷税、漏税行为以及其他违法违规行为。

天津认定标准：企业是在天津市依法注册设立达一年以上，且具备独立的法人资格，符合工信部等四部门联合出台的《中小企业划型标准规定》（工信部联企业〔2011〕300号）的规定，经营状况较好且无亏损，财务制度健全，且无重大事故。同时产品应当拥有专利技术，批量生产不少于一年时间。符合上述条件的，再按照"专精特新"的具体分类选择申报类别。在每一类的申报指标上，约有20个细分选项，可以分为三大部分，包括基本指标、必备要素和补充材料。根据每个分类体现的重点，分别赋予分值。例如，拥有发明专利这个细分选项，在"新"这个类别里作为必备要素，具有较高的分值，但在"特"这个分类里却被分类到补充材料，分值较低。这样的设计，首先可以保证考核指标的一致性，然后可以突出每个类别的不同特点，有利于相应的产品的筛选。每个产品的认定有效期为三年。

四、开展多渠道宣传展示

为了优化"专精特新"中小企业的发展环境，提高各级政府以及社会对"专精特新"中小企业的认识，各省市纷纷出台各项举措，加大对"专精特新"中小企业的宣传推广力度。

安徽省在媒体上开辟专刊，对"专精特新"中小企业作专题宣传。在2015年评选的300家"专精特新"中小企业中，挑选75家编印了《新动能——安徽省"专精特新"特辑》，以加大对"专精特新"中小企业品牌的宣传、推广力度。

江苏省在《江苏科技报》开辟宣传专栏，推介宣传"专精特新"产品和企业，介绍他们"创造专精"特新产品的经验。专门组织力量，编印了《中小企业专精特新产品案例选编》，提高"专精特新"产品和企业的知名度，扩大产品品牌影响力。

广西专门开展政策宣传活动，通过举办培训班和在区内主流媒体、单位门户网站、广西投融资网、中小企业网以及中小企业公共服务平台网络，宣传解读国家和自治区扶持小微企业的政策，总结和发掘各地改善营商环境，推广"专精特新"中小企业发展的好经验，提高政策宣传的覆盖率。

天津市积极帮助企业对外开拓市场，组织企业携带"专精特新"产品去参加 APEC 展会、中小企业博览会、民企洽谈会等大型活动，同时编印了"专精特新"产品集，在全国性中小企业会议上进行发送，帮助本市中小企业展示自身产品，提高天津市"专精特新"中小企业及其产品的知名度。

辽宁省积极开展了"专精特新"成果对接会。2011 年和 2012 年，辽宁省连续两年举办"辽宁省中小企业专精特新产品展"和"中国东北及环渤海地区中小企业专精特新产品技术展览洽谈会"，展会推出了 1200 多项最新科技成果，征集中小企业技术难题、技术需求 200 多项进行交流洽谈，签约合作 39 项，成交金额超过 12 亿元。

第三节　促进中小企业"专精特新"发展的经验总结

从各地的具体做法可以看出，各省市高度重视发展"专精特新"中小企业，通过发布支持性政策文件，开展专项行动，制定认定办法，多渠道宣传展示等方式，对"专精特新"中小企业的发展予以规范和引导。具体可以分为以下几个方面。

一、设立专项资金

通过设立专项资金，一是可以直接对"专精特新"中小企业进行支持；二是可以起到杠杆作用，引导和带动更多资金支持中小企业发展。

例如，天津市 2013—2015 年分三批认定 368 个产品（技术），对其中 224

个符合条件的产品（技术）利用天津市中小企业发展专项资金给予9100余万元的资金扶持。

辽宁省截至2015年共认定中小企业"专精特新"产品（技术）2000项，并对重点"专精特新"产品给予了资金扶持。

江苏省经信委于2015年专门安排了1000万元专项资金，在南京和昆山两市开展小微企业信息化服务券试点工作。1000万元的财政补助，共带动信息化服务商和企业信息化投入达4261万元，带动地方政府投入500万元，放大比例约1:5。

深圳市为资助小型微型企业"专精特新"发展，自2012年开始设立扶持资金，重点资助小微企业提升专业化发展水平的新增生产设备、软件等支出，每年提供最高不超过20万元的补助。据统计，2012—2015年间，共资助小微企业361家，资助总额为5539.62万元。

二、培养专门人才

加大对专门人才的培养力度，可以为"专精特新"中小企业的发展提供重要的人才保障。

例如，为帮助创新型中小微企业培育各类人才，深圳市鼓励和支持中小微企业员工参加产业紧缺人才培训计划，累计为创新型中小微企业培育各类人才超过4000人次。

上海市组织优秀的企业家赴世界一流企业学习考察，切实拓展国际视野和战略眼光。同时积极做好企业家服务、引导和管理，支持企业家申报"上海市领军人才"计划，发展党外优秀人士，帮助企业家解决人才落户、职称评定等难题，激发企业家创业创新热情。

安徽省开展"专精特新"中小企业管理人员培训，开展名师大讲堂活动，与北京大学联合开办EMBA总裁研修培训班。

湖南省与北大、清华联合举办企业总裁班、研修班。每年组织一期"北京大学湖南省中小企业高级工商管理研修班"和"清华大学湖南省重点民营及中小企业家领导力提升高级研修班"，目前已经举办7期，共培训企业高级经营管理人才1294人次。

三、拓展融资渠道

为解决"专精特新"中小企业融资难的问题，各省市纷纷采取各项措施，拓展"专精特新"中小企业融资渠道，保证"专精特新"中小企业获得发展所需资金。

例如，上海市深化"百家中小企业改制上市培训"，引导券商、会计师事务所、律师事务所等中介机构与"专精特新"中小企业开展对接服务，支持互联网企业等"四新"企业在各级资本市场上市融资。

安徽省经信委联合省金融办建立了全省中小企业直接融资后备资源库，指导和帮助企业确定直接融资方案，提高"专精特新"中小企业直接融资水平。

广西在各市中小企业服务中心建立"中小企业挂牌上市孵化基地"，选择一批有股权交易意向的"专精特新"中小企业，进入孵化示范基地进行培育，条件成熟后，向股权交易所推荐，开辟了中小企业直接融资新渠道。

青岛市与14家银行合作建立了政府增信、最具融资价值和政府采购贷三类优惠贷款平台，平台利率上浮不超过15%，信用放大比例达30%—60%。2015年，通过这些平台帮助4369家次企业解决低成本融资224亿元。针对企业续贷难题，出台了《关于开展小微企业转贷引导基金试点工作的通知》，财政出资2亿元，投融资机构按1∶4比例配资，成立规模10亿元的小微企业转贷基金，业务启动以来，累计为179家次企业提供转贷资金17.86亿元。

四、组织市场开拓

由相关政府部门牵头，各省市纷纷开展各项活动，如组织"专精特新"中小企业参加中博会、APEC中小企业技术交流会等经验交流活动，同时积极助推"专精特新"中小企业进行市场开拓活动。

例如，广西组织"专精特新"中小企业参加中国国际中小企业博览会、中国农产品加工业投资贸易洽谈会等大型会展，推动区内"专精特新"企业进入政府采购目录，努力帮助企业开拓市场。

黑龙江省充分利用国家以及省级主流新闻媒体、著名网站等宣传渠道，集中专题宣传"专精特新"中小企业及其产品，帮助企业争创国家级、省级名牌产品和国家驰名商标、省市级著名商标。

甘肃省帮助中小企业不断开拓市场，积极组织"专精特新"中小企业参加中博会、APEC 中小企业技术交流会等，为"专精特新"中小企业进行海外拓展提供支持。

五、制定认定标准

为进一步增强对"专精特新"企业指导的针对性，各地方政府纷纷出台各自的认定标准，从不同的角度对"专精特新"进行认定。

第一，通用标准。通用标准一般以企业营业收入以及营业收入增长率为指标。例如，宁夏对于"专精特新"企业的认定标准为在区内登记注册两年以上，具有独立法人资格；上年度营业收入达到 1000 万元以上（生产性服务业中小企业可适当降低要求），近两年主营业务收入平均增长超过 10%，企业研发投入占主营业务收入的比例高于所在行业平均水平。河北省的认定标准为：年营业收入 1000 万元以上，近两年主营业务收入平均增长率不低于15%。上海市的认定标准为：企业年营业收入不少于 1000 万元，上年营业收入增长率不低于 15%，或连续两年营业收入平均增长率不低于 10%。

第二，专项标准。专项标准各省市一般是通过"专""精""特""新"四个方面进行认定的。"专"是指专注核心业务，具有专业化生产、专业化服务和专业化协作配套的能力。例如，河北省规定"专精特新"企业的主导产品销售收入占本企业销售收入的 60% 以上；"精"是指具备精细化的生产、管理或服务，掌握自主知识产权或先进知识。上海市规定，"专精特新"企业要掌握自主知识产权或先进知识，拥有在有效期内的发明专利 1 项以上（含 1项）、实用新型专利或软件著作权 3 项以上（含 3 项），或者近两年以来经过权威机构认定的市级以上专有技术 1 项以上（含 1 项），R&D 投入占营业收入的比例超过 3%，建立市级院士专家工作站或区（县）级以上企业技术中心、企业工程中心（上述内容符合其一即达标）；"特"是指采用独特的配方、工艺、技术或特殊原料进行研制生产，产品或服务具有独特性、独有性、独家生产的特点。河北省规定，"专精特新"企业研发投入占销售收入的比例要高于2.5%；"新"是指开展技术创新、管理创新和商业模式创新，通过行业的交叉融合提供新的产品和服务。同时还规定，"专精特新"企业要在技术、管理和商业模式上有所创新和突破，即采用现代信息技术，发展行业交叉融合的新型业态。

第三，其余标准。其余标准包括，在申请认定或复评过程中不能提供虚假信息；近三年不能发生过安全、质量事故；环境达标，未发生过环境污染事故；无偷税、漏税行为以及无其他违法违规行为等。

第四节 中小企业"专精特新"发展存在的瓶颈

一、缺乏统一认定标准

为了更有针对性地对"专精特新"中小企业进行扶持，各省市纷纷出台各自的标准，对"专精特新"中小企业进行认定。调研发现，地方性认定标准存在以下问题：一是由于各地均是自行制定认定标准，认定标准存在差异，个别省份甚至差异很大，不利于对"专精特新"中小企业进行全国性的统一管理；二是今后如果出台国家级的针对"专精特新"中小企业的优惠扶持政策，对于地方政府评出的地方级"专精特新"中小企业无法实现与之对接。

二、政策扶持力度不足

中小企业走"专精特新"发展之路，是建设创新型国家的重要抓手。调研中发现，引导政策仍需加力：一是国家层面的"专精特新"中小企业政策缺失；二是已出台的地方政策中，资金、补贴等差异较大；三是对"专精特新"产品的宣传和市场开拓重视仍然不够，方式方法亟待创新。宣传措施多依赖报纸、宣传册等传统手段，对于新一代信息技术应用较少，宣传的传播范围和传播速度均受到制约，缺乏持久的影响力。

三、大企业带动作用发挥不足

例如，德国的大企业采取举办车间现场的方式，对与之合作的中小企业，有针对性地进行内部培训。在我国，大企业对中小企业带动作用不足。首先，大企业与中小企业的合作意愿较弱，大企业从自身利益出发，更愿意与具有资金、技术等资源或渠道优势的其他大企业进行合作；其次，缺乏相应的鼓励大企业与中小企业合作的激励手段，如融资、土地、租赁等方面没有相关优惠政策；最后，缺乏沟通机制，对于大企业来说，在哪些方面以及如何与中小企业开展合作，需加强沟通指导。

第五节　进一步促进中小企业"专精特新"发展的政策建议

为更好地贯彻工信部《关于促进中小企业"专精特新"发展的指导意见》，做好与"中国制造2025"战略的有效对接，为供给侧改革提供抓手，进一步发挥我国中小微企业，尤其是"专精特新"中小企业的创新活力，应当从以下几个方面入手进一步促进我国"专精特新"中小企业的发展。

一、公布国家级"专精特新"中小企业名录

公布国家级"专精特新"中小企业名录。各级地方政府进行上报，从各省认定的省级"专精特新"中小企业中，每年审核一批国家级"专精特新"中小企业进行授牌。对于审核通过的"专精特新"中小企业，给予一定的政策扶持，充分发挥示范企业的引领带动作用。

第一，建立国家级"专精特新"中小企业认定标准。对于认定标准，可以参考地方做法，分为通用标准，专项标准和其余标准。通用标准以营业收入为主指标，以营业收入1500万以上为标准，辅以营业收入增长率指标，以上年平均增长率不低于20%为限；专项指标以"专""精""特""新"为标准，可以重点聚焦在"专""精""特"上。"专"的具体要求是企业的主导

产品销售收入占本企业销售收入的 65% 以上，"精"的具体要求是掌握自主知识产权或先进知识，拥有在有效期内的发明专利 2 项以上（含 2 项）、实用新型专利或软件著作权 4 项以上（含 4 项），或者近两年以来经过权威机构认定的省市级以上专有技术 2 项以上（含 2 项），"特"的具体要求是企业研发投入占销售收入的比例要超过 5%。其余标准包括在申请认定或复评过程中不能提供虚假信息；近三年未发生过安全、质量事故；环境达标，未发生过环境污染事故；无偷税、漏税行为以及无其他违法违规行为等。

第二，建立国家级"专精特新"中小企业数据库。对于符合国家级"专精特新"认定标准的中小企业，建立专门的数据库进行收录，收录后的信息对社会进行公开，方便进行检索和查询。

二、加强"专精特新"中小企业与大企业对接

深化产业链合作，支持"专精特新"中小企业参与国资国企改革，与大型企业形成产业链，推动产业集群和创新能力的提高。可以充分利用"创客中国"平台，发挥其优势，将"专精特新"中小企业融入产业链当中，深化其与大企业之间的合作。

第一，增强协作意识。首先大企业要有引领意识。对于大企业，要增强其对与中小企业合作，尤其是与"专精特新"中小企业合作重要性的认识。大企业集中优势力量发展自己的核心产品环节，其余交给中小企业。其次，对于"专精特新"中小企业要发扬"工匠精神"，要坚持精益求精，要甘于做配套环节和支撑环节，专注于产业价值链的某个或少数几个环节，对某一产品、零部件或某一服务进行深入钻研，在某一环节上以专而精取胜。

第二，强化集聚效应。各地方政府应当以地区发展优势为基础，在充分考虑市场容量、行业关联度和地方长期发展规划的基础之上，以省市乃至区县为单位，发展各自的重点产业，尤其要着力构建一批集聚效应强、整体规模大、具有广泛影响力的产业聚集区。各个产业聚集区尤其要注重产业链上下游企业的引进，在大中小微企业错位引进的基础上，对于配套环节，更多地倾向于引进中小企业，实现产业聚集区内大中小微企业的协同发展，尤其应当鼓励"专精特新"中小企业入驻产业聚集区。

第三，推进产业协作融合。改善产业协作环境，从资金方面给予支持，推进大中小企业产业协作的深度融合。对于生态链构建效果好，融合程度高的园区，政府给予奖励支持，包括充分享受融资、土地、租赁等方面的优惠政策。发挥中小企业专项资金的导向作用，重点支持在协同配套中表现突出的企业、园区以及地区。

第四，提高产业协作效率。积极引进和培育在各行业中关联度大，带动性强的龙头企业，充分发挥其带动作用。鼓励行业领先企业采用各种灵活方式，对其上下游配套企业尤其是中小企业进行重组改造，为改造过程提供技术、人才、设备、资金、管理等方面的支持。同时鼓励龙头企业优先选择与本地的中小企业，尤其是"专精特新"中小企业开展合作，将相关的配套环节委托给中小企业进行经营管理，带动和促进中小企业发展。

三、进一步加大"专精特新"中小企业的宣传推广力度

加大对"专精特新"中小企业的宣传力度。以信息化为突破口，坚持整合各方力量，多维度构建网络信息交流平台，对"专精特新"中小企业进行全方位的宣传推广。

第一，强化宣传引导，发挥企业市场主体作用。坚持政府引导、市场主导，明确政府与市场的边界，形成"政府营造环境、企业主动发展"的格局。一是利用各种媒体和理论刊物，加大对"专精特新"中小企业的宣传，为中小企业"专精特新"发展营造良好的氛围。二是依托工信部信息中心网站、创客空间、中小企业信息网等信息平台，发布相关认定信息，对审核认定企业进行宣传，提升影响力，同时编印"专精特新"中小企业名录，辑印成册向社会推介。

第二，组织相关的经验交流会，促进"专精特新"中小企业之间的交流、学习、合作，引导企业发挥市场主体作用。即"专精特新"中小企业除了可以选择与龙头企业进行合作外，还可选择和其他"专精特新"中小企业进行合作，共同研发新产品。

第八章　中小企业公共服务平台网络发展研究

受自身因素和市场环境波动的影响，中小企业普遍面临创业难、发展难、融资难，缺技术、缺人才、缺管理的"三难三缺"等问题。特别是当前中国经济步入"三期叠加"的新常态，中小企业无法完全依靠市场的力量去解决这些问题，急需突破发展瓶颈，因此高效优质的公共服务供给成为破题开路的重要抓手。目前。我国中小企业公共服务平台网络存在功能定位不清、缺乏整体有效的运营模式等两大问题，进一步明晰政府部门、平台网络、服务机构和中小企业等相关主体关系，将平台网络定位为公益性服务载体，构建政府部门、平台网络、服务机构和中小企业四位一体、协同发展的运营模式尤为必要，未来中小企业公共服务平台网络要进一步强化基础服务功能，促进基础服务资源共享，扩大基础服务覆盖面，积极拓展基础服务。

第一节　研究背景

中小企业是促进我国国民经济和社会发展的重要力量，促进中小企业发展，对于促进科技创新、提供就业岗位、满足社会需要具有重要作用。然而受自身弱质性和市场环境波动的影响，中小企业普遍面临创业难、发展难、融资难，缺技术、缺人才、缺管理的"三难三缺"等问题。特别是当前中国经济步入"三期叠加"的新常态，中小企业无法完全依靠市场的力量去解决这些问题，急需突破发展瓶颈，因此高效优质的公共服务供给成为破题开路的重要抓手。

针对目前广大中小企业普遍面临的资源碎片化、公共服务碎片化等问题，2011 年工业和信息化部和财政部启动了中小企业公共服务平台网络（以下简称"平台网络"）建设，"计划用 3—5 年时间，建成全国中小企业公共服务平台网络"。为全国中小企业打造全方位、一站式、综合性的公共服务平台。平台以服务广大中小企业、促进中小企业健康、可持续发展为重要使命，以中小企业实际需求为导向，提供各类适用于中小企业的高水平、高效率服务。平台在开通运营初期，"基本形成信息通畅、功能完善、服务协调、资源共享、供需对接便捷、具有较强社会影响力的中小企业服务体系"，取得了显著成就，为中小企业提供了全方位的支持和帮助。在取得显著成效的同时，各地方平台网络在运营过程中也存在很多不足之处，因此，本书重点围绕我国中小企业公共服务平台网络的定位及运营模式展开，分析平台网络在定位及运营模式方面存在的主要问题，明晰平台网络的功能定位和相关主体关系，构建整体有效的运营模式，然后提出中小企业公共服务平台网络进一步发展的政策建议，期望能为下一阶段我国中小企业公共服务平台网络相关工作的推进和完善提供有益的参考。

第二节　中小企业公共服务平台网络运营存在的突出问题

各地方中小企业公共服务平台网络在运营过程中存在很多不足之处，比如，平台网络运营的绩效考核机制尚未建立，运营绩效无法得以体现，难以通过科学系统的运营绩效评价指标体系来真实地反映中小企业公共服务平台运营状况；平台公共服务重点不突出，没有充分发挥枢纽平台政策资源丰富等优势，未形成吸引中小企业的精品服务等。但是最为突出和紧迫的有以下两个方面。

一、平台网络的功能定位不明晰，相关主体关系不明确

平台网络整体功能定位不明晰，枢纽平台、区县窗口平台和产业集群平台之间职责不清，管理职能重合，枢纽平台既是服务管理方，负责监督、管理窗口平台和合作机构，又是服务执行方，负责帮助企业对接具体的服务需求。在实践过程中，服务对象无法统一，功能不够明确，导致枢纽平台工作

重点不清，既要"掌舵"，又要"划桨"，"越位"与"缺位"并存，枢纽平台、窗口平台与合作机构之间联系松散，难以形成合力。

二、缺乏整体有效的运营模式，难以解决平台网络公益性与营利性目标之间的冲突

中小企业公共服务平台网络在公益性与营利性之间的平衡，既要体现政府创建平台、服务中小企业的公益性要求即提供大量优质、免费性公共服务，又要解决作为市场化主体追求营利性要求即能够自负盈亏、自我发展的问题。平台网络的双重使命决定了公益性与营利性目标的平衡机制尚需持续探索。

第三节　中小企业公共服务平台网络的功能定位

根据工信部统一部署要求，各地方中小企业公共服务平台网络是由一个统筹全省（市、自治区）服务资源的服务平台（以下简称"枢纽平台"）与若干个"窗口"服务平台（服务平台、产业集群服务平台）共同构成的服务平台网络，通过互联互通、信息共享、资源统筹、功能互补、服务协同，为中小企业提供线上信息、人才培训、技术创新、创业服务、市场开拓、管理咨询、投融资服务和法律等服务。

一、中小企业公共服务平台网络整体定位

（一）整体属性定位：提供公益性服务的载体

平台网络在工业和信息化部的指导下建立，公益性是其核心的属性定位。平台网络依托互联网信息化手段，整合政府、各类合作服务机构等服务资源，将线上信息、人才培训、技术创新、创业服务、市场开拓、管理咨询、投融资服务和法律等方面的资源进行聚合，为中小企业提供公共服务，实现互联互通、服务协同。

（二）平台网络是政府服务中小企业的重要依托

各地方中小企业主管部门负责指导和监督平台网络的运营，运用财政资

金保障平台网络的整体运营，采取财政补助的方式保障平台网络的日常运行和维护，以向平台网络购买服务的方式为中小企业提供线上信息和线下活动等基础服务，对于阶段性的，如法律服务、知识产权等重点支持工作，政府借助平台网络以财政补贴方式向中小企业直接发放公共服务券，落实相关的中小企业服务政策，优化中小企业发展环境，实现政府支持中小企业发展的政策目标。针对平台网络的运营效果，政府开展绩效评价，建立绩效考核机制，定期对平台服务绩效进行考核，明确奖惩机制。

平台网络是政府中小企业公共服务体系的重要组成部分。平台网络将政府公共服务触角延伸至中小企业，响应实施政府支持中小企业发展的各项政策，收集上报中小企业运行监测数据，同时平台网络是了解中小企业诉求的重要渠道。

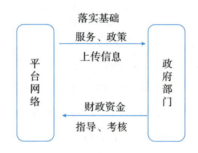

图8-1 平台网络与政府部门关系

（三）平台网络是为中小企业提供公共服务的重要载体

平台网络为中小企业直接提供线上信息和线下活动等基础服务，集聚中小企业服务资源，将政府的公共服务和重点支持领域的优惠政策送达到中小企业。中小企业作为平台网络的服务对象，是促进平台发展的重要角色。中

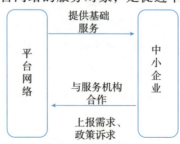

图8-2 平台网络与中小企业关系

小企业免费获取平台网络提供的基础服务，利用平台网络的线上信息和线下活动完善自身发展，通过平台与服务机构建立合作关系，同时将基础服务的政策诉求上报平台网络。

（四）平台网络是整合中小企业服务机构的桥梁和纽带

平台网络通过信息化手段，集聚线上信息、人才培训、技术创新、创业服务、市场开拓、管理咨询、投融资服务和法律等方面的服务机构，为服务机构和中小企业之间合作搭建桥梁，通过平台对接撮合服务机构与中小企业的联系，缩短服务机构与中小企业距离，降低服务成本；通过对服务机构的指导与监督，定期考核合作服务机构，实行合作服务机构有进有出的竞争机制，提升服务质量；发挥政府平台网络的增信作用，推动合作服务机构的业务开展。

各类中小企业服务机构通过平台网络将自身的优势服务能力和资源传递给中小企业，按照平台网络的要求为中小企业提供各类专业化服务。平台网络按照既定的标准和条件筛选各类服务机构入驻平台，并对服务机构服务效果定期实施考核，形成优胜劣汰的竞争机制，确保将一流的服务资源对接给中小企业。

图 8-3　平台网络与服务机构关系

从整体上讲，中小企业公共服务平台网络是为中小企业提供公益性服务的载体，公益性是平台网络的核心属性定位，平台网络是政府服务中小企业的重要依托，是为中小企业提供基础服务的重要载体，是整合中小企业服务机构的桥梁和纽带，为中小企业接受公共服务提供重要保障。

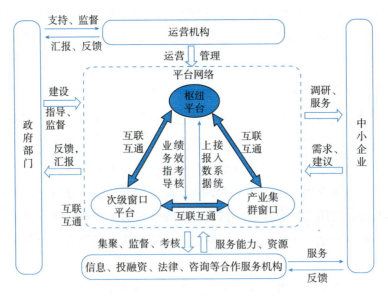

图8-4 平台网络各主体总关系图

二、枢纽平台与窗口平台定位

从中小企业的整体发展情况看，平台网络的枢纽平台作为平台网络的总部与指挥中心，集聚整合服务机构和中小企业信息和资源，将各类资源下达到窗口平台，统筹线上信息等基础服务供给，实现中小企业公共服务的信息共享，管理和指导窗口平台的业务开展，负责在窗口平台间协调并配置跨区域公共服务资源，制定服务标准并推进标准执行，搭建信息化基础设施并进行运维和技术支持，塑造平台整体形象并推广平台品牌。

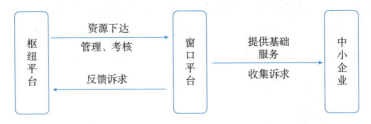

图8-5 枢纽平台与窗口平台关系

平台网络的窗口平台直接对接中小企业，把握中小企业服务需求，将平台网络的线上信息和线下活动等基础服务功能向中小企业输送。同时，集聚并整合区域、产业内的各类服务资源，向枢纽平台推介，由枢纽平台向整个平台网络推广。此外，窗口平台还负责接收中小企业反馈与诉求，向枢纽平台反映与传递。

（一）枢纽平台定位

平台网络的枢纽平台由"中小企业公共服务平台（集群）网站、公共服务平台网络运营管理系统、共享数据资源中心、电话及在线呼叫中心、平台网络运营管理服务大厅"五部分构成。

1. 集聚平台资源的主动脉

利用现代信息化手段，枢纽平台统筹窗口平台、重点产业集群窗口平台，汇聚政府涉企服务部门资源、专业服务机构资源为中小企业服务，奠定平台网络资源共享、服务协同的基础。

2. 提供技术支撑的总节点

枢纽平台依托较强的信息技术优势，承担在线服务和呼叫服务系统、服务平台网络运营管理系统和共享数据资源中心的开发、运行、优化和维护工作，为平台网络运营提供信息技术支撑。

3. 保障体系运行的总指挥

枢纽平台建立平台网络体系的运营机制、制度安排、绩效考评、激励奖惩等机制，把控平台网络体系有效运营，激发平台网络体系整体活力，为实现平台网络的互联互通、协同服务提供制度机制保障。通过制度与流程的约束对窗口平台的工作组织与对外服务进行管理、指导。

4. 制定服务标准的总引领

枢纽平台制定平台网络的服务标准，包括平台网络体系内部各层级、各部门、各机构间的工作制度与工作流程，以及平台网络各层级面向中小企业服务的服务规范等。在制定服务标准与规范的基础上，枢纽平台负责在平台网络内部进行标准与规范的推动实施与执行。

（二）窗口平台定位

窗口平台直接对接中小企业，是平台网络的服务触角。

1. 区域资源协同发展的推动者

窗口平台推动区域涉企部门服务资源共享机制的建立和完善，促进政府资源共享；积极推进域内重点产业集群窗口平台服务合作建设，促进不同服务机构资源的服务协同；收集、上传域内中小企业服务需求，积极搭建域内中小企业与服务机构之间的信息桥梁，不断提升平台网络的社会影响力。

2. 推进平台网络发展的重要节点

窗口平台作为平台网络的分支，促进平台网络在不同层级间的相互呼应、互联互通格局的实现，与枢纽平台共同构成全市中小企业公共服务平台网络整体构架，充分发挥平台网络对服务机构资源的带动和引领作用。

第四节　中小企业公共服务平台网络的运营模式

健康长效的运营模式是平台网络稳定运行、可持续发展的重要保障，是破解中小企业公共服务"最后一公里"难题的关键。平台网络的运营模式应解决以下三方面问题：一是平台的资金来源。这是平台网络可持续地提供基础服务的基础，构建多主体参与、多方共赢的"造血"机制是未来平台网络长效运营的关键；二是有效的基础服务供给。平台网络集聚信息、投融资、法律等多方面资源，为中小企业提供线上信息和线下活动等基础服务，这种供给机制的有效性有三个前提条件：1. 确定平台网络的整体定位，2. 明确基础服务与市场化服务的边界，3. 提升平台网络自身服务能力；三是科学的绩效评价体系。政府对平台网络提供的基础服务开展绩效评价，可以提高基础服务的质量和财政资金的使用效率。

一、中小企业公共服务平台网络整体运营模式

公益性是平台网络的整体属性定位，公益性的具体表现形式是平台网络向中小企业提供基础服务。与市场化服务不同，线上信息和线下活动等基础服务是政府公共服务职能的延伸，政府通过向平台网络购买服务的方式为中小企业提供公共服务，这种方式的核心问题在于三点："买什么""如何买"和"买的效果如何"。"买什么"要求必须厘清基础服务与市场化服务的边界，对基础服务进行界定和分类；"如何买"要求明确政府以何种形式向平台

网络购买基础服务；"买的效果如何"要求政府对平台网络提供的线上信息和线下活动等基础服务进行科学合理的绩效评价。

因此，平台网络整体运营模式为：政府以定向委托、服务外包等形式向平台网络购买公共服务，平台网络集聚信息、投融资、人才培训、创业、技术创新、质量检测、管理咨询、市场开拓和法律等多方面服务资源，为中小企业提供线上信息和线下活动等基础服务，政府建立绩效评价体系，定期对平台网络提供的基础服务进行绩效考核，依据考核结果，给予平台网络相应的财政激励，对于考核结果不合格者责令平台网络限期整改，通过"购买服务—绩效评价—激励约束"的动态循环机制来提升中小企业公共服务质量，提高财政资金使用效率，保证平台网络服务能力的提升。除了平台网络直接提供的基础服务外，在政策引导和政府重点支持领域，政府采取直接向中小企业发放公共服务券等财政补贴的方式，借助平台网络实现服务中小企业的政策目标，同时政府采取财政补助的方式支持平台网络的日常运维。平台网络在未来条件成熟的情况下，可以向中小企业推进市场化深度服务，优化服务结构。

根据平台网络运营模式中资金、信息、服务三要素，可以将平台网络整体运营模式分解为财政出资购买基础服务、平台网络提供基础服务、基础服务绩效考核三个核心环节。线上信息和线下活动等基础服务具有公益性，平台网络提供基础服务的成本，需要政府以购买服务的方式来弥补，

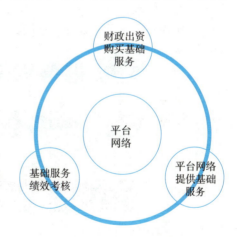

图 8 - 6　平台网络三种次级模式运行图

对于财政出资购买的基础服务，政府须进行绩效考核，考核的结果决定下一年度财政资金的支持力度。

（一）财政出资购买基础服务

政府采取财政资金前补助的方式分年度支持平台网络基础设施管理（包括基础设施日常管理与维护、硬件设备日常管理与维护）、平台网络系统运维

（包括系统建设、系统运维）等，政府以定向委托、服务外包等形式向平台网络购买中小企业基础服务。

图8-7 平台网络财政出资模式

（二）平台网络提供基础服务

政府向平台网络购买的服务就是平台网络为中小企业直接提供的基础服务，平台网络通过枢纽平台和窗口平台对中小企业全面开放，中小企业可以通过平台网络直接免费获取基础服务，这些基础服务包括线上信息服务和线下活动服务两大类，具体涵盖信息、投融资、人才培训、创业、技术创新、质量检测、管理咨询、市场开拓和法律等多个领域，通过平台网络的集聚效应，真正实现中小企业基础服务的快速、精准供给。

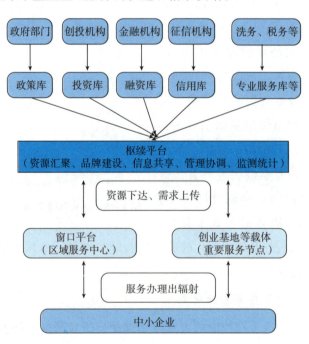

图8-8 平台网络公共服务输出流程图

（三）基础服务绩效考核

政府对平台网络提供的基础服务进行绩效考核方式有两种：一是政府向平台网络下达基础服务任务，并对基础服务绩效进行审核；二是平台网络上报年度基础服务计划，政府进行审批。各地方政府中小企业主管部门联合财政部门建立平台网络绩效考核机制，根据枢纽平台和窗口平台不同的定位和功能，分别设计绩效指标评价体系，定期对各级平台服务绩效进行考核，依据考核结果，给予平台网络相应的财政激励；考核结果不合格者责令平台网络限期整改，通过绩效考核进一步优化平台网络的运行绩效。

综上分析，根据中小企业公共服务平台网络实际运营情况，保障平台网络可持续地长效运营的两个关键抓手在于：一是要理清明确政府向平台网络购买的基础服务与市场化服务之间边界，二是要构建基础服务有效供给的绩效评价体系。

二、政府向平台网络购买基础服务的界定及分类

为了进一步厘清平台的服务职责，有效集中服务资源，提高服务效果，有必要对中小企业所必需的公共服务进行仔细甄别和梳理，作为平台今后开展服务的基本依据。以工信部《中小企业公共服务平台网络共享数据指标目录和设计细则（2014年版）》和《关于加快推进中小企业服务体系建设的指导意见》（工信部联企业〔2011〕575号）相关要求为标准，结合中小企业实际情况，将平台网络提供的中小企业公共服务进行界定及分类，厘清公共服务边界，促进服务质量和效益的显著提升。

中小企业所需服务分为两类，基础服务和市场化服务。平台网络提供的基础服务是政府公共服务职能的延伸，"基础服务"是指平台网络能够直接向中小企业和有关专业服务机构提供的，具有政府公共产品和服务属性的各类服务的总和，以及枢纽平台为使平台网络能够达到提供上述服务功能所必须提供的管理运营和维护服务，并且上述服务的成本费用由财政资金以提供平台网络运营经费的方式承担。

结合工信部规定的信息服务、投融资服务、创业服务、人才与培训服务、技术创新与质量服务、管理咨询服务、市场开拓服务、法律服务等八大类服

务，将中小企业公共服务平台网络提供的基础服务分为线上信息服务和线下活动服务两大类。

（一）线上信息服务

线上信息服务的重点在于中小企业公共信息的共享，具体包括两部分，一是中小企业政策信息，二是中小企业服务资源信息。

1. 中小企业政策信息：搜集、整理国家、各省市自治区关于企业经营、中小企业扶持等方面的政策、法律法规、意见、指导意见、实施细则、办法、决定、规划、行动计划等各类政策、行政法规，抽取关键词，形成中小企业政策法规信息库，并持续维护及更新，以支撑中小企业在平台上以"税收""人才""投资""合同法""商标法""专利法"等政策法规范围为关键词，或以"某产业"为关键词完成政策法规查询。同时，如政策发布部门同时发布了政策法规解读，进行信息转载；如政策法规发布部门尚未发布政策法规解读，则针对中小企业疑问较多的政策法规，邀请相关领域的平台合作专家，对政策、法律法规进行解读，在平台上进行发布。

2. 中小企业服务资源信息：服务资源信息包括工信部提出的平台网络八大类、46 项基础服务，其中：信息查询服务 8 项（法律法规信息查询、政策信息查询、技术信息查询、标准信息查询、人才信息查询、专家信息查询、服务机构查询、价格行情查询等服务），投融资信息服务 10 项（银行信贷服务、信托服务、基金服务、小额贷款、金融租赁、信用征集与评价、担保服务、融资信息、投融资推介和对接、股权融资服务等信息），创业信息服务 4 项（提供创业信息、创业辅导、创业场地、事务代理等信息），人才与培训信息服务 8 项（人才服务、技能评级、职业中介、员工培训、技术和创业培训、人力资源培训、信息化培训、财税管理培训服务等信息），技术创新和质量信息服务 7 项（技术咨询、知识产权、技术转移和成果转化、创新资源共享、管理信息化服务、研发设计信息化服务、信息化应用服务等信息），管理咨询信息服务 3 项（税务服务、会计服务、审计服务等信息），市场开拓信息服务 2 项（国内外经济技术交流与合作、应用电子商务服务等信息），法律信息服务 3 项（法律诉讼、法律援助、法律文件代理等信息）。

通过自建、与合作服务机构共建或其他方式获取信息渠道源，提供基础信息服务内容，通过网站、微信、APP 等方式进行展示并提供查询检索功能，通过微信、手机报、服务手册等方式主动推送。

线上信息服务具体内容见表 8 – 1。

表 8 – 1　线上信息服务内容

序号	服务项目	服务分类	所属服务类别	工作内容描述
一	政策信息（2项）	政策查询与解决服务（2类）		
1	中小企业相关政策法规查询	政策法规查询	基础信息服务	搜集、整理国家、各省市自治区关于企业经营、中小企业扶持等方面的政策、法律法规、意见、指导意见、实施细则、办法、决定、规划、行动计划等各类政策，抽取关键词，形成中小企业政策法规信息库，并持续维护及更新。
2	中小企业相关政策法规解读	政策法规解读	基础信息服务	针对中小企业疑问较多的政策、法律法规，邀请相关领域的平台合作专家，对政策、法律法规进行解读，在平台上进行发布。
二	服务资源信息（11项）	信息服务（8类）		
3	国家、各省市自治区中小企业相关政策信息查询	政策信息查询	基础信息服务	1. 梳理涉企特别是涉中小微企业的政策、措施，形成政策数据库，并进行持续更新和管理；2. 完成平台网站政策版块改版，方便企业查询、检索；3. 通过呼叫中心、手机报、网站、微信等渠道进行政策信息推送服务，对政策信息进行宣传。
4	平台服务产品和政府采购服务产品信息查询	产品信息查询	基础信息服务	1. 建立包含各服务类别的服务产品信息库，展示产品特点、收费标准、服务资质等信息，使用户可在线进行申请。2. 制定服务产品审核标准，审核服务产品内容的完整性和正确性。
5	招聘会信息查询	人才信息查询	基础信息服务	1. 采集并编辑各地人才市场、相关合作机构及网上发布的招聘会信息，发布至平台网络系统招聘会栏目，确保招聘会信息的多样性和及时性。2. 通过呼叫中心、手机报、网站、微信等渠道对热点招聘会信息进行推送服务。

续表

序号	服务项目	服务分类	所属服务类别	工作内容描述
6	展会信息查询	市场信息查询	基础信息服务	1. 采集全国重大及各大展会信息，发布至平台网络系统。2. 通过呼叫中心、手机报、网站、微信等渠道对热点展会信息进行推送服务。
7	平台咨询专家信息查询	专家信息查询	基础信息服务	1. 通过平台网络系统、微信、手机报、电话邀请等渠道进行专家的征集；2. 建立专家信息库。明确专家的咨询服务的业务能力覆盖范围；3. 将专家相关信息录入基础数据库；网上展示专家的服务领域和主要成就等信息；4. 维护并管理专家资源，包括会议组织、值班安排等；5. 为企业和个人提供专家信息查询，提供可沟通渠道。
8	平台合作服务机构和政府采购服务机构查询	服务机构查询	基础信息服务	1. 建立包含各服务领域的服务机构信息库，在平台网络系统按服务类别展示服务机构信息；2. 对注册服务机构进行审核，确保服务机构信息的完整性和正确性。
9	诚信企业信息查询	企业信息查询	基础信息服务	1. 形成诚信企业基础数据库，并进行持续更新和管理；2. 开发诚信企业宣传页面，对诚信企业进行宣传。
10	各类项目申报、活动信息查询	其他信息服务	基础信息服务	1. 采集并发布各种资金申报、项目申报信息，方便企业查询；2. 采集并发布窗口平台及其他涉及中小微企业的活动信息，方便企业查询；3. 通过呼叫中心、手机报、网站、微信等渠道进行重要信息推送服务，对相关内容进行宣传。
11	各类活动的线上直播、回看与互动交流		基础信息服务	1. 将平台举办的各类现场活动进行录制、剪辑，在平台网站进行发布，方便企业回看；2. 完善线上培训回看系统；3. 开发线上直播界面。
12	创业场地信息查询		基础信息服务	1. 与场地方建立紧密联系，逐步归集创业场地信息，搭建创业场地数据库，场地类型包括孵化器、产业园、创客空间等；2. 开设创业场地信息模块，方便企业查询、检索；3. 通过呼叫中心、手机报、网站、微信等渠道进行政策信息推送服务，对创业场地信息进行宣传。
13	信息服务机构对接		服务对接、交易撮合	通过呼叫中心、网站、微信、在线 ICC、QQ 群等渠道受理企业信息服务相关需求，根据服务机构和服务产品特点，为其推荐合格的服务机构和服务产品。

（二）线下活动服务

线下活动服务主要是指围绕投融资、创业、人才培训、技术创新、管理咨询和市场开拓相关的一系列宣讲、培训、沙龙、路演及其他活动。这里线下活动的内涵是广泛的，平台网络从创意策划、流程设计、材料制作、宣传推广、监督执行、效果评估等多角度协调平台资源，进行各类活动的策划与组织，确保活动整体效果。主要包括：

1. 经营管理培训

依托工信部"中小企业领军人才"培养计划、国家中小企业银河培训工程，以中小企业需求为策划依据，邀请合作服务机构或平台专家作为培训人，组织与中小企业经营管理相关各领域的培训活动，包括技术和创业培训、战略管理培训、人力资源培训、信息化培训、财税管理培训等。

2. 深度交流与洽谈

面向中小企业，集聚同领域企业、同阶层管理者、同类型专业人员策划并组织形式多样的交流与商务洽谈活动，如 CEO 闭门会、私人董事会、企业信息化应用专题沙龙、企业内部管理观摩等形式；组织窗口平台工作交流活动，促进窗口平台之间的资源互通与资源对接。

3. 优质产品服务展示体验

在平台服务大厅体验区或其他展览展示场所，对中小企业生产的优质产品及服务进行集中推介、展示，供消费者或机构进行参观、体验，利用平台的聚合能力，帮助中小企业进行品牌、产品及服务推广。

4. 提供政策宣讲

定期举办"政策通"系列培训，以政策公开课、政策解读会等形式，邀请合作服务机构、政府主管部门、相关领域专家进行政策讲解；开展"政策宣传月"活动，把政策宣讲带进窗口平台、小企业基地，为中小企业普及政策知识。

5. 投融资推介和对接

把"有市场、标准化高、配合度高"作为金融产品筛选标准，重点开展债券类、股权类业务，带领主流的商业银行、担保公司、融资租赁公司走进区县窗口和孵化器，批量开展业务对接工作。

6. 服务机构与中小企业的对接撮合活动

根据中小企业切实需求，立足平台服务中小企业发展的根本目标，灵活地为中小企业量身策划、组织各类活动，包括组织服务机构与中小企业的对接撮合、举办各类中小企业相关赛事等活动。

具体的线下活动服务内容见表8-2。

表8-2　线下活动服务内容

序号	服务项目	服务分类	所属服务类别	工作内容描述
一	投融资服务（2项）	投融资服务（1类）		
1	组织投融资路演、沙龙会	投融资推介和对接	基础公共活动（含培训等）	
2	投融资推介和对接		服务对接、交易撮合	通过呼叫中心、网站、微信、在线ICC、QQ群等渠道受理企业信息服务相关需求，根据服务机构和服务产品特点，为其推荐合适的服务机构和服务产品。
二	创业服务（4项）	创业服务（4类）		
3	代办工商注册服务	工商登记等政务代理	服务对接、交易撮合	1. 向平台合作机构争取代办工商注册服务免费名额；2. 开发统一宣传页面；3. 通过呼叫中心、手机报、网站、微信等渠道进行宣传；4. 组织合作机构免费为企业提供工商注册代办，企业核名、工商设立、代理刻章等服务，协调过程中出现的问题；5. 数据统计汇总分析。
4	创业场地推介和对接	创业场地	服务对接、交易撮合	通过呼叫中心、网站、微信、在线ICC、QQ群等渠道受理企业创业场地选址相关需求，根据场地提供机构和空余场地特点，为其推荐合适的场地信息。

续表

序号	服务项目	服务分类	所属服务类别	工作内容描述
5	税务登记和代理记账	事务代理	服务对接、交易撮合	1. 向平台合作机构争取税务登记和代理记账服务免费名额；2. 开发统一宣传页面；3. 通过呼叫中心、手机报、网站、微信等渠道进行宣传；4. 组织合作机构为企业免费提供国税地税报道，记账凭证、账套录入、出具报表、网上申报等服务，协调过程中出现的问题；5. 数据统计汇总分析。
6	创业服务机构对接	其他创业服务	服务对接、交易撮合	通过呼叫中心、网站、微信、在线ICC、QQ群等渠道受理企业创业服务相关需求，根据服务机构和服务产品特点，为其推荐合适的服务机构和服务产品。
三	**人才与培训服务（7项）**	**人才与培训服务（6类）**		
7	代办人力资源服务	人才服务	服务对接、交易撮合	1. 向平台合作机构争取代办人力资源服务的免费名额；2. 开发统一宣传页面；3. 通过呼叫中心、手机报、网站、微信等渠道进行宣传；4. 组织合作机构免费为企业提供社保开户、公积金开户等服务，协调过程中出现的问题；5. 数据统计汇总分析。
8	技术和创业培训组织	技术和创业培训	基础公共活动（含培训等）	1. 组织合作机构开展相关主题基础培训；2. 与社会专业培训机构建立联系，组织专业培训机构开展针对中小微企业的课程设计。
9	人力资源培训组织	人力资源培训	基础公共活动（含培训等）	
10	信息化培训组织	信息化培训	基础公共活动（含培训等）	
11	财税管理培训组织	财税管理培训	基础公共活动（含培训等）	
12	政策培训组织	其他人才与培训服务	基础公共活动（含培训等）	
13	人才服务机构对接		服务对接、交易撮合	

续表

序号	服务项目	服务分类	所属服务类别	工作内容描述
四	技术创新与质量服务（1项）	技术创新与质量服务（1类）		
14	技术创新和质量服务机构对接	其他技术创新和质量服务	服务对接、交易撮合	通过呼叫中心、网站、微信、在线ICC、QQ群等渠道受理企业技术创新和质量服务相关需求，根据服务机构和服务产品特点，为其推荐合适的服务机构和服务产品。
五	管理咨询服务（9项）	管理咨询服务（9类）		
15	专家电话咨询——战略管理咨询	战略管理咨询	基础咨询服务（含答疑、事项受理、反馈、调查等）	1. 建立企业电话咨询、专家电话答疑工作制度和服务流程；2. 通过呼叫中心、手机报、网站、微信等渠道进行宣传；3. 组织专家在各领域通过电话为中小企业答疑解惑；4. 建立评价机制，对专家的服务进行评价。
16	专家电话咨询——财务管理咨询	财务管理咨询	基础咨询服务（含答疑、事项受理、反馈、调查等）	
17	专家电话咨询——人力资源管理咨询	人力资源管理咨询	基础咨询服务（含答疑、事项受理、反馈、调查等）	
18	专家电话咨询——市场营销咨询	市场营销咨询	基础咨询服务（含答疑、事项受理、反馈、调查等）	
19	专家电话咨询——生产运营管理咨询	生产运营管理咨询	基础咨询服务（含答疑、事项受理、反馈、调查等）	
20	专家电话咨询——组织咨询	组织咨询	基础咨询服务（含答疑、事项受理、反馈、调查等）	

续表

序号	服务项目	服务分类	所属服务类别	工作内容描述
21	专家电话咨询——税务服务	税务服务	基础咨询服务（含答疑、事项受理、反馈、调查等）	
22	专家电话咨询——会计服务	会计服务	基础咨询服务（含答疑、事项受理、反馈、调查等）	
23	管理咨询服务机构对接	其他管理咨询服务	服务对接、交易撮合	通过呼叫中心、网站、微信、在线ICC、QQ群等渠道受理企业管理咨询服务相关需求，根据服务机构和服务产品特点，为其推荐合适的服务机构和服务产品。
六	**市场开拓服务（1项）**	**市场开拓服务（1类）**		
24	市场服务机构对接	其他市场开拓和营销服务	服务对接、交易撮合	通过呼叫中心、网站、微信、在线ICC、QQ群等渠道受理企业市场服务相关需求，根据服务机构和服务产品特点，为其推荐合适的服务机构和服务产品。

三、平台网络绩效评价体系设计

为确保完成国家工信部下达的中小企业公共服务平台网络（以下简称"平台"）运营目标和任务，促进中小企业公共服务体系发展，特制定中小企业公共服务平台网络绩效评价方案。

通过对平台运营工作各项任务指标完成情况进行考核，提升平台运营质量、完善服务功能和效果、提高管理水平，保障平台健康发展，更好地整合服务资源向中小企业提供服务，进而打造服务品牌，确保完成平台各项运营工作任务目标。

（一）平台网络绩效评价目标

根据中小企业公共服务平台网络的功能定位，平台运营单位绩效评价工作的目的是加强平台运营管理和服务引导，强化服务的公益性，如实反映平台提供中小企业公共服务的成效和存在问题，改进平台运营管理的薄弱环节，提高平台服务中小企业水平和绩效。中小企业公共服务平台绩效评估的具体目标体现在以下五大方面：

1. 体现国家战略。围绕支持民生工程、服务中小企业的战略部署，大力优化中小企业发展环境；围绕转方式、调结构的国家战略，加大对中小企业转型升级的支持力度；围绕建设资源节约型、环境友好型社会，推动中小企业实现清洁生产，促进经济社会可持续发展。

2. 规范平台管理。加强平台运营指导，完善平台运营管理机制，打造平台区域影响力，健全中小企业数据库、服务专家库等基础设施，强化枢纽平台运营支撑、窗口平台业务指导和重点产业集群平台服务落实，大力推动政府购买公共服务，不断推进中小企业公共服务平台网络运营绩效和服务成效显著提升。

3. 助力企业成长。依托平台网络基础服务的有效实施，各级政府有关中小企业优惠政策得到真正落实，切实解决优惠政策普遍面临的"最后一公里"问题，对中小企业缓解融资难、融资贵、用工难、用工贵以及拓展市场、增强技术实力、提升管理水平等具有重要成效，助力中小企业竞争力不断增强，实现健康发展。

4. 提升社会效益。中小企业公共服务平台网络的社会影响力和品牌号召力得到显著增强，集聚服务资源和中小企业的能力不断提高，同时带动中小企业公共服务水平、优化中小企业发展环境方面的作用逐步显现。

（二）平台网络绩效评价范围

评价范围包括：中小企业公共服务平台网络的"枢纽平台"和"窗口平台"两个层级。

（三）平台网络绩效评价框架

评价方案采用定性、定量相结合的方式对中小企业公共服务平台网络各级平台集聚服务资源、实施基础服务、开展特色服务以及推动政府惠企政策落地、优化中小企业发展环境等方面的工作成效进行整体评价。

1. 评价指标体系制定原则

（1）科学制定原则。指标体系设计应科学合理，能结合各级平台运营发展的实际情况和特点，体现平台网络的设立和运作初衷的要求。

（2）发展导向原则。立足平台网络发展方向与目标，在考核指标设计上，引导各级平台机构实现"资源共享、服务协同"，实现指标体系考核工具与方向引导的功能统一。

（3）系统全面与重点突出原则。考核指标体系应涵盖平台网络各级平台运营的主要工作环节，突出各级平台的功能定位，注重服务深度与广度、基础服务与特色服务、标杆对接与典型示范相结合。

（4）客观、可追溯原则。立足各级平台运营实际，结合功能定位，突出考核重点任务和关键行动的实际绩效，在设置评价指标及指标定量上充分考虑客观可操作性和可追溯性。

（5）易于操作、简明性原则。立足现实条件，从平台网络与各级中小企业公共服务平台工作实际出发，在设置评价指标和指标的数量上，不仅要充分考虑现实可操作性，还需尽量选择最具代表性、最能反映评价要求的绩效评价指标，用较少的指标反映出更多的关键问题。

（6）动态可比性原则。构建指标体系应遵循国际通用做法，并考虑中小企业公共服务平台网络的客观条件和可操作性；数据获取在确保科学性的前提下，应符合成本效益原则，保持数据获取的可行性、稳定性和数据的连续性。

2. 绩效评价指标体系

（1）指标构成

中小企业公共服务平台网络"枢纽平台"运营机构评价指标体系包括：平台基本条件、运营维护支撑能力、服务协同、服务能力、服务效果、可持续发展能力等6个一级指标，19个二级指标以及31个三级指标。

中小企业公共服务平台网络"窗口平台"运营机构评价指标体系包括：平台基本条件、服务协同、服务能力、服务效果、可持续发展能力等5个一级指标，17个二级指标以及31个三级指标。

（2）权重分配

权重分配体现全面系统、重点突出的原则，对实施效果的各项指标适当倾斜。在一级指标方面，中小企业公共服务平台网络"枢纽平台"运营机构评价指标中"平台基本条件"赋予权重10%，"运营维护支撑能力"赋予权重10%，"服务协同"赋予权重10%，"服务能力"赋予权重10%，"服务效果"赋予权重55%，"可持续发展能力"赋予权重5%。"窗口平台"评价指标体系中"平台基本条件"赋予权重10%，"服务协同"赋予权重15%，"服务能力"赋予权重15%，"服务效果"赋予权重50%，"可持续发展能力"赋予权重10%。

详细的评价指标体系见表8-3、表8-4。

表8-3　中小企业公共服务平台网络"枢纽平台"评价指标体系

评价维度	二级指标	考核点	评分标准
平台基本条件（10分）	（1）人员配置条件（5分）	（1）人才队伍建设（2分）（2）专业服务与技术人员资质情况（3分）	（1）建有一支专业的专业服务与技术服务人员队伍得2分。（2）专业服务人员中具有本科以上（含）学历、或中级以上（含）技术职称、或具有国家或国际相关资质认证的专业人员比例不低于80%，得3分；低于80%不得分。
	（2）管理体系（5分）	（1）管理制度建设情况（2分）（2）服务规范制度建设情况（3分）	（1）管理制度规范，得2分；不完善，得1分；未建立，得0分。（2）建有完善的"服务标准、服务流程、服务功能、服务收费和服务办理时限"等相关制度，得3分；不完善，得1—2分；未建立，得0分。
运营维护支撑能力（10分）	（1）软件系统维护（5分）	（1）对枢纽平台门户/子系统、核心数据/底层技术，窗口平台问题与需求的处理情况（2分）（2）系统功能持续完善与优化情况（3分）	（1）对枢纽平台门户/子系统、核心数据/底层技术，窗口平台问题与需求进行及时的处理得2分；处理不及时，得0—1分。（2）保持系统功能持续完善与优化得3分；系统功能优化与完善不到位，得0—2分。
	（2）硬件系统维护（3分）	（1）系统设备的巡检、优化，故障处理完成情况（3分）	（1）定期对系统设备进行巡检、优化，发生故障能及时处理得3分；维护不及时，得0—2分。
	（3）窗口平台满意度（2分）	（1）窗口平台对枢纽平台运营维护支撑的满意程度（2分）	（1）窗口平台对枢纽平台运营维护支撑满意，得2分；比较满意，得1分；不满意，得0分。

续表

评价维度	二级指标	考核点	评分标准
服务协同（10分）	（1）协同制度建设（2分）	（1）协同服务制度建设情况（2分）	（1）建立了完善的协同服务制度，得2分；不完善，得0—1分。
	（2）数据库运维情况（4分）	（1）政策信息数据库、服务机构数据库、专家数据库、产品数据库、市场需求数据库等建设情况（4分）	（1）根据平台需求建立了完善的数据库，且数据库资源丰富，得4分；数据库不完善，或数据库已建立，但数据资源不丰富，得0—3分。
	（4）跨区域线上线下协同服务处理情况（2分）	（1）是否具备跨区域线上线下服务能力（1分）（2）是否实际开展跨区域线上线下协同服务（1分）	（1）具备跨区域线上线下服务能力，得1分；不具备，得0分。（2）实际开展了跨区域线上线下协同服务，得1分；未开展，得0分。
	（5）与窗口平台合作情况（2分）	（1）指导窗口平台集聚政府、服务机构、企业资源，开发服务产品等情况（1分）（2）与窗口平台合作开展服务次数（1分）	（1）对下边窗口平台的指导培训、调研、沟通，52次以上，得1分；低于52次，得0分。（2）年与窗口平台合作开展服务，52次以上，得1分；低于52次，得0分。
服务能力（10分）	（1）政府资源集聚情况（3分）	（1）政府涉中小企业部门工作协同机制建立情况（1分）（2）集聚政府部门数量（2分）	（1）建立了政府涉中小企业部门工作协同机制，得1分，未建立，得0分。（2）集聚政府部门8个以上，得2分，5—7个，得1分；低于5个，得0分。
	（2）专业服务机构资源集聚情况（2分）	（1）中小企业服务机构联盟制度建设情况（1分）（2）集聚专业机构服务涵盖领域（1分）	（1）建立了中小企业服务机构联盟制度，得1分；没有建立，不得分。（2）集聚专业机构服务涵盖信息服务、投融资服务、创业服务、人才与培训服务、技术创新和质量服务、管理咨询服务、市场开拓服务、法律服务等8个领域，得1分；4—7个领域，得0.5分；低于4个领域，得0分。
	（3）企业资源集聚情况（3分）	（1）企业资源集聚数量情况（3分）（平台注册企业数）	（1）年平台集聚企业数量增长30%以上，得3分；20%—29%，得2分；10%—19%，得1分；10%以下，得0分。

续表

评价维度	二级指标	考核点	评分标准
服务能力（10分）	（4）服务功能建设情况（2分）	（1）自身或与服务机构（政府/专业服务机构）合作开展服务产品的服务内容丰富情况（2分）	（1）自身或与专业服务机构年开展服务产品涵盖信息服务、投融资服务、创业服务、人才与培训服务、技术创新和质量服务、管理咨询服务、市场开拓服务、法律服务等8个领域得3分；涵盖4—7个领域，得2分；4个领域以下，得1分；没有，得0分。
服务效果（55分）	（1）线下活动服务开展情况（15分）	（1）年组织开展线下活动服务情况（10分）（2）年线下活动服务中小企业数量情况（5分）	（1）年开展线下活动190次以上，得10分；96—176次，得8分；96次以下，得5分；没开展，得0分。（2）年线下活动服务中小企业家（次）增长率20%以上，得5分；10%—19%，得4分；10%以下，得2.5分；不增长，得0分。
	（2）基础服务覆盖情况（10分）	（1）服务覆盖率情况（10分）	（1）年中小企业服务覆盖率增长20%以上，得10分；10%—19%，得7.5分；10%以下，得5分；不增长，得0分。
	（3）线上信息服务开展情况（15分）	（1）年开展线上信息服务次数（10分）（2）年线上信息服务服务中小企业数量情况（5分）	（1）年开展线上信息服务96次以上，得10分；36—95次，得7.5分；36次以下，得5分；没开展，得0分。（2）年开展线上信息服务中小企业增长率20%以上，得5分；10%—19%，得3分；10%以下，得1分；不增长，得0分。
	（4）服务满意度（10分）	（1）年中小企业服务满意度（4分）（2）年被服务企业投诉次数（4分）（3）服务客户忠诚度（2分）	（1）随机抽查一年受服务企业进行满意度调查，90%以上满意的，得4分；60%—89%，得2分；60%以下，得0分。（2）在平台或其他途径没有被投诉，得4分；每被有效投诉1次减0.5分，扣完为止。（3）客户忠诚度（二次服务占比），即接受2次以上服务的中小企业家数占累计服务中小企业家数的比率达到5%以上的，得2分；10%—19%，得1.5分；10%以下，得1分；不增长，得0分。
	（5）社会综合评价（5分）	（1）政府或专业组织肯定（3分）（2）媒体评价（2分）	（1）获得国家级认定或奖励得3分；获得省部级认定或奖励得2分；获得其他认定或奖励得1分；无认定和奖励不得分。（2）有媒体正面报道，其中市级（包含）以上，得2分；区县级，得1分；没有不得分。

续表

评价维度	二级指标	考核点	评分标准
可持续发展能力（5分）	（1）平台成长性（5分）	（1）发展规划与服务目标建设情况（5分）	（1）平台具有明确的发展规划，年度服务目标和品牌建设方案，得2分；不完善或没有，得0分。 （2）年营业收入增长20%得3分，增长10%—19%得2分；0—9%得1分；不增长，得0分。

备注：（1）每年可以通过权重的调整实现对年度规划重点任务和目标的侧重考核；

（2）也可结合实际情况，每年对部分二级、三级指标进行微调；

（3）建议每年由第三方机构独立进行评价，根据调研情况给出独立、客观的评价结果。

表8-4　中小企业公共服务平台网络"窗口平台"评价指标体系

评价维度	二级指标	考核点	评分标准
平台基本条件（10分）	（1）人员配置条件（5分）	（1）人员配备数量（2分） （2）专业服务与技术人员资质情况（3分）	（1）建有一支专业的专业服务与技术服务人员队伍得2分。 （2）专业服务人员中具有本科以上（含）学历、或中级以上（含）技术职称、或具有国家或国际相关资质认证的专业人员比例不低于80%，得3分；低于80%不得分。
	（2）管理体系（5分）	（1）管理制度建设情况（2分） （2）服务规范制度建设情况（3分）	（1）管理制度规范，得2分；不完善，得1分；未建立，得0分。 （2）建有完善的"服务标准、服务流程、服务功能、服务收费和服务办理时限"等相关制度，得3分；不完善，得1—2分；未建立，得0分。
服务协同（15分）	（1）协同制度建设（2分）	（1）协同服务制度建设情况（2分）	（1）建立了完善的与枢纽平台以及其他窗口平台协同服务制度，得2分；不完善或未建立，得0分。
	（2）服务数据上报情况（2分）	（1）服务数据上报情况（2分）	（2）窗口平台及时、全面地上报枢纽平台各类数据，得2分；不及时或不全面，得0—1分。
	（3）数据库运维情况（1分）	（1）政策信息数据库、服务机构数据库、专家数据库、产品数据库、市场需求数据库等建设情况（1分）	（1）根据平台需求建立了完善的数据库，且数据库资源丰富，得1分；数据库不完善，或数据库已建立，但数据资源不丰富，得0分。

续表

评价维度	二级指标	考核点	评分标准
服务协同 （15分）	（4）平台活跃情况（6分）	（1）平台活跃企业情况（2分） （2）平台活跃服务机构情况（2分） （3）平台活跃服务产品情况（2分）	（1）平台活跃企业占平台集聚企业的30%以上，得2分；20%—29%，得1.5分；10%—19%，得1分；低于10%，得0分。 （2）平台活跃服务机构占集聚服务机构的50%以上，得2分；30%—49%，得1.5分；20%—29%，得1分；低于20%，得0分。 （3）平台年活跃的服务产品12项以上，得2分；6—11项，得1分；低于6项，得0分。
	（5）与枢纽平台、其他窗口平台合作情况（4分）	（1）与枢纽平台合作开展服务情况（2分） （2）与其他窗口平台合作交流情况（2分）	（1）年与枢纽平台合作开展服务4次以上，得2分；1—3次，得1分；未开展，得0分。 （2）经常性与其他平台联络沟通，取长补短，得2分；不交流或联络沟通，得0分。
服务能力 （15分）	（1）服务记录情况（2分）	（1）服务记录、台账、材料完整性（2分）	（1）服务记录、台账、材料的完整，得2分；不完整，得0分。
	（2）政府资源集聚情况（4分）	（1）政府涉中小企业部门工作协同机制建立情况（2分） （2）集聚政府部门数量（2分）	（1）建立了政府涉中小企业部门工作协同机制，得2分，未建立，得0分。 （2）集聚政府部门8个以上，得2分，5—7个，得1分；低于5个，得0分。
	（3）专业服务机构资源集聚情况（6分）	（1）中小企业服务机构联盟制度建设情况（2分） （2）专业服务机构集聚数量情况（2分） （3）集聚专业机构服务涵盖领域（2分）	（1）建立了中小企业服务机构联盟制度，得2分；没有建立，不得分。 （2）专业服务机构集聚数量年增长率20%以上，得2分；10%—19%，得1分；10%以下，得0分。 （3）集聚专业机构服务涵盖信息服务、投融资服务、创业服务、人才与培训服务、技术创新和质量服务、管理咨询服务、市场开拓服务、法律服务等8个领域，得2分；4—7个领域，得1分；低于4个领域，得0分。
	（4）开展服务情况（3分）	（1）自身或与服务机构（政府/专业服务机构）合作开展服务产品的服务内容丰富情况（3分）	（1）自身或与专业服务机构年开展服务产品涵盖信息服务、投融资服务、创业服务、人才与培训服务、技术创新和质量服务、管理咨询服务、市场开拓服务、法律服务等8个领域得3分；涵盖4—7个领域，得2分；4个领域以下，得1分；没有，得0分。

续表

评价维度	二级指标	考核点	评分标准
服务效果（50分）	（1）线下活动服务开展情况（15分）	（1）年开展服务对接活动情况（10分） （2）年服务中小企业次数情况（5分）	（1）年开展服务对接活动12次以上，得10分；6—12次，得7.5分；6次以下，得5分；没有，不得分。 （2）年服务中小企业增长率20%以上，得5分；10—19%，得3分；10%以下，得1分；不增长，得0分。
	（2）服务覆盖率（5分）	（1）服务覆盖率情况（5分）	（1）年中小企业服务覆盖率增长20%以上，得5分；10%—19%，得3分；10%以下，得1分；不增长，得0分。
	（3）线上信息服务开展情况（15分）	（1）年开展线上信息服务次数（10分） （2）年线上信息服务中小企业数量情况（5分）	（1）年开展公益性服务6次以上，得10分；3—5次，得7.5分；3次以下，得5分；没开展，得0分。 （2）年开展公益性服务服务中小企业增长率20%以上，得5分；10%—19%，得3分；10%以下，得1分；不增长，得0分。
	（4）服务满意度（9分）	（1）年中小企业服务满意度（3分） （2）年被服务企业投诉次数（3分） （3）服务客户忠诚度（3分）	（1）随机抽查一年受服务企业进行满意度调查，90%以上满意的，得3分；60%—89%，得1分；60%以下，得0分。 （2）在平台或其他途径没有被投诉，得3分；每被有效投诉1次减0.5分，扣完为止。 （3）客户忠诚度（二次服务占比），即接受2次以上服务的中小企业家数占累计服务中小企业家数的比率达到20%以上的，得3分；10%—19%，得2分；10%以下，得1分；不增长，得0分。
	（5）社会综合评价（6分）	（1）政府或专业组织肯定（3分） （2）媒体评价（3分）	（1）获得国家级认定或奖励得3分；获得省部认定或奖励得2分；获得其他认定或奖励得1分；无认定和奖励不得分。 （2）有媒体正面报道，其中市级以上，得3分；市级以下，得1分；没有不得分。

续表

评价维度	二级指标	考核点	评分标准
可持续发展能力（10分）	（1）平台成长性（10分）	（1）发展规划与年度服务目标情况（6分） （2）年营业收入增长情况（4分）	（1）平台具有明确的发展规划，年度服务目标和品牌建设方案，得6分；不完善或没有，得0分。 （2）年营业收入增长20%得4分，增长10%—19%得3分；0—9%得1—2分；不增长，得0分。

备注：（1）每年可以通过权重的调整实现对年度规划重点任务和目标的侧重考核；

（2）也可结合实际情况，每年对部分二级、三级指标进行微调；

（3）建议每年由第三方机构独立进行评价，根据调研情况给出独立、客观的评价结果。

第五节　中小企业公共服务平台网络进一步发展的政策建议

一、强化完善基础服务功能

（一）完善基础服务功能，明确基础服务范围

以工信部《关于加快推进中小企业服务体系建设的指导意见》（工信部联企业〔2011〕575号）与《中小企业公共服务平台网络共享数据指标目录（2014版）》相关要求为标准，结合中小企业实际情况，不断完善基础服务功能、明确基础服务范围、突出基础服务特色、提升基础服务实效，强化基础服务评价，促进基础服务质量和效益的显著提升。

（二）建立与完善基础服务机制

建立与完善平台服务事前监督、事中检查和事后评价的监督考核机制。实行"服务标准、服务流程、服务功能、服务收费和服务办理时限"的"五公开"，做到"服务指南、咨询热线、信息服务网站、服务标准、服务产品资源库、服务专家团队"的"六统一"，力争实现服务质量标准统一、服务客户跟踪回访及时、服务台账上传准确、服务信息供求对称、服务需求响应及时高效、服务协同效应显著。切实提升平台网络的"桥梁"作用，促进社会服务资源共享，实现合作共赢。

二、促进基础服务资源共享

（一）建立政府部门协调联动机制

各级平台积极联系政府相关部门（经信、发改、财政、工商、国税、地税、教育、科技、国土、环保、知识产权、商务、质检、人力资源和社会保障、安监、建设、监察、国资、人行、银监、证监、保监、法制办、统计、工商联等），推动建立政府部门中小企业工作协同机制，集聚政府部门服务资源，嫁接政府与企业沟通的桥梁，提升平台的服务范围与能力，切实发挥"政府的助手、企业的帮手"作用。

（二）建立服务机构准入、管理与退出机制

积极组织融资、担保、技术、管理咨询、信息化、人才培训、市场开拓等各类优秀专业服务机构、科研院所、行业协会等入驻并推广产品和服务，提升平台网络的整体服务能力与服务水平。研究制定服务机构准入、管理与退出机制，加强对服务机构的审核与管理，选择优秀的服务机构签署合作协议，并敦促其提供规范、高效、诚信的服务。

（三）整合服务机构资源

组织各类服务机构提供融资担保、管理咨询、法律、培训、检测等"一站式"综合服务，引导各合作机构进行平台注册和线上产品发布，协助建立线上线下服务协同机制，助力中小微企业解决创业发展中的实际困难，推进中小企业和服务机构合作发展，降低中小企业经营成本。

（四）注重政府资源与社会资源相结合

整合既有的公益性、非营利性和市场化的三类服务组织，将平台打造成聚集公共与市场服务资源、互联互通、服务协同的载体。积极发挥政府与中小企业服务中心、行业协会等部门公益性服务优势，带动社会化、市场化专业服务机构提升特色服务能力，满足中小企业各层次需求，更好地扩大平台网络的服务范围，增强服务能力。

三、扩大平台服务覆盖面

（一）积极利用现有渠道，提高服务覆盖率

作为公益性的公共服务平台，各级平台要借助服务大厅、呼叫中心、网络、电视、手机等五大服务载体，积极打造"五位一体全覆盖，虚实结合全方位"的平台服务网络，加快实现域内中小企业的全覆盖。

（二）拓展服务区域，延伸覆盖范围

鼓励窗口平台与产业集群平台积极探索平台网络延伸活动，在有条件的区县、园区、基地设立分平台，逐步实现平台对省、市、区县、乡镇、产业集群、园区、基地的全覆盖。引导和鼓励社会化服务机构服务重心下移，使之更加贴近企业，顺应需求，方便服务。

（三）积极举办各类服务活动，扩大在基层的影响力

窗口平台与产业集群平台积极组织开展"服务企业网络延伸"专项活动，通过各地经信系统、街道乡镇工办、合作机构（行业协会、电信等）渠道联合推广宣传平台服务，主动搜集企业服务诉求，切实做好平台服务的落地工作。

四、积极拓展基础服务

（一）强化平台公共服务定位

中小企业公共服务平台网络要围绕"公益性"定位，积极开发各种基础服务项目，依托自身或联合政府与社会服务资源，为中小企业提供丰富的基础服务与政策引导、重点支持服务。

（二）探索降低服务成本

平台网络通过集聚服务机构资源与企业资源，实现服务机构与企业需求的有效对接，创新服务模式，通过减少服务环节、缩短服务链条，发挥批量服务、模块化服务等方式降低中小企业服务成本。

（三）加强政府补贴与购买服务

优化政府补贴与购买服务机制，充分发挥市场机制，创新财政资金支持小微企业发展方式。加强对绩效考核评价优秀平台的财政补贴支持，加大政府通过服务券或其他方式购买服务的力度，促进平台针对企业实际需求拓展基础服务，提升公共服务的质量和效率。

第九章 《中小企业促进法（修订草案）》修订研究

　　《中华人民共和国中小企业促进法》（以下简称"中小企业法"）是推动我国中小企业发展的重要法律依据，该法案于 2003 年 1 月起正式颁布实施。随着经济社会的发展，中小企业发展环境变化日新月异，现行的中小企业法亟须根据时代特征进行进一步的修订和完善。2014 年 1 月全国人大财经委启动中小企业法修订工作，经三年的修改与完善，《中小企业促进法（修订草案）》已基本完成，2016 年 10 月第十二届全国人大常委会第二十四次会议开始启动修订草案审议工作。与现行法律相比，修订草案由原来的 7 章增加到 10 章，法条数从 45 条增加到 62 条，在中小企业发展迫切面临的融资支持、权益保护、创业创新扶持等方面都增加了大量新内容。

　　随着全面深化改革的不断推进，"依法执政"理念不断深入，及时研究分析《中小企业促进法（修订草案）》较现行中小企业法的新变化和新内容，对推动全面深化改革具有重要促进作用。

第一节　主要亮点分析及总则内容解读

一、主要亮点分析

（一）修订草案的主要亮点包括哪些？

　　答：第一，更具针对性。从我国中小企业发展战略和实际特点出发，针对中小企业市场公平秩序、财税金融支持、权益保护和监督落实等方面的问题，修订草案由现行法律的 7 章增加到 10 章，第一章总则增加了坚持权利平等、机会平等、规则平等、保障中小企业公平参与市场竞争等内容。原第二章的"资金支持"细分为"财税支持"和"融资促进"两章。增加了"权益保护"和"监督检查"作为第八章和第九章。另外，修订草案针对中小企业实际发展中存在的大企业拖欠问题，在第八章第五十三条中明确提出了拖欠货款解决方法。

第二，更具操作性。相较于现行法律，修订草案部分内容更加具体，操作性更强。例如第二章第十条"资金使用"条款中，对专项资金使用方法做了进一步细化和完善。第四章第二十八条"场地"相关内容对小型微型企业创业基地的场地建设提出新的要求。

第三，更具有与时俱进性。考虑到国家发展形势变化，修订草案新增的很多条款更符合时代发展形势，顺应时代发展要求。例如第五章第三十二条明确提出国家鼓励互联网、大数据、云计算等现代技术手段在中小企业技术改造、转型升级和生产经营管理等方面的应用。

（二）小型和微型企业遇到的问题和困难更为突出，也是本法解决的重点所在，而中型企业很多方面更类似于大型企业，并不是政策扶持的重点，为什么法律名称仍为《中小企业促进法》而不是《小微企业促进法》？

答：做出如此安排主要是基于以下原因：第一，保持法律名称的延续性。原法名称即为"中小企业促进法"，此次是对原法律进行修订，并不是重新起草颁布一部新法律。因此，本法法名继续沿用第一部法律名称。

第二，遵照国际惯例。目前，大部分国家制定支持中小企业发展的法律名称均为"中小企业"，例如日本和韩国的《中小企业基本法》，相关管理部门也都称为"中小企业管理部门"，例如德国中小企业政策局、日本中小企业厅。"中小企业"是国际上的普遍称谓，因此从与国际接轨角度，本法名称仍为"中小企业促进法"。

第三，中小企业面临的诸多问题，更集中地表现在小微企业群体，此法虽然冠名中小企业法，但是本法仍以小微企业作为主要扶持对象。另外，中型企业在公平市场准入、技术创新、转型升级、提高国际竞争力、权益保护等方面同样面临很多问题，也需要扶持。所以继续保留原法名，但在具体条文中的有关法律制度向小微企业倾斜。

二、总则内容解读

（一）第一章总则第五条规定"国务院中小企业综合协调部门牵头组织实施中小企业政策，对中小企业发展促进工作进行综合协调、监督检查和指导服务"。本法不是组织法，为何在促进法中提出牵头组织部门，而不是国务院另行规定？

答：第一，现行法律由于实施主体不明确，致使法律规定内容在具体落实过程中存在执行力度不足等问题，如能明确牵头实施部门，将明显提升各项工作的协调能力，增强法律实施效果。

第二，《中小企业促进法》实施以来，政府对促进中小企业发展工作越来越重视，科技、工商、商务等部门出台了一系列扶持政策措施，缺乏明确统一的主管部门，导致综合协调难度较大。因此，明确中小企业主管部门及其他部门的实施主体地位，理清部门权责，可以更好地服务于中小企业。

第三，按照国际惯例，世界上很多国家均设立了独立的中小企业管理机构，如美国、日本、印度等国家都设有内阁级、部级的（中）小企业管理局，APEC成员国近年来也在相继设立部级中小企业专门管理机构，从而保证中小企业各项政策措施能够得到有效推动和落实。

（二）近几年中小企业发展迅猛，现有中小企业划型标准是否继续适用，是否需要进行调整？

答：工信部、财政部、国税总局和国家统计局于2011年联合发布《关于印发中小企业划型标准规定的通知》（工信部联企业〔2011〕300号）。随着近几年实际情况的变化，该标准中的指标与中小企业发展存在一定程度的脱节现象，例如，在某些特殊行业，资本投入和经营规模非常大但是用工人数比较少（如煤化工），按原标准也属于中小企业，各界反映不太合理。因此，有必要针对环境的新变化，结合行业特点对中小企业划分标准进行重新修订。

对此，第一章第二条明确提出"中型企业、小型企业和微型企业划分标准由国务院中小企业综合管理部门牵头，根据企业职工人数、销售额、资产总额等指标，结合行业特点制定，报国务院批准"。

（三）修订草案第一章总则第八条提出的"建立社会化的信用信息征集与评价体系"，其中"社会化"主要体现在哪些方面？

答："社会化"主要体现在全社会各行各业的中小企业都属于信用征集体系的涵盖范围，中小企业是主体，通过汇集全社会各领域相关信用信息，以政府的信息平台为依托，打造点、线、面联动的信用信息查询、交流和共享系统。

（四）第一章第六条提到"国家统计部门应当建立健全中小企业统计调查制度，加强监测分析，定期发布有关信息"。统计局定期发布的报告会涉及中小企业发展相关数据，现在是否有必要将中小企业统计监测列入立法？

答：中小企业管理分散于不同政府部门，加之缺乏统一、健全的统计调查制度，导致中小企业数据难收集、不全面、不一致现象较为突出。建立健全中小企业统计调查制度是为了能更好地服务中小企业，及时发现中小企业所存在的问题，因此有必要将统计监测工作写入立法。

第二节　财税支持及融资促进内容解读

一、财税支持内容解读

（一）第二章第十一条提到"国家中小企业发展基金应当遵循政策性导向和市场化运作原则"，这些基金是否会与市场上已经存在的基金争夺市场和项目？国家基金要如何体现其政策性？

答：国家中小企业发展基金的成立其目的在于撬动更多社会资本对种子期、初创期的中小企业加大资本支持，本质上讲是一种鼓励创业创新、激发经济活力的举措。目前，市场上虽然存在很多基金，但是大多集中于中后端投资，对于种子期和初创期的支持较少。鉴于这种状况，采用市场化运作方式设立的中小企业发展基金将会引导社会资本流向中小企业创业初期，不会与市场上已经存在的基金争夺市场和项目。

（二）第二章第十二条提到的"国家实行有利于小型微型企业发展的税收政策，简化小型微型企业税收征管程序，降低小型微型企业税收负担"是否和税务总局、财政部关于税收、收费政策的现有规定相冲突？

答：为推动中小企业健康发展，《中小企业促进法（修订草案）》条例涉及中小企业发展的方方面面，税收只是其中之一，第二章第十二条未对税目、税率等具体政策做出规定，只是从简化征管程序，便利小微企业角度提出方向，和现有税法并不矛盾。

（三）现行法律第二章为资金支持，包括财税和融资两部分，修订草案为何将现行法律中的资助支持分为财税和融资两个章节？专项资金和基金的用途每年都会根据形势变化做出调整，法律条文如何避免内容过于详细和现实发展脱节的问题？

答：财税和融资作为《中小企业促进法（修订草案）》的核心，对中小企业发展起到至关重要的作用，财税中的专项资金和基金受到广泛关注。作为制约中小企业发展的融资难/贵难题也一直未能得到良好解决。因此，为了更充分、有针对性地解决中小企业发展进程中面临的财税和融资问题，修订草案将资金支持分为财税和融资两个章节。

第二章第十条和第十一条这两款条文对财政资金扶持中小企业发展的使用方向和使用方法做出了阐述，在日后发展中不会出现与现实脱节的问题。

（四）第二章第九条提到"中央财政应当在本级预算中设立中小企业科目，安排中小企业发展专项资金"，目前国家已经设立了国家中小企业发展基金，是否有必要单独再设立中小企业发展专项资金？

答：国务院很多政策文件明确提出应加大基金和专项资金对中小企业的扶持力度，例如，《国务院关于扶持小型微型企业健康发展的意见》（国发〔2014〕52号）、《国务院关于大力推进大众创业万众创新若干政策措施的意见》（国发〔2015〕32号）、《国务院关于发展众创空间推进大众创业万众创新的指导意见》（国办发〔2015〕9号），为贯彻国务院精神，应将基金和资金作为促进中小企业发展的重要抓手。基金与资金二者之间是互为补充的关系，基金支持重点是中小企业的创业创新类优质项目，专项资金的支持重点是完善服务体系、推动国际合作以及优化发展环境等方面。这种安排的考虑一是二者投向和支持领域有所不同，能形成相互补充相互支持的关系；二是能够继续保持中小企业领域原有工作的延续性。因此，虽然国家已经设立了国家中小企业发展基金，仍然有必要单独再设立中小企业发展专项资金。

（五）与现行法律相比，修订草案在财政专项资金和基金方面有哪些更明确的规定？

答：修订草案明确了中央财政资金的支持方式和内容，对法律中专项资金的支持方向进行重新梳理和调整，进一步明确支持的重点方向是改善创业创新、融资环境，完善公共服务体系等；中小企业发展基金的运作方式按照"市场化"的原则运行，主要用于撬动更多的社会资本支持创业创新型的中小企业发展。具体来说，第二章财税支持第十条对财政专项资金的使用方式和重点支持领域做出了详细规定，第二章财税支持第十一条对中小企业发展基金的运作方式和重点支持领域做出了详细规定。

二、融资促进内容解读

（一）修订草案提出的银行业监管机构在促进中小企业发展方面的职责有哪些？

答：第三章融资促进第十五条规定："国务院银行业监督管理机构对金融机构开展小型微型企业金融服务应当制定差异化监管政策，采取措施鼓励和引导金融机构增加小型微型企业融资规模和比重，提高小型微型企业金融服务水平。"

（二）知识产权质押融资成为新型的融资方式，但是修订草案未对其提出明确规定，而是在第三章第二十条提出"国家健全完善动产担保融资法律制度建设"。本法提出动产融资而非知识产权质押融资的原因是什么？

答：知识产权质押融资是一种融资手段创新，与传统的不动产抵押担保具有明显的不同，主要是对明显具有知识产权优势的企业而言，专利、商标、著作权等知识产权可能成为获得贷款的新兴抵押物。但是相对于动产担保融资而言，当前我国知识产权质押融资存在估值难、盈利时间不确定等问题，将其用于质押融资存在一定难度。甚至对很多小微企业而言，知识产权质押融资较高的门槛也制约了其在中小企业融资中的推广。

除了不动产抵押担保之外，国际上的动产担保也成为纾解中小企业融资难问题的有效方式。"动产担保融资"是指将原材料、库存等动产抵质押给银行获得贷款。尤其对中小企业而言，其"不动"类资产往往较少，"动"产常常成为中小企业的重要资产类别，因此推动动产融资比推动知识产权融资更具有可操作性和实效性。

第三节 创业扶持与创新支持内容解读

一、创业扶持内容解读

（一）工商总局正在开展企业简易注销登记改革试点工作，该工作针对的是全部市场主体，已经包含小微企业，而本法第四章第三十条提出了小微企业简易注销制度，是否有必要再对小微企业建立专门的简易注销程序？

答：人民大学国家发展与战略研究院公布的研究成果显示，大部分"僵尸企业"还是小型企业。因此，针对小微企业建立的简易注销制度有利于清理"僵尸企业"，提升资源的配置效率，规范市场秩序。

（二）第四章第二十六条提出"各级人民政府有关部门应当采取措施，拓宽渠道，引导高等学校毕业生到中小企业就业"。针对高校毕业生的就业问题属于《就业促进法》范畴，修订草案是否与《就业促进法》有矛盾？

答：《就业促进法》有关高校毕业生的就业扶持政策内容都是普惠性的，中小企业法针对高校毕业生的就业去向问题提出的是引导性政策，鼓励高校毕业生到中小企业就业，与《就业促进法》内容不存在矛盾的地方。

（三）2013 年以来，党中央国务院为推动创业创新已出台二十余份文件，这些政策措施在全国掀起了大众创业、万众创新的浪潮。那么修订草案中新增了哪些创业创新内容？

答：第四章创业扶持从政府提供创业服务、帮助特定人群创业就业、简化审批、场地、创业服务和便利市场退出几方面对创业涉及的内容进行了明确规定。如第四章第二十八条提出创业载体建设内容，第二十九条提出完善创业服务内容，第三十条提出简化小微企业退出程序内容。

二、创新支持内容解读

（一）新一代信息技术发展迅猛，"互联网＋"成为国家战略，这种新形势是否在修订草案中有所体现？

答：修订草案结合国家新形势，第五章第三十二条提出利用互联网等信息技术推动中小企业提升创新能力，明确以现代技术与企业经营管理融合为推动中小企业发展的方向，助力中小企业实现转型升级。

（二）修订草案对现行法律第五章第三十六条产学研合作条款进行了修改，提出鼓励高校科研院所向中小企业开放试验设施，这样修改的初衷是什么？

答：高校科研院所在技术研发创新方面明显具有优势，但是科研机构的技术成果转化往往停留在实验室阶段，缺乏产业化转化的能力，推动高校院所与中小企业加强技术合作恰好实现优势互补，弥补了中小企业技术创新能力不足的短板。既能够降低企业研发成本，也能够降低中小企业创新门槛。

（三）现行法律第四章为"技术创新"而修订草案更名为"创新支

持"，原因何在？

答：创新包含很多方面，技术创新仅是其中之一。为此修订草案在"创新支持"一章在现有法律基础上增加了很多新内容。如在新一代信息技术发展迅猛的新背景下，明确提出推动中小企业利用现代信息技术，加强对中小企业知识产权进行保护，鼓励中小企业参与新技术标准的制定等。

第四节　市场开拓与社会服务内容解读

一、市场开拓内容解读

（一）相对于现行法律而言，修订草案第六章第三十七条提出了"向中小企业预留的采购份额应当占本部门年度政府采购项目预算总额的30%以上，其中，预留给小型微型企业的比例不低于60%"。该款条文中30%和60%的提出依据是什么？

答：美国联邦政府政府采购对中小企业的扶持目标是23%的政府采购份额都应当用于支持中小企业发展，欧盟规定政府采购份额中的40%都应给中小企业。鉴于上述国际通行做法，修订草案提出将政府采购中的30%份额用于支持中小企业发展。根据相关数据，小微企业的主营业务数据大约占中小微企业主营业务收入的50%，为了进一步对小微企业有所倾斜，因此修订草案提出将30%政府采购份额中的60%留给小微企业。

（二）"一带一路"倡议背景下，推动中小企业"走出去"开拓国际市场已经成为国家发展战略，修订草案中对这部分内容是否有所体现？

答：第六章第四十条提出对中小企业加强法律咨询、产品认证以及知识产权保护的指导，引导和支持中小企业开拓海外市场，鼓励中小企业开展跨区域合作与交流。此外，第四十一条也对中小企业跨境发展相关政府管理部门提出了新要求，明确各部门要为中小企业提供出入境、换汇等方面的便利，支持中小企业开拓海外市场。

二、社会服务内容解读

（一）第七章社会服务添加了对政府信息公开和政府信息服务的内容，这么做的主要目的是什么？

答：对中小企业主体而言，往往需要面对发改、工信、商务、科技、工商、财政、金融等十几个政府部门，不同部门之间政策信息彼此独立，发布时间不一，不利于中小企业了解国家政策寻找发展机遇。对此，修订草案第四十五条提出政府相关各部门应充分利用网络信息渠道向中小企业公布相关政策、项目信息；修订草案第四十六条提出各级政府中小企业管理部门应当汇总涉及中小企业创业、创新、金融、权益保护等各类服务信息，从而引导和助力中小企业充分利用政府资源加快转型升级进程。

（二）在修订草案第七章第四十七条中添加了"支持职业教育院校教师和中小企业技术人才双向交流"的内容，而在现行法律中则强调对中小企业经营管理及生产技术方面的人员培训，这样修改的初衷是什么？

答：修订草案强调职业教育院校与中小企业间人才双向交流，一是为贯彻落实国务院精神。二是依托职业教育院校和技能培训机构，增强中小企业人员的技能水平，更好地顺应当前战略新兴领域对人才专业化的要求。三是实现职业教育及技能培训机构以企业需求为导向，促进教育与企业需求接轨。

第五节　权益保护与监督检查内容解读

一、权益保护内容解读

（一）本法单独用第八章共计 7 款条例对中小企业权益保护进行了规定，相较于现行法律的 2 款条例，为什么要明显增强中小企业权益保护力度？

答：中小企业处于市场弱势地位，在其创新发展过程中面临很多维权问题，解决这一问题的根本途径是通过立法来保障中小企业权益，维护市场公平竞争秩序。保护中小企业权益是颁布本法的出发点，因此修订草案采用7款条例对中小企业维权的主要方面进行了明确规定。例如大企业利用市场优势地位，侵害中小企业利益，各种潜在的和隐性的恶意拖欠现象较为突出，导致众多被拖欠的中小企业资金链紧张。针对这种不公平的市场环境，本法第五十三条明确规定"政府部门和大型企业不得违约拖欠中小企业的货物、工程、服务款项"。防止政府和大企业拖欠现象。第八章第五十一条和第五十二条也对健全中小企业维权机制，维护中小企业利益做出了明确规定。

（二）第八章第五十三条提到"政府部门和大型企业不得违约拖欠中小企业的货物、工程、服务款项"。此处提到政府部门和大企业不得拖欠中小企业款项，容易引起其他市场主体可拖欠款项的误读，是否应该将该条款中的"中小企业"改为"其他企业"？

答：中小企业普遍存在被大企业拖欠货款的现象，这对中小企业的合法权益造成明显侵害。中小企业是本法的主要适用对象，保护其权益是颁布本法的出发点，理应在大企业拖欠问题上对中小企业权益提出明确规定。所以，本条款中的"中小企业"无须改为"其他企业"。

二、监督检查内容解读

问：是否有必要将监督考核列入立法？如何保障中小企业各项政策的落实？

答：促进中小企业持续健康发展，是我国政府的一项长期战略。但是中小企业行业分布广泛，量大面广，促进中小企业发展的相关政策在落实的过程中存在多部门管理，政策难以形成合力等问题，为确保中小企业相关政策能够更好地得到贯彻落实，因此有必要建立健全中小企业政策落实监督检查机制。对此，第九章第五十七条明确提出以评价考核为手段，通过将中小企业对主管部门的评价列入其考核范围，旨在增强其主体责任意识，加大工作的落实推动力，以此督促地方政府及有关部门工作推进及落实，提高法规政策执行力和落地率。

　　《中华人民共和国中小企业促进法》（以下简称"中小企业法"）是推动我国中小企业发展的重要法律依据，2002 年 6 月经第九届全国人大常委会第二十八次会议审议通过后，确定该法案于 2003 年 1 月起正式颁布实施。随着经济社会的发展，中小企业发展环境变化日新月异，现行的中小企业法亟须根据时代特征进行进一步的修订和完善。2014 年 1 月全国人大财经委启动中小企业法修订工作，经三年的修改与完善，《中小企业促进法（修订草案）》已基本完成，2016 年 10 月第十二届全国人大常委会第二十四次会议开始启动修订草案审议工作。与现行法律相比，修订草案由原来的 7 章增加到 10 章，法条数从 45 条增加到 62 条，在中小企业发展迫切面临的融资支持、权益保护、创业创新扶持等方面都增加了大量新内容。

　　随着全面深化改革的不断推进，"依法执政"理念不断深入，及时研究分析《中小企业促进法（修订草案）》较现行中小企业法的新变化，对推动全面深化改革具有重要促进作用。对此，本章采用"设问"的形式重点对修订草案的新变化和新内容进行分析和解读，期望能够帮助读者更好地理解和掌握中小企业法修订过程中增加的新内容和新亮点，以期能为下一阶段我国中小企业工作的推进和完善提供有益参考。

第十章　缓解中小企业融资环境研究

近年来，受经济下行压力影响，中小企业市场环境趋紧，融资难、融资贵等问题日益凸显。面对中小企业融资困境，我国各级政府高度重视促进中小企业融资工作，认真贯彻落实各项政策法规，不断优化政策环境，引导和推动金融资源向中小企业倾斜。紧围绕中小企业融资特点，各地区、各部门积极转变政府职能，重改革，促创新，从中小企业融资的各个关键点入手，不断改善融资服务，有效促进了中小企业融资工作取得积极进展。

第一节　中小企业融资工作取得的主要进展

一、发展环境进一步优化

（一）国家支持政策密集出台

近年来，国务院密集出台了缓解中小企业融资难、融资贵等问题的一系列政策文件，中小企业融资政策措施不断完善。2014年，国务院出台了《关于进一步促进资本市场健康发展的若干意见》（国发〔2014〕17号），着力从"进一步促进资本市场健康发展、健全多层次资本市场体系、拓宽企业和居民融资渠道、优化资源配置"等方面做出了重要安排。同年，国务院颁布了《关于多措并举着力缓解企业融资成本高问题的指导意见》（国发〔2014〕39号），着力于采取综合措施，多方面缓解企业融资成本高的问题，促进金融与实体经济良性互动。2015年，国务院颁布实施了《关于促进融资担保行业加快发展的意见》（国发〔2015〕43号），着力于适应融资担保行业改革转型的新要求，进一步明确了担保机构属性的市场定位，大力促进政府支持的融资担保和再担保机构发展,更好地服务经济和社会发展大局。2016 年,国务院再次出台了《关于促进创业投资持续健康发展的若干意见》(国发〔2016〕53 号),着力于拓宽创业企业的投融资渠道,引导民间投资服务实体经济,推动大众创业、万众创新,促进经济结构调整和产业转型升级。这些政策文件基本覆盖了各类融资渠道,涉及企业融资过程的各关键环节,尽管有些措施不直接专门针对中小微企业,但中小微企业是重要的适用主体,从而构筑了中小微企业融资体系的基本政策框架,为缓解中小微企业融资难、融资贵等问题奠定坚实的基础。

(二) 部门配套政策逐步完善

中小企业各有关部门认真贯彻落实国务院相关要求,进一步细化具体融资措施,丰富充实政策内容,明确任务分工和责任主体,加强监督检查,全面推动落实各项中小企业融资政策,取得了积极进展。2013 年,财政部进一步放宽了银行等金融机构小微企业不良贷款核销标准,并联合工信部等部门设立了总规模为 600 亿元的国家中小企业发展基金。人民银行多次下调了存贷款基准利率,引导市场利率和社会融资成本下行,并持续改善小微企业融资的信用信息服务,推进开展小微企业应收账款融资服务业务。国家税务总局于 2015 年发布公告,进一步提高金融企业涉农贷款和中小企业贷款实施简易程序税前扣除的限额,简化税前扣除证据材料,联合银监会在全国范围内开展"银税互动"助力小微企业发展活动。银监会连续 4 年印发了小微企业金融服务专项指导意见,深化差异化监管要求,出台了促进小微企业贷款到期续贷"无缝对接"的政策。证监会在加大清理整顿各类交易场所的同时,推动区域性股权市场规范发展,发挥其支持中小企业多样化融资,推动中小企业规范运作、增强金融服务普惠性等方面的积极作用。

作为国家中小企业主管部门,工信部始终将推进缓解中小企业融资难工作作为一项长期的重要职责,全方位纳入促进中小企业发展的整体工作,统一部署,统筹施策。近年来,工信部积极发挥国务院促进中小企业发展工作领导小组办公室协调机制的作用,充分发挥办公室的职能优势,加大政策协调与落实督查,促进各项中小企业融资政策落地。一是联合人民银行等有关部门推动开展小微企业应收账款质押融资工作,促进动产融资发展。二是会同财政部、银监会推进完善中小企业信用担保体系，推动中小微企业担保融资。2015年，工信部等部门联合印发了《关于进一步促进中小企业信用担保机构健康发展的意见》（工信部企业〔2015〕83号），推动设立了国家融资担保基金，协调税务总局落实中小企业信用担保机构免征营业税政策，做好"营改增"后相关担保机构免税政策衔接工作；协调财政部、税务总局继续实施担保机构风险保证金所得税前扣除政策。会同财政部安排15.9亿元财政资金，依托北京等6省市开展担保代偿补偿试点工作。三是配合全国人大财经委进一步修订了《中小企业促进法》，在修订草案中将"融资促进"单列成章，从"金融管理部门职责、发展中小金融机构、完善动产担保融资、健全中小企业政策性担保制度、拓宽直接融资渠道、发挥保险作用、完善信用体系"等方面做出了系统性的规定。四是印发了《"十三五"促进中小企业发展规划》，提出了"十三五"时期"完善融资政策、促进金融创新、增加金融供给、推进担保体系建设"等方面的重点工作，进一步强调融资对规划实施的保障作用。五是全面落实工信部与中国银行等有关银行签署的《中小企业金融服务合作协议》，总结推广"政银合作"模式，促进融资对接。

二、融资举措不断创新

各地区结合实际，创造性地开展促进中小企业融资工作，不断丰富中小企业融资内容，取得了显著成效。

（一）搭平台，破难题

搭建政银企合作平台、突破小微企业首贷、信用贷难题。山西、江苏、江西、广西、贵州、海南、甘肃、宁夏、云南、新疆等地通过设立财政专项资金对小微企业贷款风险进行一定比例的补偿，调动银行信贷投放积极性，缓解小微企业融资难等问题。山西省市县三级财政投入10.8亿元在99个县区开展"助保金"贷款，累计为2514户中小微企业发放贷款93.6亿元，财政资金放大8.7倍，杠杆效应明显。贵州省出台了《贵州省扶持微型企业贷款实施方案（试行）》，推出了"黔微贷"产品，对15万元额度内的小微企业贷款采取信用加保证方式发放，利率上浮不高于同期贷款基准利率的30%。同时，建立贷款补偿机制，每年从省财政安排的微型企业扶持资金中提取

10%，采取"以奖代补"方式，与年度新增贷款挂钩，建立对承贷机构贷款激励机制。江苏省建立省级担保代偿资金，筛选 30 家优质担保机构开展融资担保风险分担试点，对单户在保余额 500 万元及以下的小微企业贷款担保代偿，按照省再担保公司 20%、所在地本级财政和合作银行各 10%、担保机构60%的比例承担风险。

（二）建机制，降成本

建立续贷机制，降低小微企业"过桥"成本。黑龙江、福建、江苏、浙江、湖北、重庆、青岛等地建立了应急转贷资金，面向小微企业续贷期间提供优惠的过渡性借款，减轻企业融资成本负担。2016 年 1—8 月，江苏省无锡市应急转贷资金共完成转贷业务 1436 笔，续贷金额 98.46 亿元，成本仅为民间"过桥"资金的 10%。青岛市设立了金额为 2 亿元的小微企业转贷引导基金，累计为 400 家次企业提供转贷资金 43.81 亿元，为企业节约融资成本超过 7800 万元。

（三）抓直融，拓渠道

拓宽直接融资渠道。陕西、深圳、北京、河北、天津等省市加大中小企业上市培训力度，推动优质中小企业上市融资。陕西省大力推动中小企业挂牌新三板，建立了省级拟挂牌新三板后备企业资源库，组建 310 多人的新三板专家团，成立了省中小企业新三板联盟，对上千户企业开展上市轮训，组织优质企业项目路演，对挂牌企业给予 50 万元奖励。同时，省中小企业发展基金以优先股方式，为优质的拟挂牌企业和已挂牌企业提供融资支持。深圳市加大中小企业上市培育力度，成立了市中小企业上市培育工作领导小组，每年组织 2000 家以上的中小企业进行公司规范运作和上市知识普及培训，对优秀企业进行上市推荐和上市辅导培育。同时，鼓励中小企业到前海股权交易中心挂牌，对挂牌企业给予 10 万元资助，用于接受股权交易中心提供的挂牌展示、培训咨询、登记托管、债权融资、场外投行等资本市场培育服务。

（四）抓信用，筑基石

推动中小企业信用体系建设，破解信用缺失难题。浙江、广西、河北等省市区通过完善中小企业信用体系建设，从制度层面破解约束中小企业融资的信用缺失问题。浙江省台州市成立了市金融服务信用信息共享平台，征集了金融、税务、社保、质监等 12 个部门、78 大类、600 多细项、4300 多万条信用信息，覆盖了 50 多万家企业。广西自治区柳州市发挥中小企业信用信息共享服务平台，推动中小企业信用档案建设。

（五）抓对接，促对称

推动银企对接，降低信息不对称。浙江、江苏、重庆、海南等省市通过举办银企对接活动、打造公共金融服务平台等举措降低中小企业融资过程中的信息不对称问题，缓解中小企业融资难。浙江省绍兴市打造"互联网＋银行＋企业"的小微企业金融淘宝服务模式，构建三位一体的金融服务公共平台，实现产品—服务—政策—信息"直通车"，共吸引 32 家银行、380 个网点、155 款融资产品信息和 2658 名客户经理入驻，实现小微企业"办贷自选"，有效解决了信息不对称问题。同时，建立满意度测评体系，申贷企业可以从服务效率、服务态度、融资成本、资金满足度等方面对银行放贷情况开展全面综合评价。平台根据各银行月度和累计情况进行实时公布，接受申贷企业、政府部门的共同监督。平台自 2015 年初启动运营以来，成功放贷 33595 笔，户均放贷 247 万元，平均受理时间 9.17 天，年平均利率 6.07%。湖南省建立了省级中小企业融资超市，与省内 27 家银行业金融机构和近百家股权投资机构、担保公司和小额贷款公司建立战略合作关系，实现线上线下全方位对接企业融资需求。

（六）抓小票，扩惠及

努力破解小额票据贴现难。据工信部统计，上海、河北、安徽等省市先后与银行合作设立"小额票据贴现中心"，切实解决中小企业因小额票据面值小、操作成本高、违约风险大等而难以获得金融机构贴现融资等问题。2014 年 6 月以来，河北省 24 家"小额票据贴现中心"累计向 20000 多家小微企业办理了 50000 多笔小额票据贴现业务，平均单笔贷款达到 41 万元。截至 2015 年底，上海市 2 家"小额票据贴现中心"累计受理 100 万元以下的小额票据 21315 张，累计增长 155%；贴现总额 64.82 亿元，累计增长 129%，平均单张票面金额仅 30 万元。2016 年 1—9 月，安徽省"小额票据贴现中心"共办理小额票据贴现 5.79 万笔，贴现金额 435.4 亿元。

三、金融服务更加聚焦

（一）创新融资模式

应收账款等动产融资成为中小企业融资新模式。2016 年，工信部联合人民银行共同开展了应收账款等动产融资专题调研，牵头制定了《小微企业应收账款融资专项行动工作方案》，计划在全国开展小微企业应收账款融资专项行动。工信部联合人民银行在四川省绵阳市开展了小微企业应收账款融资工作试点工作，推动产业链大企业与中小企业在"中征应收账款融资服务平台"开展账款确认和融资工作有序开展。2016 年，《中小企业促进法（修订草案)》《关于金融支持工业稳增长调结构增效益的若干意见》等文件首次增加了中小微企业应收账款融资等相关内容，进一步推动建立了全国统一的小微企业动产融资登记互联网公示系统，积极引导大企业和地方政府采购主体增强确认应收账款的责任意识，帮助中小企业实施供应商融资。

（二）提高金融服务精度

提高金融服务精准度，破解小微企业融资难的关键痛点。一是银行业金融机构认真贯彻落实国务院有关"通过提前进行续贷审批、设立循环贷款、实行年度审核制度等措施减少企业高息过桥融资"的要求，积极创新针对小微企业的续贷产品。如中国建设银行依托"行为评分卡"建立小微企业无缝续贷新模式等。二是银行业金融机构积极利用互联网、大数据技术等创新小微企业融资产品。如农业银行针对小微企业经营周转资金需求"短、频、快"的特点，推出了"数据网贷""网捷贷"等金融产品；交通银行实施授信年审制，推出网络循环贷款，企业可在贷款期限内通过网上银行自主提款、还款；平安银行与电商平台合作，利用交易、评分等线上数据为小微企业提供信用贷款。

（三）发挥国有担保机构主导作用

发挥国有担保机构主导作用，引导担保服务更加聚焦小微企业。据"中小企业信用担保业务报送系统"数据显示，2016 年上半年，2954 家担保机构在保责任余额、在保户数中个人及小微企业占比分别为 60.4%、96.2%。

2954 家担保机构中，国有与民营机构之比为 47：53，注册资本之比为 59：41，国有担保机构数量占比和资本占比分别同比提高了 7% 和 9%；国有与民营机构在保责任余额之比为 71：29；国有担保机构新增担保额同比增长 5.3%，而民营担保机构新增担保额同比下降 20.2%，国有担保机构主导作用逐步增强。

（四）完善再担保体系

以省级再担保机构为核心的担保体系逐渐完善为小微企业融资担保服务提供了重要支撑。2015 年，国务院出台了《关于促进融资担保行业加快发展的意见》（国发〔2015〕43 号），进一步要求各地积极支持政府性担保机构发展，加快设立省级再担保机构。据统计，目前已有 29 个省市区设立了省级再担保机构或明确了承担再担保机构职能的机构，基本实现了国发 43 号文件提出的"三年基本全覆盖"目标。安徽、广东、江苏等省市区坚持以省级再担保机构为龙头、股权投资和再担保业务为纽带、政府性担保机构为骨干、民营担保机构为补充、风险分担机制为保障、政策性扶持措施为抓手，推进全省担保体系建设，取得了一定成效。目前，省级再担保机构在担保体系建设中发挥了核心作用也已达成共识，其"放大器""稳定器"的作用不断发挥，中小企业融资服务呈现出以省级再担保机构为中心的集团化、平台化、综合性发展倾向。①

第二节　中小企业融资面临的新形势

当前，经济发展进入新常态，结构调整、动能转换、增速放缓的压力依然较大，中小企业工作的重要性更加凸显。面对新情况、新变化，各地区、各部门在解决中小企业融资方面做了不懈的努力，信用担保体系相对完善并发挥了积极作用，也取得了很好的成绩，但同时也面临着一些矛盾和问题。

---

① 杨明：《纾困解忧雪中送炭中小企业融资和担保工作成效渐显》，《中国工业报》2016 年 12 月 6 日。

一、中小企业融资面临的新变化

（一）宏观环境发生了新变化

2016 年，世界经济增长乏力，主要国际机构和组织对世界经济增长前景预测普遍弱于预期，大宗商品价格波动较大，资本跨境流动频繁，世界经济发展整体依然脆弱，复苏态势并不明朗，国际环境更加错综复杂。我国经济下行压力加大，经济金融发展面临的困难和挑战增多。各地区、各部门在推行党中央、国务院关于金融支持实体经济发展的决策部署进一步深化，经济运行整体上保持在合理区间，国内经济金融整体平稳，为中小企业融资工作有序开展提供了宽松的外部环境。

（二）转型升级压力进一步加大

当前，我国"一带一路""大众创业、万众创新""中国制造 2025""互联网＋"等战略的深入实施，"三去一降一补"工作力度的不断加大，对中小企业融资产生了一定影响。资金投向的调整在一定程度上也反映在中小企业结构上，传统产业的中小企业转型压力加大，"三高"等不符合国家产业政策的中小企业将加速淘汰，战略新兴产业、高科技企业快速崛起，新业态、新模式蓬勃发展，为新常态下经济结构调整提供了新动能。金融政策向差别化、定向化转换，对中小企业融资支持从过去的"一视同仁""一刀切"向"有扶有控""有保有压"转变，重点支持创业型、创新型和"专精特新"中小企业。

（三）中小企业发展整体压力较大

国内外经济和金融形势的变化，对我国中小企业发展也产生了深远的影响。总体上看，中小企业经营状况略有改善，但难言乐观。2016 年 1—9 月，规上中小企业实现利润总额同比增长 7.8%，同比提高了 1.6 个百分点；企业亏损面 14.8%，同比缩小 0.8 个百分点。工信部中小企业生产经营运行监测平台对全 33 个省市区及计划单列市中小工业企业问卷调查显示，10 月份，反映国内订单减少的企业占比 23.6%，比订单增加的企业占比高 8.5 个百分点；反映出口订单减少的企业占比 23.9%，比订单增加的企业占比高 8.4 个百分点。

二、中小企业融资面临的新问题

从融资情况看，受不良贷款上升等影响，银行等金融机构对中小企业贷款服务更加审慎，普遍上收贷款审批权限，提高授信门槛，贷款条件更加苛刻。

（一）动产融资使用率有待进一步提高

目前，银行贷款基本只承认土地和房产等不动产抵押，小微企业普遍因缺乏不动产而无法提高抵押品，导致获得银行贷款的难度进一步增加。即使少数企业能够获得抵押贷款，一般也是股东个人的财产抵押，中小企业融资需求难以满足。事实上，目前，即使是房产抵押，抵押率也较以前大幅降低，而动产抵质押融资还存在诸如知识产权估值难、处置难、应收账款质押存在大企业确权难等一系列的操作障碍，在一定程度上导致使用率不高。

（二）微型企业融资需求满足率更低

据工信部工业中小企业经营运行监测平台问卷调查显示，10月份，42.1%的微型企业融资需求得不到满足，比中型企业、小型企业分别高8.8个百分点和4.3个百分点。

（三）银企信息不对称问题更加突出

信用体系不健全，银企信息不对称问题更加突出。一方面小微企业财务管理等不规范，无法满足金融机构贷款所需的财务报表等基本要件，导致不符合银行贷款条件。另一方面，信息分散，金融机构难以直接低成本地获得小微企业纳税、依法经营、订单交易等真实信息，导致银行不敢对中小企业放款。银企信息不对称进一步增大了小微企业贷款难度。

（四）企业融资意愿下降与融资难并存

当前，中小企业普遍面临融资难的同时，融资意愿也呈现明显下降趋势。工信部工业中小企业经营运行监测平台问卷调查显示，2016年10月份，54.3%的中小企业有融资需求，同比降低了3.1个百分点；36.4%的中小企业反映流动资金紧张，同比下降2个百分点。企业订单减少，盈利下滑，账款周期拉长，导致部分小微企业主动收缩业务，减少融资。

（五）担保行业压力进一步加大

从担保情况看，一是担保机构服务小微企业的意愿持续走低，个人和小微企业担保余额下降。全国中小企业信用担保机构信息上报系统数据显示，2016年上半年，2954家担保机构的个人和小微企业在保责任余额同比下降10.9%；而中型企业、大型企业在保余额分别同比增长了9.1%和79.5%。二是融资性担保机构担保业务下降明显。全国中小企业信用担保机构信息上报系统数据显示，2016年上半年，担保机构新增融资性担保业务额同比下降了12.6%，而非融资性担保业务快速增长，同比上涨55.5%，占新增担保余额的比重为21.2%，较2015年同期提高了8.1个百分点。三是代偿增加，拨备下降，风险加大。全国中小企业信用担保机构信息上报系统数据显示，2016年上半年，担保机构新增代偿额同比增长6%，户均新增代偿额同比增长25.9%，代偿率达到3.1%，同比增加0.6个百分点。代偿率超过超过3%的省市区数量由2015年同期的10个上升到21个，其中西部地区代偿率达到4.5%。拨备覆盖率由2015年上半年的119.9%下降到6月末的81%，代偿压力和风险明显加大。四是省级再担保机构的"稳定器"作用有待进一步增强。全国中小企业信用担保机构信息上报系统数据显示，2016年上半年，再担保机构新增再担保余额占担保机构新增担保余额的比重为19.5%，而再担保机构本期已代偿担保额占担保机构本期增加代偿额的比重仅为0.4%，分险功能明显发挥不足。同时，再担保机构担保业务额增幅较大，上半年再担保机构新增再担保业务同比增长29.2%，担保业务提报增长71%，担保业务增速是再担保业务增速的2.4倍多。再担保机构这种"偏直保废再保"倾向偏离了再担保机构设立的初衷，不利于发挥行业"稳定器"的作用。

三、中小企业融资面临的新情况

（一）融资担保属性定位意义重大

认清有关小微企业融资担保属性的定位对担保体系建设具有重要意义。我国担保行业发展十多年来对缓解中小企业融资难发挥了重要作用，但小微企业融资担保业务也存在市场定位模糊、可持续发展能力不强等问题。2015年，国务院出台了《关于促进融资担保行业加快发展的意见》（国发〔2015〕

43 号），将小微企业融资担保业务定位为"准公共产品"属性，并以此为依据明确界定了与该属性相匹配的担保体系和政策支持体系建设方向。在 43 号文件的指导下，小微企业融资担保工作的重点转变为大力发展政府支持的融资性担保和再担保机构、推进建立以省级再担保为核心的融资担保体系，支持方向也转为加大对小微企业融资担保业务政策扶持力度。

（二）支持手段变化影响巨大

小微企业支持手段变化对融资担保工作方式产生了巨大影响。2015 年以来，中央财政调整了中小企业专项资金使用方式和方向，由补助具体企业或服务机构转变为支持双创示范城市，由无偿资助转变为有偿使用。小微企业支持手段的调整虽然有利于财政资金的集中使用，提高财政资金使用效率，但也弱化了中小企业主管部门推动中小企业融资担保的工作手段，缩小了政策扶持受益范围，在一定程度上影响了中小企业主管部门的工作，特别是停止对担保机构的资金支持，不利于引导担保机构扩大小微企业担保业务规模。面对这种变化，中小企业主管部门要主动探索新的更加市场化的工作手段，诸如利用应收账款融资、开展大数据增信融资、加强对融资政策落实效果评估等，并使之成为新的工作支撑。

（三）政府职能转变影响深远

政府职能转变对推动中小企业融资担保工作的深远影响。中小企业融资担保工作的根本在于促进中小企业融资便利化，在推动中小企业发展工作中具有重要地位。当前，一些中小企业主管部门对中小企业融资担保职能做出了调整，有的将融资担保职能移交给了金融办，有的撤销合并了承担融资担保职能机构，压缩了职能，缩小了工作范围，从而对中小企业融资担保工作造成了一定影响。各地区中小企业主管部门要清楚认识，资金是企业的血液，只有金融和实体经济密切联系、互促共生，要高度重视中小企业融资担保工作，主动适应新常态下的新变化，转变观念，创新工作方式，加强组织协调，认真履行职责，努力引导更多金融资源投向中小企业，把融资担保工作作为促进中小企业发展的基础性、关键性工作，常抓不懈。

第三节　促进中小企业融资的主要着力点

融资难是中小企业发展面临的核心问题，是政府职能最需要也最应该发挥作用的领域。党中央和国务院历来高度重视中小企业融资难等问题，各地中小企业主管部门要把全面贯彻落实国务院关于促进中小企业持续发展的战略部署，认真贯彻落实好缓解中小企业融资难融资贵的各项政策措施，加强组织保障，健全职能，完善机制，配足人员，切实保障融资担保服务职能有效实现。

一、大力推进融资政策落实

继续发挥国务院促进中小企业发展工作领导小组办公室的协调作用，进一步加强与人民银行、银监会等部门的合作与配合，全面推进国务院促进金融支持实体经济和小微企业发展的各项政策措施贯彻落实。进一步深化落实工信部与中国银行等有关银行共同签署的中小企业金融服务战略合作协议，细化合作内容，确定合作项目，推动合作不断深入。委托第三方机构开展中小企业融资政策效果评估工作，从中小企业自身感受的角度，全面、动态评估中小企业融资政策落实情况，纵向反映中小企业融资环境变化，横向对比各个地区融资环境优劣，推动中小企业融资政策落地。

二、推动完善担保体系建设

国发〔2015〕43号文件是促进中小企业信用融资担保行业发展的纲领性文件，对促进信用担保机构健康发展，推进再担保体系建设具有长期的指导意义。贯彻落实好43号文件是一项重要工作，统筹担保体系建设各项工作，大力发展政府支持的担保机构，鼓励发展投资多元化的混合所有制担保机构，提高国有资本的引导性和控制力。进一步协调财政部门继续支持担保机构发展，推动加快设立国家融资担保基金，建设完善以省级再担保机构为核心、股权投资和再担保业务为纽带的全省统一的融资担保体系。进一步落实符合条件的担保机构免征增值税政策，推动出台继续实施担保机构准备金所得税前扣除政策，推动北京等6省市代偿补偿资金有效运用，及时了解资金使用情况和效果，协调推动在更多地区建立代偿补偿机制，继续开展好担保机构信息报送工作，用好信息数据。①

三、全面推进应收账款融资

应收账款是企业的优质资产，发展应收账款融资可以有效盘活应收账款，提高资产运营效率。大力推进应收账款等动产融资模式发展，帮助中小企业盘活有限的动产资源，有效降低抵质押融资门槛，扩大中小企业融资机会，摆脱过度依赖土地、房产等不动产抵押融资的状况。2017年，工信部计划与人民银行等部门联合开展小微企业应收账款质押融资三年专项行动，推动供应链核心大企业和政府采购主体支持小微企业应收账款质押融资，引导银行业金融机构和其他融资服务机构扩大应收账款质押融资业务规模，构建供应链上下游大中小企业良性协同发展的生态环境，进一步优化商业信用环境，促进金融与实体经济良性互动发展，开展中小企业应收账款质押融资是推动中小企业融资的一项创新性工作，各地区中小企业主管部门应结合实际，将应收账款质押融资纳入中小企业工作体系，会同相关部门创造性开展中小企业质押融资工作，尽快见到成效。②

四、积极利用大数据增信

充分利用各类电商平台、第三方支付平台等收集的大数据资源，积极推进各地结合实际开展中小企业信用信息征集、信用评价及应用活动。工信部要加强与人民银行等有关部门的密切协作，推动金融数据及政府公共服务数据、第三方服务平台数据的互联互通、协同共享，积极引入第三方机构涉及企业的进销存单、订单、财务等线上数据信息，补充现有金融及政府公共服务数据的不足，多渠道增进中小企业信用信息资源，切实缓解

---

① 杨明：《围绕重点扎实推进开创中小企业融资和担保工作新局面》，《中国工业报》2016年12月20日。

② 杨明：《主动作为创新推动着力改善中小企业融资环境》，《中国工业报》2016年12月13日。

银企信息不对称问题，提高中小企业融资能力，特别是帮助那些没有获得过贷款、缺乏金融信用记录的小微企业获得首次贷款，切实破解首贷难问题。

五、大力推动直接融资

破解中小企业融资难题的关键在于要坚持直接融资和间接融资并举，尤其是要加快中小企业直接融资速度。2016 年，国务院出台了《关于促进创业投资持续健康发展的若干意见》（国发〔2016〕53 号），要求各地区依托小微企业创业创新示范基地、产业集群、科技孵化器、大学科技园、产业园区、众创空间等各类创业创新空间载体，建立完善中小企业融资项目库，搭建创业投资与中小企业项目信息共享平台，打通创业资本和融资项目之间的通道，进一步发挥各级中小企业发展基金的引导作用，带动创投机构扩大中小微企业股权投资，推动产融合作、投贷联动，推进创投机构支持初创期、种子期成长性小微企业发展。建立健全中小微企业上市培育机制，加大对成长性好的中小微企业的上市宣传、培训和辅导力度，推动中小企业积极利用创业板、中小板、新三板和区域股权交易市场等开展直接融资，优化融资结构。[1]

六、探索创新融资模式

支持中小企业利用多元化融资工具和融资渠道满足不同成长阶段的多样化融资需求。鼓励中小企业应用互联网金融获取小额、短期、高效的融资，解决流动性资金不足问题。2015 年，人民银行、工信部等十部委联合印发了《关于促进互联网金融健康发展的指导意见》（银发〔2015〕221 号），鼓励互联网金融融资平台创新发展，提供更加安全、高效的投融资产品，更好地满足中小企业和个人投融资需求。进一步支持中小企业利用互联网金融平台依法合规地开展融资活动，缓解资金不足问题。引导担保机构与互联网金融平台合作，拓展业务范围，延长担保业务链条，创新担保产品，更好地服务中

---

[1] 马向晖：《拓宽中小企业融资渠道应在点上突破》，《经济日报》2016 年 12 月 21 日。

小微企业融资。进一步推动落实保监会、工信部等五部委联合印发的《关于大力发展信用保证保险 服务和支持小微企业的指导意见》（保监发〔2015〕6号），积极发挥中小企业贷款保证保险的社会功能，积极探索"担保＋保险"创新合作模式，深入开展"中小企业担保贷款保证保险"等新型中小企业融资业务，增强担保机构信用水平，分散经营风险。

政 策 篇

第十一章　2016 年促进中小企业发展的政策环境

伴随着《关于加快众创空间发展服务实体经济转型升级的指导意见》（国办发〔2016〕7号）、《关于推动小型微型企业创业创新基地发展的指导意见》（工信部联企业〔2016〕394号）等文件的印发，我国形成了一股强有力的双创氛围。同时，一系列简政放权的政策措施不断出台，各类市场主体均保持较快增长速度，创业投资氛围浓厚。为深入实施创新驱动发展战略，各地方政府根据当地特点出台了一系列有针对性的双创政策，从企业创新、创业融资、信息化建设等方面入手，不断优化创业创新环境。

第一节　国内政策环境

2016 年我国经济缓中趋稳，供给侧改革取得阶段性成果，经济增长中的积极因素增多，消费、投资和工业增加值平稳增长，服务业增幅稍有回落，实体经济回暖，经济结构继续优化。

一、新经济发展势头强劲，推动国内经济快速增长

在《关于加快众创空间发展服务实体经济转型升级的指导意见》（国办发〔2016〕7号）、《关于推动小型微型企业创业创新基地发展的指导意见》（工信部联企业〔2016〕394号）、《国务院关于深化制造业与互联网融合发展的指导意见》（国发〔2016〕28号）等一系列关于大众创业、万众创新的政策措施推动下，新经济在我国正以快速发展的形式迅速增长。以新产业、新模式、新业态为代表的新经济具有无限广阔的市场空间，不断激发我国经济发

展的潜能。作为以知识技术为核心、成长潜力大的新兴产业在2016年发展迅猛。2016年前三季度，高技术制造业增加值同比增长10.6%，在高技术制造业中装备工业的增加值同比增长9.1%，电子制造业增加值同比增长9.7%。新能源汽车作为新时代汽车产业的核心力量产量同比增长83.7%。[①]

依托互联网发展起的电子商务等新经济模式发展迅速。2016年前三季度，电子商务交易额超过17万亿元，同比增长超过20%，与电子商务相关的快递业发展速度也十分惊人，其业务量同比增长54%，全国网上零售额同比增长26.1%。

二、实体经济好转，工业企业利润提升

随着《关于钢铁行业化解过剩产能实现脱困发展的意见》和《关于煤炭行业化解过剩产能实现脱困发展的意见》等一系列推动供给侧改革的政策推出，国内工业企业利润有所提升。根据国家统计局数据，2016年1—11月份，全国规模以上工业企业实现利润总额为60334.1亿元，同比增长9.4个百分点，增速比1—10月份加快0.8个百分点。在规模以上工业企业中，国有控股企业实现利润总额10974.9亿元，同比增长8.2个百分点；股份制企业实现利润总额41342.4亿元，同比增长9.9%。规模以上工业企业实现主营业务收入103.1万亿元，同比增长4.4%；发生主营业务成本88.4万亿元，增长4.2%；主营业务收入利润率为5.85%。

三、工业生产增长基本平稳，投资增速小幅回落

根据国家统计局数据，2016年，民间固定资产投资为365219亿元，同比增长3.2%，占全国固定资产投资的61.2%，比2015年同期降低了3个百分点。为促进民间资本投资，国务院、财政部等有关部门发布了一系列政策，包括《关于进一步做好民间投资有关工作的通知》（国办发明电〔2016〕12号）、《普惠金融发展专项资金管理办法》（财金〔2016〕85号），政策围绕如何调动民间投资积极性，激发民间投资潜力，促进民间投资健康发展提出

---

① 《新经济势头迅猛新动能加速积聚》，《经济日报》2016年10月24日。

了若干政策措施。

四、经济结构调整继续优化

工业增加值的行业结构不断调整。一是对外投资合作有序发展。根据《丝绸之路经济带和21世纪海上丝绸之路的愿景和行动》这一纲领性文件制定了多项规划和措施，这些政策促使我国对"一带一路"沿线国家的投资合作成为亮点。2016年，我国对"一带一路"沿线国家直接投资145.3亿美元，对外承包工程新签合同额1260.3亿美元，占同期我国对外承包工程新签合同额的51.6%①，完成营业额759.7亿美元，占同期总额的47.7%。二是采矿业累计增速持续下降。7月份为增速为 - 0.4%，11月份采矿业增加值累计增长 - 0.9%，降幅较7月份扩大了0.5个百分点。三是制造业总体增速稳中有所提升。6—11月，制造业工业增加值累计增速保持在6.9%，增速比前5个月提升了0.2个百分点。②

投资结构实现进一步优化。一是第三产业投资保持两位数增长。1—11月，第三产业固定资产投资增长11.3%，相较于2015年，提升了0.3个百分点。其中增长较快的产业为旅游、健康、科研、教育等。二是工业投资结构进一步优化。在《工业企业技术改造升级投资指南（2016年版）》等国家相关政策的支持和引导下，我国工业技术改革投资增长趋势明显，实现转型升级，进一步提升对工业高技术产业的投资占比。1—11月制造业投资增长为3.6%，比1—9月份增加0.5个百分点；采矿业投资增速持续负增长，为20.2%。

第二节　双创环境分析

2016年，随着国务院发布一系列大众创业万众创新政策相继出台，双创政策环境逐渐完善。作为我国"十三五"时期经济发展的重要抓手，大众创

---

① 资料来源：商务部网站。
② 资料来源：中国社科院财经战略研究院。

业万众创新受到了各级政府的高度重视，伴随着各地双创政策的不断完善，双创环境进一步优化。

一、双创政策体系进一步完善

自 2016 年初，国务院印发了一系列推动双创发展的政策文件。《关于加快众创空间发展服务实体经济转型升级的指导意见》（国办发〔2016〕7 号），旨在促进众创空间向专业化发展，为双创提供低成本、全方位、专业化服务，加快科技成果转化，促进产学研合作。为部署深化制造业与互联网融合发展，经李克强总理签批，国务院于 5 月 20 日印发《国务院关于深化制造业与互联网融合发展的指导意见》（国发〔2016〕28 号），提出要以激发制造企业创新活力、发展潜力和转型动力为主线，以建设制造业与互联网融合双创平台为抓手，围绕制造业与互联网融合关键环节，积极培育新模式新业态。为推进小微企业双创基地规范化发展，降低创业创新成本，规范服务标准，工业和信息化部、国家发展和改革委员会、财政部、国土资源部、国家税务总局发布《关于推动小型微型企业创业创新基地发展的指导意见》（工信部联企业〔2016〕394 号），旨在实施创新驱动发展战略的指导下，以基地为载体、以服务为抓手、以生态为保障，对我国小微企业创业创新基地的服务提供方式、基地运营模式和运营主体资格方面提出了七项主要任务，为推动小微企业创业创新基地发展提供了有力支撑。《国务院办公厅关于加快众创空间发展服务实体经济转型升级的指导意见》（国办发〔2016〕7 号）、《国务院关于印发"十三五"国家知识产权保护和运用规划的通知》（国发〔2016〕86 号）、《关于完善制造业创新体系，推进制造业创新中心建设的指导意见》（工信部科〔2016〕273 号）等一系列文件的出台标志着企业创业创新的政策环境得到进一步优化，为创业创新发展提供了坚实有效的保障。

二、各类市场主体增长速度加快

伴随着一系列简政放权的政策措施不断出台，我国各类市场主体数量呈现明显增长趋势。根据工商总局数据，2016 年全国新登记市场主体共计 1651.3 万户，同比增长 11.6%，平均每天有 4.51 万户市场主体在各类工商登记部门进行注册登记。数据显示，服务业占比较大，占新登记企业总数的80.7%。到 2016 年底，我国每 1000 人中有 8.89 户企业，相较于 2015 年增加了 2.99 户。根据发改委数据，2016 年小微企业发展良好，数量呈现不断扩大趋势，全年小微企业开业率达 71.4%，其中 84.6% 为初次创业企业。80% 的新开业企业实现创收，超过一半的开业企业实现纳税。同时，小微企业创造岗位数量也有所提升，从业人员数量从平均 7.7 人增至 8.5 人①。

三、创业投资持续活跃

根据市场机构统计，2016 年我国创业投资总体保持强劲发展活力。2016 年第一季度，全国创业投资市场可投资本存量增加 18.4%，总规模超过 4000 亿元。全国创业投资市场新募集的基金共计 65 只，新增可投资的中国大陆资本量约为 372 亿元，同比增长 15%②。同时，天使投资的总金额也有所提升，第一季度全国天使投资机构披露投资金额超过 22.36 亿元，同比增长 7.8%。在所有投资中，对处于初创期、早中期的企业进行的投资占全部投资的74.8%，创业投资市场趋向于向创业前期投资倾斜。在财政部会同有关部门制定并印发《普惠金融发展专项资金管理办法》（财金〔2016〕85 号）中明确提出创业担保贷款贴息及奖补政策，专项资金安排支出用于对符合政策规定条件的创业担保贷款给予一定贴息，减轻创业者和用人单位负担，并对专项资金贴息的小微企业创业担保贷款进行了规定。为促进创业，扩大就业，中国人民银行、财政部、人力资源和社会保障部印发《关于实施创业担保贷款支持创业就业工作的通知》（银发〔2016〕202 号），将创业担保贷款对象范围调整扩大，并提高了符合条件的创业贷款额度，将现行适用于劳动密集型小企业的小额担保贷款政策调整为适用于所有符合条件的小微企业，促进创业担保贷款良性发展。

四、地方双创蓬勃开展

北京市大力营造浓厚的创业创新氛围，计划在中关村核心区域打造"一

---

① 资料来源：美国全球创业监测发布的《全球创业年度报告》。
② 资料来源：发改委网站。

城三街"，旨在打造创新创业孵化一条街，计划通过创新创业孵化一条街、科技金融一条街、知识产权与标准化一条街助力首都科技创新中心建设。杭州市印发《杭州"创新创业新天堂"行动实施方案》，不断优化创新创业体系，集聚国内外创新创业资源，计划到 2020 年将杭州打造成具有全球影响力的"互联网"创新创业中心，成为"创业者的天堂"。深圳市陆续出台了一系列优化双创环境的政策文件，包括《关于促进科技创新的若干措施》《关于支持企业提升竞争力的若干措施》《关于促进人才优先发展的若干措施》等，其中《关于促进科技创新的若干措施》共包括创新科技管理机制、提升产业创新能力、优化综合创新生态体系、金融支持科技创新等在内的 62 条措施，其中 47 条属于新增政策，占比高达 75.8%，措施中特别在企业创新和融资方面提出了建议，鼓励银行、证券公司、金融租赁公司等新型金融机构为创新型企业提供专业金融服务。上海市在新技术、新业态、新模式、新产业的"四新"道路上快速发展，以互联网教育、车联网等为代表的一系列"四新"项目蓬勃发展，成为上海市双创工作的领军行业。

五、双创氛围浓厚

2016 年，社会各界媒体对双创的报道热度持续升温。国家信息中心统计数据显示，第一季度全国主要互联网媒体关于双创的原创类信息约 120 多万条，同比增长 600 倍；全国各类微博、微信发布和转发关于双创的信息约 93 万条，同比增长 13%。按照国务院批复，2016 年全国大众创业万众创新活动周于 10 月 12 日—18 日成功举办。活动周围绕"发展新经济、培育新动能"的主题在全国范围内掀起了一轮推动大众创业万众创新的热潮。活动周期间，各地共计举办活动近 5000 场，借贷观众超过 2000 万人次，其中深圳主会场日接待观众量超 10 万人次，各会场达成意向合作近 1000 亿元。除"双创周"活动外，据统计第一季度各类双创相关论坛等活动共计 2428 台次，比 2015 年同期大幅增长 80%。

第十二章　2016年我国中小企业发展重点政策解析

在2015年印发的《关于发展众创空间推进大众创新创业的指导意见》（国办发〔2015〕9号）基础上，2016年《关于加快众创空间发展服务实体经济转型升级的指导意见》（国办发〔2016〕7号）、《关于推动小型微型企业创业创新基地发展的指导意见》（工信部联企业〔2016〕394号）等文件相继印发，进一步推动我国中小企业创业创新发展，营造浓厚的双创氛围。

第一节　《关于加快众创空间发展服务实体经济转型升级的指导意见》

一、出台背景

为进一步促进众创空间向专业化发展，向大众创业万众创新提供低成本、全方位、专业化的服务，国务院研究出台了《关于加快众创空间发展服务实体经济转型升级的指导意见》（国办发〔2016〕7号）（以下简称《指导意见》）。相较于《关于发展众创空间推进大众创新创业的指导意见》（国办发〔2015〕9号），本次印发的《指导意见》更加强调科技型创业的作用，积极引导科研院所、高校为创业创新增加技术来源，同时鼓励企业围绕主营业务方向和技术创新需求创办众创空间，提升众创空间中新企业、新产品得到认可和应用的速度。在创业投融资方面，《指导意见》更加突出创新投融资模式，鼓励各类天使投资、创业投资机构与众创空间相结合。

二、具体措施

1. 在重点产业领域发展众创空间。重点在电子信息、生物技术、现代农业、高端装备制造、新能源、新材料、节能环保、医药卫生、文化创意和现代服务业等产业领域先行先试，针对产业需求和行业共性技术难点，在细分领域建设众创空间。

2. 鼓励龙头骨干企业围绕主营业务方向建设众创空间。按照市场机制与其他创业主体协同聚集，优化配置技术、装备、资本、市场等创新资源，实现与中小微企业、高校、科研院所和各类创客群体有机结合，有效发挥引领带动作用，形成以龙头骨干企业为核心、高校院所积极参与、辐射带动中小微企业成长发展的产业创新生态群落。

3. 鼓励科研院所、高校围绕优势专业领域建设众创空间。发挥科研设施、专业团队、技术积累等优势，充分利用大学科技园、工程（技术）研究中心、重点实验室、工程实验室等创新载体，建设以科技人员为核心、以成果转移转化为主要内容的众创空间，通过聚集高端创新资源，增加源头技术创新有效供给，为科技型创新创业提供专业化服务。

4. 建设一批国家级创新平台和双创基地。依托国家自主创新示范区、国家高新技术产业开发区等试点建设一批国家级创新平台，推动各地发展各具特色的双创基地。国家高新技术产业开发区、国家级经济技术开发区、国家现代农业示范区、农业科技园区等要结合国家战略布局和当地产业发展实际，发挥重点区域创新创业要素集聚优势，打造一批具有当地特色的众创空间，与科技企业孵化器、加速器及产业园等共同形成创新创业生态体系。

5. 加强众创空间的国际合作。鼓励龙头骨干企业、高校、科研院所与国外先进创业孵化机构开展对接合作，共同建立高水平的众创空间，鼓励龙头骨干企业与国外创业孵化机构合作建立投资基金。支持众创空间引进国际先进的创业孵化理念，吸纳、整合和利用国外技术、资本和市场等资源，提升众创空间发展的国际化水平。大力吸引和支持港澳台科技人员以及海归人才、外国人才到众创空间创新创业，在居住、工作许可、居留等方面提供便利条件。

6. 实行奖励和补助政策。有条件的地方要综合运用无偿资助、业务奖励等方式，对众创空间的办公用房、用水、用能、网络等软硬件设施给予补助。支持国家科技基础条件平台为符合条件的众创空间提供服务。符合条件的众创空间可以申报承担国家科技计划项目。发挥财政资金的杠杆作用，采用市场机制引导社会资金和金融资本进入技术创新领域，支持包括中国创新创业大赛优胜项目在内的创新创业项目和团队，推动众创空间发展。

7. 落实促进创新的税收政策。众创空间的研发仪器设备符合相关规定条件的，可按照税收有关规定适用加速折旧政策；进口科研仪器设备符合规定条件的，适用进口税收优惠政策。众创空间发生的研发费用，企业和高校院所委托众创空间开展研发活动以及小微企业受委托或自身开展研发活动发生的研发费用，符合规定条件的可适用研发费用税前加计扣除政策。研究完善科技企业孵化器税收政策，符合规定条件的众创空间可适用科技企业孵化器税收政策。

8. 引导金融资本支持。引导和鼓励各类天使投资、创业投资等与众创空间相结合，完善投融资模式。鼓励天使投资群体、创业投资基金入驻众创空间和双创基地开展业务。鼓励国家自主创新示范区、国家高新技术产业开发区设立天使投资基金，支持众创空间发展。选择符合条件的银行业金融机构，在试点地区探索为众创空间内企业创新活动提供股权和债权相结合的融资服务，与创业投资、股权投资机构试点投贷联动。支持众创空间内科技创业企业通过资本市场进行融资。

9. 支持科技人员到众创空间创新创业。高校、科研院所要按照《中华人民共和国促进科技成果转化法》有关规定，落实科技成果使用权、处置权和收益权政策。对本单位科研人员带项目和成果到众创空间创新创业的，经原单位同意，可在 3 年内保留人事关系，与原单位其他在岗人员同等享有参加职称评聘、岗位等级晋升和社会保障等方面的权利。探索完善众创空间中创新成果收益分配制度。对高校、科研院所的创业项目知识产权申请、转化和运用，按照国家有关政策给予支持。进一步改革科研项目和资金管理使用制度，使之更有利于激发广大科研人员的创造性和转化成果的积极性。

10. 调动企业参与众创空间建设的积极性。企业建设众创空间的投入符合相关规定条件的，可享受研发费用加计扣除政策。国有企业对众创空间投入较大且符合有关规定的，可以适用有关科技创新考核政策。充分利用淘汰落后产能、处置"僵尸企业"过程中形成的闲置厂房、空余仓库以及生产设施，改造建设众创空间，鼓励企业通过集众智、汇众力等开放式创新，吸纳科技人员创业，创造就业岗位，实现转型发展。

11. 促进军民技术双向转化。大力推动军民标准通用化，引导民用领域知识产权在国防和军队建设领域运用。军工技术向民用转移中的二次开发费用，符合相关规定条件的可以适用研发费用加计扣除政策。在符合保密规定的前提下，对向众创空间开放共享的专用设备、实验室等军工设施，按照国家统一政策，根据服务绩效探索建立后补助机制，促进军民创新资源融合共享。

三、政策解读

《指导意见》提出促进众创空间专业化发展，为实施创新驱动发展战略、推进大众创业万众创新提供低成本、全方位、专业化服务，更大释放全社会创新创业活力，促进科技成果加快向现实生产力转化，增强实体经济发展新动能。《指导意见》围绕众创空间的建设问题，从配套资源、创新服务、创新辅导方面提出了五大重点任务。从电子信息、生物技术、现代农业、高端装备制造、新能源、新材料、节能环保、医药卫生、文化创意和现代服务业等重点产业领域着手，根据重点产业需求和行业共性创建众创空间，形成以龙头骨干企业为核心、高校院所积极参与、辐射带动中小微企业成长发展的产业创新生态群落。通过聚焦高端创新资源增加源头技术创新供给，增强创新创业服务的专业性。《指导意见》更加强调科技型创业的重要作用，引导科研院所、高校要为创新创业增加技术源头供给，明确了众创空间建设的目的与重点，将有效缓解一哄而上建设众创空间的状况。《指导意见》中提到对科技型人才的激励方式，这将有助于吸引创新型人才向众创空间集聚。

第二节　《关于深化制造业与互联网融合发展的指导意见》

一、出台背景

2016 年 5 月 4 日，李克强总理在国务院常务会议上提到"'互联网＋'是对'中国制造 2025'的重要支撑，要推动制造业与互联网的融合发展"。为深化制造业与互联网融合发展，加速旧动能向新动能的转换，激发制造企业创新活力，推广融合发展新业态模式，现出台《国务院关于深化制造业与互联网融合发展的指导意见》（国发〔2016〕28 号）（以下简称《意见》）。

二、具体措施

1. 打造制造企业互联网双创平台。组织实施制造企业互联网双创平台建设工程，支持制造企业建设基于互联网的双创平台，深化工业云、大数据等技术的集成应用，汇聚众智，加快构建新型研发、生产、管理和服务模式，促进技术产品创新和经营管理优化，提升企业整体创新能力和水平。鼓励大型制造企业开放双创平台聚集的各类资源，加强与各类创业创新基地、众创空间合作，为全社会提供专业化服务，建立资源富集、创新活跃、高效协同的双创新生态。深化国有企业改革和科技体制改革，推动产学研双创资源的深度整合和开放共享，支持制造企业联合科研院所、高等院校以及各类创新平台，加快构建支持协同研发和技术扩散的双创体系。

2. 推动互联网企业构建制造业双创服务体系。组织实施双创服务平台支撑能力提升工程，支持大型互联网企业、基础电信企业建设面向制造企业特别是中小企业的双创服务平台，鼓励基础电信企业加大对双创基地宽带网络基础设施建设的支持力度，进一步提速降费，完善制造业双创服务体系，营造大中小企业合作共赢的双创新环境，开创大中小企业联合创新创业的新局面。鼓励地方依托国家新型工业化产业示范基地、国家级经济技术开发区、国家高新技术产业开发区等产业集聚区，加快完善人才、资本等政策环境，充分运用互联网，积极发展创客空间、创新工场、开源社区等新型众创空间，结合双创示范基地建设，培育一批支持制造业发展的双创示范基地。组织实施企业管理能力提升工程，加快信息化和工业化融合管理体系标准制定和应用推广，推动业务流程再造和组织方式变革，建立组织管理新模式。

3. 支持制造企业与互联网企业跨界融合。鼓励制造企业与互联网企业合资合作培育新的经营主体，建立适应融合发展的技术体系、标准规范、商业模式和竞争规则，形成优势互补、合作共赢的融合发展格局。推动中小企业制造资源与互联网平台全面对接，实现制造能力的在线发布、协同和交易，积极发展面向制造环节的分享经济，打破企业界限，共享技术、设备和服务，提升中小企业快速响应和柔性高效的供给能力。支持制造企业与电子商务企业开展战略投资、品牌培育、网上销售、物流配送等领域合作，整合线上线下交易资源，拓展销售渠道，打造制造、营销、物流等高效协同的生产流通一体化新生态。

4. 培育制造业与互联网融合新模式。面向生产制造全过程、全产业链、产品全生命周期，实施智能制造等重大工程，支持企业深化质量管理与互联网的融合，推动在线计量、在线检测等全产业链质量控制，大力发展网络化协同制造等新生产模式。支持企业利用互联网采集并对接用户个性化需求，开展基于个性化产品的研发、生产、服务和商业模式创新，促进供给与需求精准匹配。推动企业运用互联网开展在线增值服务，鼓励发展面向智能产品和智能装备的产品全生命周期管理和服务，拓展产品价值空间，实现从制造向"制造＋服务"转型升级。积极培育工业电子商务等新业态，支持重点行业骨干企业建立行业在线采购、销售、服务平台，推动建设一批第三方电子商务服务平台。

5. 强化融合发展基础支撑。推动实施国家重点研发计划，强化制造业自动化、数字化、智能化基础技术和产业支撑能力，加快构筑自动控制与感知、工业云与智能服务平台、工业互联网等制造新基础。组织实施"芯火"计划和传感器产业提升工程，加快传感器、过程控制芯片、可编程逻辑控制器等产业化。加快计算机辅助设计仿真、制造执行系统、产品全生命周期管理等工业软件产业化，强化软件支撑和定义制造业的基础性作用。构建信息物理系统参考模型和综合技术标准体系，建设测试验证平台和综合验证试验床，支持开展兼容适配、互联互通和互操作测试验证。

6. 提升融合发展系统解决方案能力。实施融合发展系统解决方案能力提升工程，推动工业产品互联互通的标识解析、数据交换、通信协议等技术攻关和标准研制，面向重点行业智能制造单元、智能生产线、智能车间、智能工厂建设，培育一批系统解决方案供应商，组织开展行业系统解决方案应用试点示范，为中小企业提供标准化、专业化的系统解决方案。支持有条件的企业开展系统解决方案业务剥离重组，推动系统解决方案服务专业化、规模化和市场化，充分发挥系统解决方案促进制造业与互联网融合发展的"黏合剂"作用。

7. 提高工业信息系统安全水平。实施工业控制系统安全保障能力提升工程，制定完善工业信息安全管理等政策法规，健全工业信息安全标准体系，建立工业控制系统安全风险信息采集汇总和分析通报机制，组织开展重点行业工业控制系统信息安全检查和风险评估。组织开展工业企业信息安全保障试点示范，支持系统仿真测试、评估验证等关键共性技术平台建设，推动访问控制、追踪溯源、商业信息及隐私保护等核心技术产品产业化。以提升工业信息安全监测、评估、验证和应急处置等能力为重点，依托现有科研机构，建设国家工业信息安全保障中心，为制造业与互联网融合发展提供安全支撑。

8. 完善融合发展体制机制。深入推进简政放权、放管结合、优化服务改革，放宽新产品、新业态的市场准入限制，加强事中事后监管，提升为企业服务的能力和水平，营造有利于制造业与互联网融合发展的环境。适应制造业与互联网跨界融合发展趋势，积极发挥行业协会和中介组织的桥梁纽带作用，鼓励建立跨行业、跨领域的新型产学研用联盟，开展关键共性技术攻关、融合标准制定和公共服务平台建设。围绕新商业模式知识产权保护需求，完善相关政策法规，建设结构合理、层次分明、可持续发展的知识产权运营服务网络。

9. 培育国有企业融合发展机制。鼓励中央企业设立创新投资基金，引导地方产业投资基金和社会资本，支持大企业互联网双创平台建设、创新创意孵化、科技成果转化和新兴产业培育。建立有利于国有企业与互联网深度融合、激发企业活力、积极开展双创的机制，完善国有企业内部创新组织体系和运行机制，探索引入有限合伙制，完善鼓励创新、宽容失败的经营业绩考核机制，研究建立中央企业创新能力评价制度，建立促进创新成果转让的收益分配、工资奖励等制度，对企业重要技术人员和经营管理人员实施股权和分红激励政策。

10. 加大财政支持融合发展力度。利用中央财政现有资金渠道，鼓励地方设立融合发展专项资金，加大对制造业与互联网融合发展关键环节和重点领域的投入力度，为符合条件的企业实施设备智能化改造、双创平台建设运营和应用试点示范项目提供支持。充分发挥现有相关专项资金、基金的引导带动作用，支持系统解决方案能力提升和制造业双创公共服务平台建设。制造业与互联网融合发展相关工作或工程中涉及技术研发、确需中央财政支持的，通过优化整合后的科技计划（专项、基金等）统筹予以支持。创新财政资金支持方式，鼓励政府采购云计算等专业化第三方服务，支持中小微企业提升信息化能力。

11. 完善支持融合发展的税收和金融政策。结合全面推开营改增试点，进一步扩大制造企业增值税抵扣范围，落实增值税优惠政策，支持制造企业基于互联网独立开展或与互联网企业合资合作开展新业务。落实研发费用加计扣除、高新技术企业等所得税优惠政策，积极研究完善科技企业孵化器税收政策。选择一批重点城市和重点企业开展产融合作试点，支持开展信用贷款、融资租赁、质押担保等金融产品和服务创新。鼓励金融机构利用双创平台提供结算、融资、理财、咨询等一站式系统化金融服务，进一步推广知识产权质押，创新担保方式，积极探索多样化的信贷风险分担机制。

12. 强化融合发展用地用房等服务。支持制造企业在不改变用地主体和规划条件的前提下，利用存量房产、土地资源发展制造业与互联网融合的新业务、新业态，实行5年过渡期内保持土地原用途和权利类型不变的政策。鼓励有条件的地方因地制宜出台支持政策，积极盘活闲置的工业厂房、企业库房和物流设施等资源，并对办公用房、水电、网络等费用给予补助，为致力于制造业与互联网融合发展的创业者提供低成本、高效便捷的专业服务。

13. 健全融合发展人才培养体系。深化人才体制机制改革，完善激励创新的股权、期权等风险共担和收益分享机制，吸引具备创新能力的跨界人才，营造有利于融合发展优秀人才脱颖而出的良好环境。支持高校设置"互联网

+"等相关专业，推进高等院校专业学位建设，加强高层次应用型专门人才培养。在重点院校、大型企业和产业园区建设一批产学研用相结合的专业人才培训基地，积极开展企业新型学徒制试点。结合国家专业技术人才知识更新工程、企业经营管理人才素质提升工程、高技能人才振兴计划等，加强融合发展职业人才和高端人才培养。在大中型企业推广首席信息官制度，壮大互联网应用人才队伍。

14. 推动融合发展国际合作交流。积极发起或参与互联网领域多双边或区域性规则谈判，提升影响力和话语权。推动建立中外政府和民间对话交流机制，围绕大型制造企业互联网双创平台建设、融合发展标准制定以及应用示范等，开展技术交流与合作。结合实施"一带一路"等国家重大战略，运用丝路基金、中非发展基金、中非产能合作基金等金融资源，支持行业协会、产业联盟与企业共同推广中国制造业与互联网融合发展的产品、技术、标准和服务，推动制造业与互联网融合全链条"走出去"，拓展海外市场；提升"引进来"的能力和水平，利用全球人才、技术、知识产权等创新资源，学习国际先进经营管理模式，支持和促进我国制造业与互联网融合发展。

三、政策解读

为加快我国制造业与互联网融合的步伐，协同推进"中国制造2025"和"互联网＋"行动，《意见》提出七大主要任务，包括：打造制造业企业互联网双创平台、推动互联网企业构建制造业双创服务体系、支持制造企业与互联网企业跨界融合、培育制造业与互联网融合新模式、强化融合发展基础支撑、提升融合发展系统解决方案能力、提高工业信息系统安全水平。《意见》以建设制造业与互联网融合双创平台为抓手，重点完善制造业与互联网融合的关键环节，积极打造融合新模式，充分发挥"互联网＋"的力量。加快推动"中国制造"提质增效升级，提升制造业综合竞争力。《意见》将对推动互联网和制造业融合发展具有重大意义。党中央、国务院高度重视制造业与互联网融合发展，习近平总书记在网络安全和信息化工作座谈会上指出"要着力推动互联网与实体经济深度融合发展，以信息流带动技术流、资金流、人才流、物资流，促进资源配置优化"。互联网日益成为我国驱动产业变革的主导力量，推动制造业与互联网的融合将有助于深化结构性改革，加快"中国制造"提质增效升级的重要举措。

第三节 《普惠金融发展专项资金管理办法》

一、出台背景

普惠金融这一概念由联合国在 2005 年提出，是指以可负担的成本为有金融服务需求的社会各阶层和群体提供适当、有效的金融服务，小微企业、农民、城镇低收入人群等弱势群体是其重点服务对象。大力发展普惠金融是我国全面建成小康社会的必然要求，受到党中央、国务院高度重视，党的十八届三中全会明确提出发展普惠金融。2015 年《政府工作报告》中也明确提出要大力发展普惠金融，提高金融服务的覆盖率，让所有主体都能享受到金融服务。为加快建立普惠金融服务和保障体系，强化普惠金融发展专项资金管理，提高财政资金使用效益，财政部会同有关部门制定并印发《普惠金融发展专项资金管理办法》（财金〔2016〕85 号）。

二、具体措施

（一）县域金融机构涉农贷款增量奖励政策

1. 为发挥财政资金对县域经济发展的支持和推动作用，专项资金安排支出用于对符合条件的县域金融机构给予一定奖励，引导其加大涉农贷款投放力度。

2. 对符合条件的县域金融机构当年涉农贷款平均余额同比增长超过 13% 的部分，财政部门可按照不超过 2% 的比例给予奖励。对年末不良贷款率高于 3% 且同比上升的县域金融机构，不予奖励。

实施涉农贷款增量奖励政策的地区包括河北、山西、内蒙古、辽宁、吉林、黑龙江、江苏、安徽、福建、江西、山东、河南、湖北、湖南、广西、海南、四川、重庆、贵州、云南、西藏、陕西、甘肃、青海、新疆等 25 个省

（区、市）。财政部将根据奖励政策实施效果和中央、地方财力情况，结合地方意愿适时调整实施奖励政策的地区范围。

3. 奖励资金于下一年度拨付，纳入县域金融机构收入核算。

4. 本章所称县域金融机构，是指县级（含县、县级市、县级区，不含县级以上城市的中心区）区域内具有法人资格的金融机构（以下简称"法人金融机构"）和其他金融机构（不含农业发展银行）在县及县以下的分支机构。

（二）农村金融机构定向费用补贴政策

5. 为引导和鼓励金融机构主动填补农村金融服务空白，专项资金安排支出用于对符合条件的新型农村金融机构和西部基础金融服务薄弱地区的银行业金融机构（网点）给予一定补贴，支持农村金融组织体系建设，扩大农村金融服务覆盖面。

6. 对符合下列各项条件的新型农村金融机构，财政部门可按照不超过其当年贷款平均余额的2%给予补贴：

（1）当年贷款平均余额同比增长；

（2）村镇银行的年均存贷比高于50%（含50%）；

（3）当年涉农贷款和小微企业贷款平均余额占全部贷款平均余额的比例高于70%（含70%）；

（4）财政部门规定的其他条件。

对西部基础金融服务薄弱地区的银行业金融机构（网点），财政部门可按照不超过其当年贷款平均余额的2%给予补贴。新型农村金融机构不重复享受补贴。

7. 补贴资金于下一年度拨付，纳入金融机构收入统一核算。

8. 东、中、西部地区农村金融机构（网点）可享受补贴政策的期限，分别为自该农村金融机构（网点）开业当年（含）起的3、4、5年内。农村金融机构（网点）开业超过享受补贴政策的年数后，无论该农村金融机构（网点）是否曾经获得过补贴，都不再享受补贴。如果农村金融机构（网点）开业时间晚于当年的6月30日，但开业当年未享受补贴，则享受补贴政策的期限从开业次年起开始计算。

9. 对以下几类贷款不予补贴，不计入享受补贴的贷款基数：

（1）当年任一时点单户贷款余额超过 500 万元的贷款；

（2）注册地位于县级（含县、县级市、县级区，不含县级以上城市的中心区）以下区域的新型农村金融机构，其在经监管部门批准的县级经营区域以外发放的贷款；

（3）注册地位于县级以上区域的新型农村金融机构，其网点在所处县级区域以外发放的贷款；

（4）西部基础金融服务薄弱地区的银行业金融机构（网点）在其所在乡（镇）以外发放的贷款。

（三）创业担保贷款贴息及奖补政策

10. 为实施更加积极的就业政策，以创业创新带动就业，助力大众创业、万众创新，专项资金安排支出用于对符合政策规定条件的创业担保贷款给予一定贴息，减轻创业者和用人单位负担，支持劳动者自主创业、自谋职业，引导用人单位创造更多就业岗位，推动解决特殊困难群体的结构性就业矛盾。

11. 对按照《国务院关于进一步做好新形势下就业创业工作的意见》（国发〔2015〕23 号）、《中国人民银行财政部人力资源社会保障部关于实施创业担保贷款支持创业就业工作的通知》（银发〔2016〕202 号）等文件规定发放的个人和小微企业创业担保贷款，财政部门可按照国家规定的贴息标准予以贴息。

享受财政贴息支持的创业担保贷款，作为借款人的个人和小微企业应通过人力资源社会保障部门的借款主体资格审核，持有相关身份证明文件，且经担保基金运营管理机构和经办银行审核后，具备相关创业能力，符合相关担保和贷款条件。

12. 专项资金贴息的个人创业担保贷款，最高贷款额度为 10 万元，贷款期限最长不超过 3 年，贷款利率可在贷款合同签订日贷款基础利率的基础上上浮一定幅度，具体标准为贫困地区（含国家扶贫开发工作重点县、全国 14 个集中连片特殊困难地区，下同）上浮不超过 3 个百分点，中、西部地区上浮不超过 2 个百分点，东部地区上浮不超过 1 个百分点，实际贷款利率由经办银行在上述利率浮动上限内与创业担保贷款担保基金运营管理机构协商确定。除助学贷款、扶贫贷款、首套住房贷款、购车贷款以外，个人创业担保贷款申请人及其家庭成员（以户为单位）自提交创业担保贷款申请之日起向前追溯 5 年内，应没有商业银行其他贷款记录。

专项资金贴息的小微企业创业担保贷款，贷款额度由经办银行根据小微企业实际招用符合条件的人数合理确定，最高不超过 200 万元，贷款期限最长不超过 2 年，贷款利率由经办银行根据借款人的经营状况、信用情况等与借款人协商确定。对已享受财政部门贴息支持的小微企业创业担保贷款，政府不再通过创业担保贷款担保基金提供担保形式的支持。

13. 创业担保贷款财政贴息，在国家规定的贷款额度、利率和贴息期限内，按照实际的贷款额度、利率和计息期限计算。其中，对贫困地区符合条件的个人创业担保贷款，财政部门给予全额贴息；对其他地区符合条件的个人创业担保贷款，财政部门第 1 年给予全额贴息，第 2 年贴息 2/3，第 3 年贴息 1/3。对符合条件的小微企业创业担保贷款，财政部门按照贷款合同签订日贷款基础利率的 50% 给予贴息。对展期、逾期的创业担保贷款，财政部门不予贴息。

经省级或计划单列市人民政府同意，各地可适当放宽创业担保贷款借款人条件、提高贷款利率上限，相关创业担保贷款由地方财政部门自行决定贴息，具体贴息标准和条件由各省（区、市）结合实际予以确定，因此而产生的贴息资金支出由地方财政部门全额承担。对地方财政部门自行安排贴息的创业担保贷款，要与中央财政贴息支持的创业担保贷款分离管理，分账核算，并纳入创业担保贷款财政贴息资金管理信息系统统一管理。

14. 经办银行按照国家财务会计制度和创业担保贷款政策有关规定，计算创业担保贷款应贴息金额，按季度向地市级财政部门申请贴息资金。地市级财政部门审核通过后，在 1 个月内向经办银行拨付。对省直管县，经省级财政部门同意，可由县级财政部门负责相关贴息资金审核拨付工作。

15. 建立创业担保贷款奖励机制。按各地当年新发放创业担保贷款总额的 1%，奖励创业担保贷款工作成效突出的经办银行、创业担保贷款担保基金运营管理机构等单位，用于其工作经费补助。

创业担保贷款奖励性补助资金的奖励基数，包括经省级人民政府同意、由地方财政部门自行决定贴息的创业担保贷款。对主要以基础利率或低于基础利率发放贷款的经办银行，各地财政部门可在奖励资金分配上给予适度倾斜。

16. 本章所称创业担保贷款，是指以具备规定条件的创业者个人或小微企业为借款人，由创业担保贷款担保基金提供担保，由经办此项贷款的银行业金融机构发放，由财政部门给予贴息（小微企业自行选择贴息或担保中的一项），用于支持个人创业或小微企业扩大就业的贷款业务。

三、政策解读

《普惠金融发展专项资金管理办法》（以下简称《管理办法》）对涉农贷款增量奖励、农村金融机构定向费用补贴、创业担保贷款贴息及奖补、政府和社会资本合作（PPP）项目以奖代补四个使用方向进行了明确。同时，在专项资金安排支出方面，对符合条件的 PPP 示范项目的地方融资平台公司存量项目给予一定奖励，对中央财政 PPP 示范项目中的新建项目投资规模 10 亿元以上的最高奖励 800 万元。同时鼓励融资平台公司化解存量地方政府债务。为减轻创业者和用人单位负担，专项资金安排支出用于对符合政策规定条件的创业担保贷款给予一定贴息，这一举措将有效缓解创业融资难问题。《管理办法》对几种补贴的使用方向加以确认将有效提升补贴资金的使用效益，《管理办法》遵循惠民生、保基本、有重点、可持续的原则，将有效引导各地人民政府、金融机构及社会资金支持普惠金融发展，缓解市场失灵问题，提升普惠金融服务的适用性。

第四节 《关于推动小型微型企业创业创新基地发展的指导意见》

一、出台背景

小型微型企业创业创新基地作为聚集各类创业创新资源，为小微企业提供有效服务支撑的载体和场所，对小微企业创业创新发展起到了至关重要的作用。为深入贯彻党中央、国务院关于大力推进"大众创业、万众创新"和构建双创支撑平台的战略部署，从双创氛围、优化环境、规范服务、构建生态等角度推动小型微型企业创业创新基地的升级建设，工业和信息化部发布《关于推动小型微型企业创业创新基地发展的指导意见》（工信部联企业〔2016〕394号）（以下简称《意见》）。

二、具体措施

1. 完善公共基础设施，实现服务信息化

推动小微企业双创基地完善信息网络基础设施，提高云计算、大数据、物联网等信息技术的应用能力，利用工业互联网、云计算平台、大数据中心等公共服务设施，为企业提供便捷、稳定、广覆盖、低成本的信息网络基础设施和研发、设计、制造、经营管理、营销、融资等全方位应用服务。

2. 集成内外部服务资源，实现服务平台化

推动小微企业双创基地以平台化的方式集聚优质创业创新资源。鼓励小微企业双创基地完善服务制度、提升服务水平、提高服务效率；鼓励各类服务机构入驻小微企业双创基地，提供专业化服务；鼓励发展众创、众包、众筹、众扶新模式，提高创业创新服务的能力和水平；鼓励建立并完善小微企业创业创新数据库，为入驻企业提供一站式、个性化服务。

3. 构建服务质量管理体系，实现服务规范化

引导小微企业双创基地建立规范的创业服务质量管理和评估体系，明确服务标准，规范服务流程，依据企业对服务效果满意度的评价意见对服务机构进行动态管理，推动小微企业双创基地服务质量不断提升。

4. 推动产业有机联动，实现小微企业双创基地生态化发展

引导小微企业双创基地构建各类创业创新主体紧密协作的网络，围绕产业链、打造创新链、优化供应链、完善资金链，形成产业资源集聚、企业多元互补、服务功能完备的创业生态环境。建设技术交易、信息技术服务、科技咨询、创业培训等公共服务平台，促进创新成果转化，加强知识产权保护和应用。构建入驻企业资源共享、原料互供机制，加强专业化协作。推动骨干企业与入驻企业合作共享，打造生产协同、创新协同、战略协同的创新产业圈。引导银行、投资机构、中小企业信用担保机构与入驻小微企业对接。

引导和鼓励有条件的小微企业双创基地直接设立或引入专业股权投资基金，构建与创业创新相协调的资金链。

5. 打造环境友好型基地，引导小微企业双创基地绿色化发展

推动小微企业双创基地全面推行绿色发展理念。鼓励利用闲置厂房、楼宇等场所改建小微企业双创基地，完善"三废"集中处理等公共基础设施；鼓励小微企业双创基地为入驻企业开展能耗在线监测与预警服务，帮助入驻企业降能耗、降成本，开展清洁生产技术改造，提升能源资源利用效率。推动新能源的使用和节能减排，实现小微企业双创基地绿色发展。

6. 提升信息技术应用能力，推动小微企业双创基地智慧化发展

加强小微企业双创基地与"互联网＋"融合。通过不断完善和提高汇集分析物业、企业、项目、技术、人才等信息的能力，加强智慧物流、智慧仓储、智能监控、智慧能源等平台建设，推动项目智能评估、健康体检、实时监控等精细化管理系统的应用，逐步提高小微企业双创基地智慧化水平。

7. 发挥各类主体优势，推动小微企业双创基地特色化发展

结合各种建设运营主体的特点和小微企业双创基地运营发展需求，有重点、有特色地打造小微企业双创基地核心竞争力，提高小微企业双创基地孵化和产业化能力。对于依托经济技术开发区、工业园区、产业集群（园区）等为基础建设运营的小微企业双创基地，要重点发挥产业资源集聚功能，构建从孵化到产业化的全链条企业培育能力。对于依托高校和科研院所建设运营的小微企业双创基地，要重点发挥科技创新的引领作用，提高科研成果转化率，打造科技含量高、影响力大、创新能力强、孵化效果好的小微企业双创基地。对于行业骨干企业设立运营的小微企业双创基地，要发挥骨干企业的带动作用，以及在研发资源、市场资源、信息资源等方面的优势，加强专业化协作和配套，支持入驻企业"专精特新"发展。

8. 推动用地政策落实

各级中小企业主管部门要积极协调有关部门，认真落实国务院关于促进小型微型企业发展和推动双创平台建设的政策措施，统筹规划建设小微企业双创基地，在用地计划指标上予以优先安排。

对利用闲置土地、厂房、楼宇建设创业创新基地有贷款需求的项目，各地中小企业主管部门应积极协调，组织金融机构进行对接并给予支持。

9. 加强财政支持力度

将小微企业双创基地建设和发展与现行支持政策做好衔接，统筹现有资金渠道，探索 PPP、政府购买服务等模式支持小微企业双创基地基础设施改造、信息化建设、服务能力提升，以及对厂房场地租金予以补助，对优秀小微企业双创基地予以奖励。

10. 完善金融保障力度

创新金融工具，引导金融机构加大对示范基地建设和重点项目的支持力度。推动小微企业双创基地与银行、创业投资机构、股权投资机构对接，联合设立或引进创业投资基金、股权投资基金并优先投资于小微企业双创基地内企业和项目。鼓励小微企业双创基地与中小企业信用担保机构对接，为小微企业双创基地内中小企业提供增信和融资担保，支持保险机构在小微企业双创基地内积极发展产品和服务。

11. 落实税收优惠政策

切实落实创业孵化器税收优惠政策。小微企业双创基地符合科技企业孵化器、大学科技园税收政策条件的，可享受有关税收优惠。

三、政策解读

为深入贯彻党中央、国务院关于大力推进大众创业万众创新和构建双创支撑平台的战略部署，从构建创业创新生态、优化创业创新环境、营造创业创新氛围的角度推动小微企业创业创新基地发展，《意见》提出七项任务，包括：（1）完善公共基础设施，实现服务信息化；（2）集成内外部服务资源，实现服务平台化；（3）构建服务质量管理体系，实现服务规范化；（4）推动产业有机联动，实现小微企业双创基地生态化发展；（5）打造环境友好型基地，引导小微企业双创基地绿色化发展；（6）提升信息技术应用能力，推动小微企业双创基地智慧化发展；（7）发挥各类主体优势，推动小微企业双创基地特色化发展。从推动小微企业双创发展的思路上实现了两个转变：一是从政府直接干预转向政府引导市场主导，以市场化的方式培育和引导小微企业创新创业；二是从直接扶持创业企业本身转向从营造创业创新氛围、优化创业创新环境、强化创业创新支撑能力、规范创业创新服务、构建创业创新生态的角度间接地去推动双创。《意见》以基地作为载体、以服务作为抓手，对我国小微企业创业创新基地的服务提供方式、基地运营模式和运营主体资格提出了重点发展方向，将更加有效地推动小微企业创业创新，加强其创业创新环境的适宜度和包容度，从更大层面、更深层次上推动创业创新。

第五节　《关于完善制造业创新体系，推进制造业创新中心建设的指导意见》

一、出台背景

20 世纪 80 年代以来，我国陆续建成了国家工程研究中心、国家工程技术研究中心、国家重点实验室等各类创新载体，创新能力不断增强，但由于制造业创新发展仍存在资源分散、创新链脱节、供给不足等问题，亟待出台相关政策完善制造业创新体系建设。按照《中国制造 2025》战略部署，围绕制造业创新发展的核心任务，为统筹推进国家制造业创新中心和省级制造业创新中心建设，工业和信息化部印发《关于完善制造业创新体系，推进制造业创新中心建设的指导意见》（工信部科〔2016〕273 号）（以下简称《意见》）。

二、具体措施

1. 开展产业前沿及共性关键技术研发。面向战略必争的重点领域，开展前沿技术研发及转化扩散，突破产业链关键技术屏障，支撑产业发展。面向优势产业发展需求，开展共性关键技术和跨行业融合性技术研发，突破产业发展的共性技术供给瓶颈，带动产业转型升级。

2. 建立产学研协同创新机制。整合各类创新资源，依托现有或新组建的产业技术创新联盟，发挥行业骨干企业主导作用、中小企业协同配套作用、高校科研院所技术支撑基础作用、行业中介组织的保障服务作用，形成联合开发、优势互补、成果共享、风险共担的产学研协同创新机制。

3. 加强知识产权保护运用。建立完善的知识产权管理制度，在制造业创新中心成员间形成知识产权协同创造、联合运营和收益共享。加强关键核心技术和基础共性技术知识产权战略储备，形成战略前瞻布局。加强知识保护，支撑和保障制造业创新发展。

4. 促进科技成果商业化应用。建立以市场化机制为核心的成果转移扩散机制，通过孵化企业、种子项目融资等方式，推动科技成果首次商业化应用和产业化。探索采取股权、期权激励和奖励等多种方式，鼓励科技人员积极转化科技成果。

5. 强化标准引领和保障作用。围绕重点领域组建标准推进联盟，研制对提升产业竞争力具有重要影响的关键技术标准，通过标准固化创新成果、推动创新成果应用、增强市场信心，促进标准与技术和产业发展的紧密结合。积极参加各类国际标准化活动，主导和参与国际标准制定，增加国际标准话语权，提升我国相关产业的国际竞争力。

6. 服务大众创业万众创新。建立众创空间、新型孵化器等各种形式的平台载体，利用"互联网+"，为企业提供信息服务，加速创意孵化和技术成果产业化。推动互联网企业构建制造业双创服务体系，培育"互联网+"制造新模式。加强与各类投资基金合作，拓展创新创业投融资渠道，为企业双创提供持续支持。

7. 打造多层次人才队伍。集聚培养高水平领军人才与创新团队，开展人才引进、人才培养、人才培训、人才交流。建立和完善人才培训服务体系，加强专业技术人才和高技能人才队伍建设，把创新精神与企业家精神、工匠精神有机结合起来，为我国制造业发展提供多层次创新人才。

8. 鼓励开展国际合作。加强国际科技创新信息的跟踪、收集、分析，通过人才引进、技术引进、参股并购、专利交叉许可等形式，促进行业共性技术水平提升和产业发展。与全球创新要素深度融合，通过建立联合研发中心或实验基地等，开展联合研发。

9. 完善部门协同机制。在国家制造强国建设领导小组领导下，强化各部委工作组织协调，形成工作合力，推进制造业创新中心建设工程的实施。组建制造业创新中心建设工程专家组，完善专家组的调研机制、反馈机制和跟踪机制，提高决策的科学性和可行性。充分发挥行业协会的宣传组织和沟通桥梁作用。

10. 加强地方组织实施。加强部省资源统筹协调和交流互动，形成中央和地方上下联动的协同工作机制，共同推进制造业创新中心建设。鼓励地方加强规划布局，因地制宜制定各类优惠政策，探索地方财政的有效支持方式，支持制造业创新中心建设。加强省级制造业创新中心与国家新型工业化产业示范基地、两化融合示范区建设等相关工作的结合，鼓励相关试点示范地区建立有利于制造业创新中心建设的服务体系和政策环境。

11. 加大资金支持力度。对于列入重点培育对象的省级制造业创新中心，争取地方财政资金支持，积极探索中央财政资金的支持方式。《中国制造2025》中有关工程和国家科技计划项目对国家制造业创新中心和省级制造业创新中心申报项目予以倾斜。

12. 用好税收金融政策。落实制造业与互联网融合发展的增值税优惠政策，加快落实研发费用加计扣除等支持创新的所得税优惠政策。充分发挥各类产业基金的引导作用，鼓励探索打造多元化的融资渠道，调动和增强社会各方力量参与的主动性、积极性，引导社会资本支持制造业创新中心建设。鼓励银行探索支持制造业创新中心建设的金融产品。

13. 强化考核评估和指导落实。完善考核评估机制，对国家制造业创新中心开展阶段性考核评估，对重点培育的省级制造业创新中心，根据阶段发展目标开展考核评估。鼓励地方加大对省级制造业创新中心建设的跟踪、分析和指导。根据产业发展和评估情况，择优支持省级制造业创新中心参与国家制造业创新中心建设。

三、政策解读

《意见》按照《中国制造2025》战略部署，"一案一例一策"方式，统筹推进国家制造业创新中心和省级制造业创新中心建设。《意见》提出重点围绕新一代信息技术、智能制造、增材制造、新材料、生物医药等重点领域建设一批制造业创新中心，在每个领域布局一家国家制造业创新中心，形成支撑国家制造业创新体系的核心节点，利用国家制造业创新中心应汇聚该领域国内主要创新资源，采取产学研用相结合，以企业为主体，探索并完善运行机制。为此，《意见》提出八大主要任务：（1）开展产业前沿及共性关键技术研发、（2）建立产学研协同创新机制、（3）加强知识产权保护运用、（4）促进科技成果商业化应用、（5）强化标准引领和保障作用、（6）服务大众创业万众创新、（7）打造多层次人才队伍、（8）鼓励开展国际合作。从塑造制造业创新链条、优化制造业发展环境、加强制造业创新中心服务功能等维度入手，促进创新中心的发展，完善贯穿于创新链、产业链的制造业创新生态系统。《意见》作为指导和规范制造业创新中心建设、完善制造业创新体系的重要文件，明确了制造业创新中心设计的主要目标、基本原则、总体部署和具体任务，这将有助于聚集产业创新资源，提升制造业创新平台的水平，整合国内创新资源，形成本领域有较强影响力的制造业创新中心。

热 点 篇

第十三章　数字金融发展迅速

当前，新兴经济体的大多数市民和小企业并未充分参与到正规的金融系统中，而数字金融有望提供变革性的解决方案。数字金融是互联网技术与金融的深度融合，是普惠金融的一个重要组成部分，在推动新兴经济体包容性增长中发挥着重要作用。数字金融将通过开放、平等、协作、分享的精神为金融带来新的特征、技术、模式和形式。

第一节　新兴经济体的金融服务现状

当前新兴经济体的金融市场中约有 16 亿市民没有银行账户，其中一半以上为女性。伴随着金融服务提供商扩大其存款基数调整借款人信用风险评估参数，金融服务提供商可能为小企业和个人用户提供 2.1 万亿美元的贷款服务。信息化技术的不断推进带动数字金融服务在新兴经济体中越来越普遍，应快速释放经济机遇，加快社会发展。

一、中小微企业获取金融服务难

通过研究发现，世界各国的中小微企业均难以获取充足的金融服务，而这一问题在新兴经济体中更为突出。目前，新兴经济体中约有 2 亿家或 50% 的中小微企业没有银行账户，阻碍这些企业获得发展所需的信贷服务。中小微企业可获得的信贷额与其需求之间的差值预估约为 2.2 万亿美元。这一现象在新兴经济体中的各行业中尤为普遍。例如，中国相关企业的信贷差额总值达到 3380 亿美元；巴西达到 2370 亿美元；印度约为 1400 亿美元。

在新兴经济体中，由于中小微企业更依赖于现金交易，相较于数字金融现金交易的成本更高，管理也更烦琐。对于获得贷款的中小微企业来说，往往面临着较高的利息和抵押要求。世界银行企业调查显示，发达经济体所需的平均抵押额为贷款额的50%，而新兴经济体和撒哈拉以南非洲的这一比例分别达到124%和157%。与此相类似，发达国家的平均利息差额（贷款和存款利率的差值）为3个百分点，新兴经济体和撒哈拉以南非洲则分别达到8个和12个百分点。

二、金融系统发展深度和水平较低

研究发现，我国金融资产（包括所有贷款、债券和股票）的总价值占GDP的326%，所有其他新兴经济体平均占GDP的149%，而发达国家金融资产平均占GDP的446%，这反映了新兴经济体的银行和资本市场发展不足，未能很好地支撑经济投资行为。

新兴经济体相较于发达经济体金融系统比较过时，主要业务仍集中在大型企业、高收入人群和政府机构，为中小微企业和中低收入人群提供的金融服务较少。研究显示，新兴经济体的贷款存款比率平均只有62%，仍然低于发达经济体的平均水平。

三、数字金融在政府机构中尚不普及

相较于发达经济体，新兴经济体中的政府机构仍现金驱动经济体的政府将蒙受双重损失。支出不能全额到达目标受益人手中，税收收益也因为收税员漏报和逃税而蒙受损失。首先，以现金提供的直接补贴存在严重漏报问题。在某些情况下，高达三分之一的此类现金补贴可能因腐败而流失。其次，对燃料和主食等商品提供的直接补贴是现金驱动经济体中一种常见的社会福利形式，但其容易出现欺诈问题，并导致严重的市场扭曲。以印度为例，政府每年为液化石油气提供高达80亿美元的补贴，进而形成了一个转售罐黑市。这些补贴项目使得政府失去了可核算其社会成本及鼓励能效投资的燃料定价能力。国际货币基金组织预估，各国公平的能源定价能够使政府收入增加2.9万亿美元或全球GDP的3.6%，同时将全球二氧化碳排放量减少20%，将空气污染造成的过早死亡减少55%。补贴也很难针对最需要的人群。在发展中国家，国际货币基金组织预估，43%的燃料补贴提供给了最富裕的五分之一人群，只有7%提供给了最贫困的五分之一人群。

就税收收益来看，现金收税是一项复杂且成本高昂的任务，需要大量的物理基础设施和管理工作。这种复杂性也引发了多种欺诈和盗窃机会，特别是在使用人工流程和记账的情况下。麦肯锡对印度税收制度开展的收税研究预估，这种收税方式的漏报率为2%，2008年总成本为7亿美元。

第二节　数字金融的变革力量

一、数字金融服务将扩大客户群及服务提供商的覆盖范围

2014年新兴国家近80%的成年人拥有手机，预计到2020年这一比例将达到90%以上。随着手机使用量的迅速增长、网络覆盖面的不断扩大，数字金融在这些经济体中蓬勃发展。数字金融将有效提升人们对金融服务的知晓度，扩大金融服务客户群。在部分不发达的地区，特别是农村地区，居民普遍对金融服务的认知较少，因而对银行持怀疑态度。根据调查显示，在尼日利亚56%的成年人没有银行账户，80%的现金没有存入银行。与此同时，80%以上的尼日利亚成年人每人一部手机，其中农村人口数字在不断上升。这一部分用户将成为数字金融服务的潜在客户，借助移动电话帮助他们了解金融服务，促使其使用金融服务。

同时，数字金融服务将有效扩大金融服务提供商的覆盖范围。借助移动电话设备帮助农村人口克服重要的物理障碍，有效缩短农村人口与金融服务提供商的距离。研究数据表明，手机钱包账户在世界上一些最贫穷国家的普及率很高。在这些国家，大量的个人和企业需要使用手机钱包账户系统来进行交易。一旦数字金融服务在新兴经济体中得以普及将有效扩大金融服务提供商的覆盖范围。

二、数字金融将帮助降低80%—90%的金融服务提供成本

向金融服务全面数字化发展的每一步都将帮助金融服务提供商降低成本，

从而促使金融服务提供商安排更多的花销在提升服务质量方面。对于金融服务提供商而言，使用数字技术为客户提供服务的成本比使用实体支行的成本低80%至90%。这些节约成本源于创建和维护账户、处理支付交易以及为人们提供存取现金的能力的成本。例如，在设计且运行良好的支付系统中，由发送方通过数字技术交易通道发起的支付请求成本可能比现有的非数字技术方式低95%。

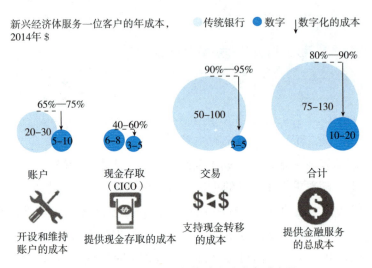

图13-1 数字金融与传统金融成本对比图

资料来源：麦肯锡全球研究所，2016年9月。

如图13-2所示，随着数字金融用户网络的增长，服务提供商的总体成本由于规模经济而出现进一步下降。当规模扩大一倍时，交易成本可能减少50%。随着成本的降低，服务提供商可在确保盈利的基础上，以更便宜的方式为更多的客户提供服务，进而扩大享受服务的人群规模。数字金融的这一优势将促使其迅速在普及。在肯尼亚，自2007年M-Pesa手机钱包系统推出后的短短三年中，其用户数量从零增加到成年人的40%。数字金融的一个优势是金融服务提供商可以为频繁进行小额交易的客户提供价格低廉的服务。这为经常进行小额交易的低收入人群提供了获得全套标准金融服务的方式。

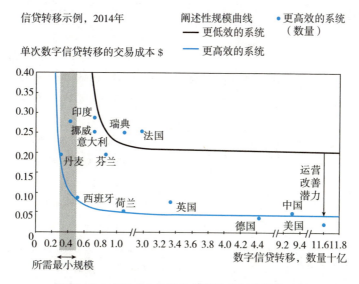

图 13－2　交易成本与数字信贷转移规模的关系图

资料来源：麦肯锡全球研究所，2016 年 9 月。

三、数字金融创建新的商业模式和收入来源

除了以上提到的降低服务成本和扩大服务覆盖面等数字支付的优点外，数字金融创造了新的商业模式。与电力或道路建设一样，数字支付网络可以成为某一经济体基本基础设施的一部分，并可以支持更广泛和更创新的经济活动。这里考虑了三种重要的新兴商业模式（如表 13－1 所示）。第一种是基于用户透明度及信息的增加而产生的金融服务模式。第二种则基于数字支付允许人们进行小额交易的小额支付模式。第三种是借助数字支付实现的电子商务和按需服务模式。

表 13-3 数字金融服务创建的新型商业模式

新商业模式		服务示例	公司示例
新金融服务产品	个人	数字支会平台与钱包	Easypaisa、OneLoad（巴基斯坦） · HelloCash、M-Birr（埃塞俄比亚） · Pagatech、Quickteller（尼日利亚） · Paytm（印度） · Zuum（巴西）
		在线 P2P 贷款	Kubo Finnaciero（墨西哥） · 陆金所、宣人贷（中国）
		新保险模式	Kifiya Crop Insturance（埃塞俄比亚） · MicroEnsure（亚洲和非洲16个国家）
		个人理财	GuiaBolso（印度）
	MSMEs	供应链融资	蚂蚁金融、国美电器、激众银行（中国）
		现金管理	Clip、Red Qiubo（墨西哥） · Ezetap（印度） · iZettle（13个国家，包括马西和墨西哥）
		数字工资支付	以上提供数字支付服务的大多数学示例企业
移动小额支付		医疗教育数字分期付款	Bridge International Academies（印度、肯尼亚、利比里亚、尼里利亚、乌干达）
		即付即用投资模式	M-Kopa Solar（肯尼亚）
		分期付款购买计划	KickStart Intemational（肯尼亚）
数字化商务		电子商务	阿里巴巴（中国） · Flipkart、FreeCharge（印度）
		按需服务	滴滴出行（中国） · Hello Doctor 移动医疗（埃塞俄比亚）
		在线劳工平台	Freelancer、Upwork（全球）

资料来源：麦肯锡全球研究所，2016年9月。

（一）新型金融服务将逐渐涌现且将留下数据记录

随着移动支付网络的发展，金融服务范围的扩展不仅体现在服务的客户数量上，也体现在数字交付的金融服务产品种类上。金融服务公司正使用数字支付创建的丰富数据集来开发创新的金融产品。在十年前，这样庞大的数据集在新兴经济体中是无法想象的。

通过使用手机进行金融交易，个人可为金融服务提供商留下包含宝贵信息的数字数据记录。这些数据记录可帮助金融服务提供商了解客户需求、客户交易方式及其他可能有用的讯息。金融服务提供商和征信机构可以更好地评估客户信贷风险，方便其为低风险个人和企业提供信贷等服务。金融服务提供商可以借助数字技术自动地发布、监控和收取付款，降低金融服务提供商的信贷管理成本。这种实时监控的方式为金融服务提供商向以往被认为存在风险的客户提供小额贷款创造了可能性。

部分金融技术公司正在寻找为手机和数字钱包的用户开发的信贷风险评估方式。在肯尼亚，一些金融科技公司使用手机钱包支付数据和其他手机使用数据例如用户出行和通信记录，来对那些缺乏财务记录的借款人进行风险评估。借助数字技术产生的大量信息帮助金融服务提供商在扩大放贷金额的同时保证高还款率。例如 Tala 公司已经提供了 20 多万笔贷款，总额达到近 500 万美元，并已实现了 90% 以上的还款率。

（二）小额支付方式将创建新的商业模式

一是数字支付允许人们进行小额交易。这开创了许多新型的商业模式，包括面向学校的微额交易、耐用品分期付款计划及面向客户的即付即用服务。在肯尼亚，数字支付推动了一种开发和资助低成本私立学校的全新商业模式——桥梁国际学院发起的无现金式"口袋学院"计划。学校行政部门完全使用平板电脑和智能手机进行学费的收取工作，避免了财务会计部门产生的相关成本。

二是数字支付帮助企业快速发放工资。巴西的移动支付平台 Zuum 出售一种 B2C 薪资单产品，允许职工通过手机钱包账户领取工资，领取频率可以是每周甚至每日支付。这对于无法等待一个月再领取工资的低收入职工而言尤为重要。

二是数字支付还支持分期付款购买计划。在支付完全部的购买价格后，客户便可把物品带回家。分期付款购买计划很具吸引力，因为其将赋予客户一定的灵活性，由客户自行决定何时支付及支付多少。同时，分期付款购买计划还帮助卖家提升销量，吸引更多的客户选择其产品。

四是小额支付创造了即付即用模式。这种模式使得商家在未收到款项时可以远程关闭该项服务或收回产品。这种方式在为消费者提供了一种创新服务模式的同时，也降低了商家的风险。

（三）数字支付推动电子商务和按需服务的繁荣发展

数字支付还可以促进电子商务渠道和共享经济市场的发展。借助数字支付提供的海量信息帮助商家快速引导客户进行商品选择，这一现象在发展中国家中表现得更为明显。例如，在电子商务领域，按总商品价值计算，阿里巴巴目前是世界上最大的零售商，领先于沃尔玛和亚马逊。

同时，数字支付在新兴经济体中的快速发展也带动了共享经济和按需服务在其中的迅速增长。中国的滴滴出行是快速发展的汽车共享平台的一个示例，滴滴出行目前是世界上最大的移动运输平台。据统计，滴滴出行每天在400多个城市完成1100多万次出行。

包括移动电话在内的数字技术有望推动新兴经济体的金融变革，允许金融服务提供商为更多的人群提供金融服务。数字金融将显著降低金融服务的提供成本。随着越来越多的用户加入数字金融网络，将形成规模化的经济效应，促使金融服务成本进一步下降，从而形成一个良性循环。最后，数字化还将创建新的商业模式，向消费者提供更多服务选择的同时为金融服务提供商等企业创造额外的潜在收入来源。

第三节　数字金融效益的量化

一、数字金融将为个人、中小微企业和金融提供商带来众多益处

预估数字金融将新增 16 亿个人使用金融服务。数字技术可帮助金融服务提供商能够接触到新客户，并向目前已在使用某些正规金融产品的个人和家庭扩展服务。根据调查数据预估，数字金融的增长可帮助 16 亿新增账户持有人使用正规金融服务，帮助其在低风险下提高其储蓄及投资能力。

45% 的新增账户持有人将为收入分配中最贫困的五分之二的人群。与其他群体相比，贫困人口必将从数字金融中获得更大益处。对孟加拉国和印度

的贫困家庭开展的研究发现，使用非正规金融产品进行的资金流量占贫困家庭收入的比重平均在75%—330%区间。在南非，这一比重约为500%。数字金融产品可为贫困人口的金融储蓄和交易提供更大的安全性和确定性。对肯尼亚开展的研究发现，使用 M – Pesa 手机钱包的家庭比较能够承受疾病等重大的财务冲击。相比之下，在类似情况下，未使用 M – Pesa 服务的人群则减少7%的消费。

数字金融可帮助中小微企业和个人增加2.1万亿美元的新贷款。从全球范围来看，小微企业创造了大多数的就业岗位，然而，金融服务提供商长期以来忽略了这些小企业的存在，专注于大力支持大、中型企业。此外，主要采用现金交易的小微企业面临高昂的现金管理成本、高盗窃风险，这使得金融服务提供商难以监控，造成了小微企业融贷款难的问题。根据调查发现，新兴经济体中有一半的中小微企业无法获得充足的信贷。我们的分析发现，借助数字金融将帮助放贷人更好地评估贷款人的信用风险，将为中小微企业和个人额外提供2.1万亿美元的信贷。

金融服务提供商可获得4.2万亿美元的新存款，新兴经济体的数字金融每年可帮助其节省4000亿美元的成本。除了为个人和企业带来巨大的益处，数字金融还将为各类金融服务提供商创造重要的盈利机会。从现金支付向数字支付的转移将降低提供商的成本结构，根据调查，每年节省的成本超过4000亿美元。同时，数字金融还将帮助金融服务提供商开辟新方法来吸引客户，随着人们将非正规机制中的存款与现金转移到正规金融系统中，金融服务提供商有望筹集到4.2万亿美元的新存款。

数字金融将为中小微企业创造机会，从而显著增加这些中小微企业贷款的数量和利润率。随着金融服务提供商签约新客户，其存款余额将增长，进而为扩大其贷款额提供了重要的新资金来源。另一方面，新的客户关系和数字数据记录的使用，将帮助金融服务提供商更好地评估信用风险，扩大其潜在的借款人群体。充分的实证证据表明许多生产力较高的、信誉较好的中小企业目前仍无法获得信贷，数字金融将为金融服务提供商向这些潜在借款人提供贷款创造了条件。

二、数字金融将提高政府工作效率

政府每年可通过减少支出和征税漏报而获得 1100 亿美元的收益。数字支付有望改善新兴经济体的政府财政，并通过准确定位提高政府支出的成效。数字金融将可通过以下几个方面提升政府效益：消除支出和征税方面的漏洞，提高政府补贴的针对性，借助数字支付提高政府运作效率。

首先，预计通过数字金融方式，政府开支和征税方面的漏报加起来的损失总额每年可减少 1100 亿美元。借助数字支付等数字金融手段可消除征税中的漏报从而降低行政成本，每年将可能节省 700 亿美元的政府支出。此外，数字金融在方便政府征税的同时也可减少税收欺诈损失，这样每年可为新兴经济体政府另外创造 400 亿美元的收入。

第二，提高补贴（如餐补和燃料补贴）针对性将产生很大的潜在收益。目前，在很多经济体中补贴计划的受众范围较为广泛，其中可能存在不符合标准的民众获得了补贴，例如某些比较富裕的家庭。对于数字金融普及度高的国家借助数字支付取代传统的现金支付，可在节省成本的同时，更好地借助数字技术中采集的大数据对被救助群体进行把关，减少违规领取补贴的现象。

第三，数字支付将有效提升政府的办事效率。在 2011 年内战后的科特迪瓦，学校学费几乎全部以现金支付，出现严重的贿赂或盗窃等安全问题，其教育系统严重受到侵蚀。2011—2014 年间，国民教育与技术教育部开始要求学生以数字支付的方式交付学费，大多数家长使用手机钱包进行支付，从而缓解现金支付中的欺诈和盗窃现象，同时也可减少政府管理现金的行政负担。

第四节　数字金融的机遇

一、建立数字金融基础设施

数字金融的优势之一是可以搭载在现有的无线网络上，并且与电力或交通等其他基础设施相比更易于部署。然而，需要确保以下三要素：移动连接和手机持有量、数字支付基础设施和广泛接受的个人ID。

（一）确保移动连接和手机持有量

正如移动电话的普及意味着新兴经济体可以跳过固定电话建设，数字技术将允许这些国家避免建立传统的实体银行分支机构和ATM网络。为了实现数字金融服务的广泛接入，所有人都必须拥有一部手机，并且能够随时随地使用手机。在新兴经济体中，网络覆盖普遍较高，电话用户和智能手机持有量都在快速增长。

新兴经济体中90%的人口已经实现移动网络覆盖，且其中大部分已经达到3G或更高标准。贫困和农村地区仍然覆盖不足，或者可能仅限于2G覆盖，或者由于基站断电而无法获取可靠服务。在某些情况下，由于人口密度低，缺乏可靠的电源或处于不安全局势，无线供应商可能不愿意扩大网络覆盖范围。这些地区的潜在收益有限，资本和运营成本较高。为了扩大对这些地区的覆盖面，可能需要政府采取相关行动，为无线供应商提供保障措施。

手机持有量与覆盖水平保持一致，但也呈现快速增长。在当今的发展中世界，62%的人口为手机用户，相当于成年人数量的80%以上。一些新兴经济体的普及率接近发达国家的水平。例如，在泰国和萨尔瓦多，81%的人口为手机用户，接近美国82%和比利时86%的水平。总体而言，根据当前的轨迹，70%的新兴经济体总人口—超过90%的成年人—预计到2020年将成为手机用户。

智能手机的普及可进一步鼓励数字金融的使用。与老式的"哑式"手机甚至功能手机不同，智能手机可以人性化地适应复杂的金融服务。在大多数国家（发达或发展中国家），随着智能手机用户数量的飙升及相关设备成本的急剧下降，银行正积极推广智能手机移动银行应用。新兴经济体中智能手机用户在总人口中的比例从 2012 年的 7% 上升到 2015 年的 25%，预计到 2020 年将达到 45%，之后将保持继续增长。缅甸的智能手机用户占比从 2012 年的不到 1% 增加到目前的 34%，占所有移动电话用户的 70%。许多中等收入新兴经济体目前的智能手机普及率相对较高，例如马来西亚和塞尔维亚的这一比例达到 56%，泰国也达到 52%。

（二）数字金融需要以数字支付基础设施为支撑

即使大部分人口拥有移动连接，数字支付基础设施对于支持数字金融也至关重要。数字支付基础设施需要以下几个元素。首先，需要一个连接银行、电信公司和其他参与者的强大数字支付"主干网"来清算和结算支付交易。它必须在支持安全、低成本交易及为金融服务提供商预留创新空间之间取得平衡。虽然许多新兴经济体目前运行有全国支付系统，但其运行效率往往较低且成本较高，而且只能连接有限数量的用户。其次，需要一个广泛的 CICO 点网络，以便人们随时可获取现金。目前，大多数发展中国家的 CICO 网络仍不足，稀少的传统银行分支基础设施有时是唯一选择。大多数情况下，将通过监管较松的银行代理来为人们提供成本更低的现金获取渠道。最后，各国需要广泛的 POS 终端接受数字支付，以便客户可以用数字支付取代现金购买。

（三）安全的数字金融交易需要广泛接受的个人 IDs 系统

如果没有某种形式的身份证明来允许提供商验证其身份，从而尽量减少欺诈和满足反洗钱政策[①]，那么人们将无法使用正规的金融服务。目前，新兴经济体有五分之一的人口没有注册，发达经济体的这一人口比例为十分之一。即便人们有 ID，但如果该 ID 无法在线或通过其他数字机制进行身份验证，他们仍然无法远程注册金融产品。因此，建立一个全国 ID 系统和数字认证对于推动数字金融的繁荣发展至关重要。

许多新兴经济体建立了全国 ID 计划。这些全国 ID 计划的数量预计将从

---

① 反洗钱政策（KYC 政策）：要求金融机构对账户持有人强化审查，是反洗钱用于预防腐败的制度基础。

2013 年 142 个增加到 2018 年的 152 个。然而，许多国家或没有全国 ID 计划或全国 ID 计划的接受率较低。数字 IDs 可为新兴经济体带来额外的益处。这些数字 IDs 采用微芯片或指纹或虹膜扫描等生物识别方法来实现可靠的身份验证过程。额外的身份验证将为注册金融产品的人群提供基本的安全保障。如果设计得当，甚至可进行远程身份验证。2013—2018 年，预计数字 ID 计划的数量将增加 35%，从 94 个增加到 127 个。到 2018 年，预计 35 亿人将拥有数字 IDs。随着微芯片和生物识别技术的成本下降，发展中国家越来越能够实施数字 ID 计划。

二、加大数字金融宣传力度

可持续的、相互竞争的商业环境有助于推动广泛的利益相关方参与数字金融。这不仅包括银行，也包括电信公司、移动手机制造商、金融科技初创企业及其他零售企业。

（一）出台风险相当的金融服务法规

创建可持续的动态市场需要出台能够保障投资商、消费者和政府利益，同时为金融服务提供商提供充足的创新和竞争空间的金融法规。为此，有必要考虑以下几点：

首先是确保金融系统的稳定性。不良贷款和运营事故是导致数字金融服务提供商蒙受损失的两个主要原因。维护客户权益也很重要。法规需要确保金融服务提供商保障消费者，尤其是最易于受金融服务提供商影响的人群的权益。此外，金融法规需要支持政府融资需求、货币政策目标及重点部门的发展。最后，监管部门需要促进公平竞争。

发展中国家的金融市场监管部门传统上属于以下两大阵营之一：初期采取限制性方法，随后逐步放松管制以避免阻碍创新；初期采取不干预方法，随后加强管制以降低系统和消费者保护风险。中国是一个特例，其银行业受到严格管制，而非银行金融业受到较宽松的管制。中国的银行业侧重于向大型企业，尤其是国有企业提供贷款，这导致大多数中小微企业无法享受到相关服务。

（二）为金融服务创新创造开放市场

各国需要创造竞争环境，鼓励企业家、非银行内资公司和外资公司提供各类新产品和服务，为客户提供更多的选择和更具竞争力的价格。相对于发达国家，发展中国家的零售金融市场高度集中。2013年，新兴经济体中74%的银行资产为前五大银行所持有。新兴经济体高度的银行集中度导致了其银行业竞争性降低，致使消费者面临更高的费用标准，且不利于银行推出新的数字银行产品或扩展其客户群，它们可能竭力阻止其他主体进入到市场当中。允许各类金融机构和其他主体进入到市场当中，需要创造公平的竞争环境，以刺激移动支付和数字金融服务创新。

政府应考虑简化商业规程，鼓励竞争和投资（包括外国直接投资），为新的市场进入者创造商业友好型监管环境。政府和私营部门还需要改善人力资本，尤其是提高创业、业务和技术能力。同时，创造开放的投资和人才环境也很重要。对发展中国家企业家的调查显示聘请和建立人才队伍是其面临的一大挑战。由于高技术人才成本高昂，许多市场当地人才短缺，且人们偏好安全系数较高的工作，人才引进也变得困难重重。允许外国直接投资金融业可带来急需的资本、创意和人才。大多数发展中国家均限制外资银行及其他金融机构进驻，以期确保金融业为国家利益服务。然而，考虑到刺激创新和推出新产品将惠及全社会，有必要重新权衡这些限制措施，适当放开政策。

最后，新兴经济体需要充足的资金来支持创业和创新。目前，大多数新兴经济体的创业投资市场仍不成熟。然而，更多的数字金融服务可推出适合创新企业的借贷产品，包括信贷额度和现金管理方案，同时，新的和现有企业需要更多地支持数字金融创新。为此，需要创造开放的创新市场，接纳包括外国投资商在内的更广泛市场主体。

三、完善金融服务市场环境

在为数字金融创造有利基础设施和商业环境的同时，有必要关注市场的供应侧。消费者和小企业经营者选择现金及其他非正规金融服务的原因很多，例如对财务知识匮乏的人来说，选择现金简单比较直接。为此，新的数字金融产品需要提供成本效用方面的优势，需要智能产品设计和适当的政策激励。

数字金融服务产品需要通过满足消费者的需求来吸引其关注。首先，根据消费者的行为规律，产品需要得到有效推广，便于使用，并且提供商的信誉度较高。目前，新兴经济体的银行大多倾向于服务资金雄厚的大型企业，而产品极少面向低收入个体及中产阶级。政府可帮助识别市场失灵，为推出面向贫困人口的新产品的提供商提供激励，同时通过采用数字方法提供社会补贴或其他政府支出来鼓励消费者选择使用数字金融产品。

第十四章　分享经济势头强劲

近年来，分享经济快速成长，尤其是在 2014 年后，随着新一代的互联网技术的蓬勃发展，分享经济在全球呈现出井喷式发展。分享经济是一种全民都可以参与的经济模式，可以简单地分为产品分享、空间分享、知识技能分享、劳务分享、生产能力分享、资金分享等方面。小微企业所面对的一些传统难题，如融资难、融资贵、用工难、知识产权等难题，可以利用分享经济来解决部分难题，达到合作共赢的效果。

第一节　我国分享经济现状

在 2016 年政府工作报告中，李克强总理提出支持分享经济发展，提高资源利用效率，让更多人参与进来、富裕起来。近几年来，我国的分享经济已经开始迅猛发展，2016 年中国分享经济发展报告相关数据显示，2015 年我国分享经济市场的规模已经接近 19560 亿元，同时，在分享经济领域提供服务的劳动者约 5000 万人左右，约占劳动人口总数的 5.5%；参与分享经济活动总人数已经超过 5 亿人；预计未来五年分享经济年均增长速度在 40% 左右，到 2020 年分享经济规模占 GDP 比重将达到 10% 以上。

一、分享经济快速向各领域渗透

分享经济已经快速融入到各个领域，从在线创意设计、营销策划到餐饮住宿、物流快递、资金借贷、交通出行、生活服务、医疗保健、知识技能、科研实验等各个领域中，从消费到生产的领域都有涉及，这些领域中，大部分的企业都是小微企业，因此可以说分享经济的迅速发展有利于小微企业的发展。"互联网＋"、大数据、云计算等新一代互联网技术的高速发展，为分享经济进入更多的行业提供了更充足的可能性。

二、平台化是分享经济主要模式

分享经济是以信息为主的一种经济形式，需要互联网、宽带、云计算、大数据、物联网的支撑，因此大部分分享经济企业都是以平台为主发展的，平台可以加快资源要素的快速流通和高效配置，如在交通出行领域就有滴滴出行、易到用车等；在金融领域有红岭创投、陆金所等；在众包领域有猪八戒网等；在各个领域都出现了以平台为代表性的企业。

三、分享经济未来发展潜力巨大

分享经济迅猛发展的潜力主要体现在两个方面。一是市场规模增长迅速。据相关数据显示，在各个不同领域中，分享经济的市场规模增长幅度巨大，远超传统行业，拥有巨大的发展潜力。如：2012 年房屋短租市场规模仅为 1.4 亿元，而到了 2015 年市场规模就已经增长到超过 100 亿元。二是分享经济参与人数快速增加。由于分享经济很方便加入，所以参与到分享经济中的人数也在飞速地增加着。分享经济的参与人数随着市场规模的变化不断增加，未来有可能人人都是分享经济中的一分子。2016 年 7 月 28 日，国家正式发文肯定了网约车的合法地位，进一步为分享经济的发展奠定了基础。

第二节　分享经济优势

一、整合资源降低小微企业经营成本

分享经济的本质是通过整合线下资源以较低的价格为用户提供产品或服务，由于是对闲置资源的再利用，所以对于企业来说，不存在购买资源或服务的费用。以 Uber 为例，将线下闲置车辆资源整合到平台上，为乘客提供用车服务，这样降低了资源的浪费，并且节约了成本。这种以较低成本收获资

源供给方闲置资产的方式很大程度上解决了一直困扰小微企业的经营成本问题，为小微企业提供一条资源优质、价格低廉的经营方式。

二、分享经济分担小微企业经营风险

小微企业由于其企业体量较小，风险承受能力相对于大企业较弱，分享平台采用对闲置资源的整合，可以为企业分担一部分经营风险。以 Airbnb 为例，平台将各类房屋房东整合在平台上，帮助消费者寻找最符合其需求的房东，在此过程中，Airbnb 只提供展示平台，具体的房屋资源由房东准备，这样减少了一般小微企业在生产商品过程中存在的风险，帮助小微企业有效规避风险。

三、分享平台集客效应丰富企业客源

创业初期的小微企业最大的问题便是寻找客源。分享经济平台借助其开放化的平台设计，充分发挥集客效应，聚集了大量客源，在这个平台上小微企业注册即可获取客源，不仅以最快的速度获得尽量多的客源，同时也节省了寻找客源过程中产生的时间成本。

四、个性化商品更符合市场最新需求

现在的小微企业主要以标准化商品和服务为主，部分产品难以满足当前个性化十足的用户需求。分享经济以销售非标准化产品为主，这样将有效改善小微企业商品定位与用户需求脱节的问题。以 Airbnb 为例，其在提供民宿体验时并不致力于提供标准化的廉价酒店，而是为顾客提供具有本土化、人情味浓的独特民宿体验。这种个性化服务十分迎合当前市场的发展趋势。

第三节　分享经济的经验

一、修订完善法律规章制度

美国作为分享经济的发源地，优步（Uber）、利夫特（Lyft）、房屋分享服务企业食宿网站（Airbnb）、杂货快递平台因斯塔卡特（Instacart）和外包平台跑腿兔（TaskRabbit）等知名分享经济企业都是在美国兴起的，其分享经济之所以能飞速发展，究其原因主要在于与时俱进的政策法规。及时更新的法律法规帮助 Uber 和 Airbnb 等分享经济企业的经营范围合法化，同时逐步改进相关监管法规，在优化分享经济企业生存环境的同时降低监管难度。

另一方面，对于分享经济的监管，美国主要依靠地方政府的监管。由联邦贸易委员会（Federal Trade Commission，FTC）统一对各地方监管部门的工作进行监督。联邦贸易委员会十分关注对分享经济中的消费者和企业的权益保护，力争在监管的过程中既不失监管的公正性，又能保护好企业及民众的隐私。美国对分享经济的监管存在各地执法力度不统一的特点。由于每个城市具有不同的消费需求和文化特点，经济发展情况也存在差异，美国各地监管部门也以不同的处理方式处理分享经济中出现的问题。针对像 Uber 这样的交通网络公司，在美国有 10 个州要求对合作司机进行背景调查，其他州则没有明确要求。对于 Airbnb 这样的私房短租平台，旧金山率先将其列入监管法规，并规定每年最多出租 90 天。

而在意大利，虽然现有的关于分享经济的政策状态相对比较分散，但意大利政府一直在积极探索制定统一的特定法案。2016 年 1 月 27 日，意大利众议院推出了有关分享经济的立法草案（2016 年第 3564 号文件），法案侧重于将分享经济的制度设计为新技术平台，法案共计 12 条规范，从微观角度对分享经济的定义和制度安排进行了明确的阐述。

二、完善财税劳工配套政策

在意大利分享经济发展的过程中，由于缺乏明确、统一的财税法和劳工制度，产生以下两方面问题。一方面部分意大利分享经济企业将法定住所置于避税国家，造成意大利境内部分平台运营地的纳税额几乎为零，这为意大利税务部门缴税带来诸多问题。另一方面，借助分享平台意大利境内许多提供服务行为的个人均与被提供方达成了雇佣关系，而在意大利劳动法中这部分的法律法规尚处于空白。这两方面的问题阻碍着意大利分享经济企业的发展。

三、推动传统企业转型升级

法国的分享经济现阶段多采取 C2C 或 B2C 模式建立个人物品、服务提供者和个人消费者之间的联系，这种依托互联网建立的 C2C 或 B2C 模式对传统企业产生了一定的冲击。分享经济依托其灵活、迅速和非物质化的消费形式迅速抢占部分传统企业的市场空间，刺激传统企业对其生产方式进行升级，淘汰掉落后缓慢的生产方式，建立高速自动化生产线。

四、强化个人信息安全保障

法国政府在对分享经济企业的管理过程中，规范分享经济消费者的个人信息保护和知情权成为主要难点。尤其是对大数据的管理，如何在设立个人信息储存空间的同时掌握消费者和分享经济企业的相关信息一直是困扰法国监管部门的难题。意大利政府也在积极探索个人信息保护的有效方案。现在大部分意大利分享平台都在深度收集用户的信息数据，希望借助对用户数据的分析为其提供个性化服务方案设计。意大利也希望在相关法案中加入对平台上用户信息保护的有效措施。

第四节　政策建议

一、完善配套政策，引导行业健康发展

一是针对当前的分享经济，要抓紧建立完善有效的政策，明确分享经济

的责任，使分享经济规范化、程序化。二是要明确分享经济的模式，出台相关规范和准入规则，营造良好的市场环境，促进分享经济良性发展。三是提倡 PPP 模式，在分享经济领域中让民间资本可以参与到公共交通等领域中来。

二、加强平台监管，提升信息安全保障

根据法国和意大利政府的经验，在分享经济发展过程中，如何加强对企业和个人的信息安全保护将成为监管部门的重要工作之一。我国政府应加强监管系统建设，借助互联网信息化技术对分享经济平台上的操作进行监管，防止分享经济平台随意挪用企业和个人信息，扰乱互联网安全。建议可在相关法案中加入对分享经济监管的字样，借助法律武器，保障分享经济平台上企业和个人的信息安全。

三、增加资金支持，助力分享经济发展

加强对分享经济平台的资金支持，设立专项发展基金或资金优惠政策，鼓励分享经济平台健康发展。借助对分享经济平台的评价、考核对其进行分级，对等级高的分享经济平台定期给予资金支持。可考虑将分享经济对小微企业发展的促进作用作为重要评价指标，例如整合小微企业户数、小微企业营业额增加值和小微企业利润额增加值等，引导分享经济为小微企业提供优良的发展环境。

第十五章　科技成果转化成为焦点

加快落实《中华人民共和国促进科技成果转化法》，打通科技成果转化过程中的阻碍成为促进大众创业、万众创新的关键，科技成果转化仍存在科技成果转化资助计划缺少系统设计、政府投入力度有待加大、技术转化所需的科技服务资源不足等问题，在总结发达国家科技成果转化成功做法的基础上得到促进我国科技成果转化健康发展的启示和建议。

第一节　实施《中华人民共和国促进科技成果转化法》若干规定发布

2016 年 3 月 3 日国务院印发关于实施《中华人民共和国促进科技成果转化法》若干规定的通知。《实施〈中华人民共和国促进科技成果转化法〉若干规定》共有三节十六条，分别对促进研究开发机构、高等院校技术转移；激励科技人员创新创业；营造科技成果转移转化良好环境这三个方面做出了大量措施。规定的发布，响应了我国创新驱动发展战略，促进了大众创业、万众创新，有效地鼓励了研究开发机构、高等院校等创新主力军的积极性。

第二节　我国科技成果转化曾经存在的问题

科技成果转化资助计划缺少系统设计。为发挥财政资金对技术转移的引导作用，我国政府陆续设立了一系列资助计划和基金，如，星火计划、火炬计划、国家重点新产品计划、科技型中小企业创新基金、科技企业孵化器孵化基金、科技成果转化基金、科技风险投资基金。然而，不同资助计划之间重复交叉、定位不清、资源分散等问题较为突出，还有计划和资金偏向于风险较小的产业化阶段，导致资源难以在科技成果转化阶段发挥应有的效果。

政府投入力度有待加大。科技成果转化通常需要经过研发、中试、产业化几个阶段，每个阶段的资金投入比例约为1∶10∶100，高投资伴随着高市场风险和技术风险，导致风险投资市场的不完善，现有情况下科技成果转化资金主要依靠财政拨款及企业自筹。虽然我国政府设立了成果转化引导基金及技术创新引导基金，但与实际需求仍有很大差距。2014年，虽然我国财政科技支出占全社会研发投入接近5成，但6561.6亿元的缺口仍然成为科技成果转化的障碍所在。《2014年国家主体科技计划成果转化应用情况统计分析》显示，2012—2014年，经费不足导致未能转化的科研成果分别为31.1%、30.1%以及27.1%，折射出资金问题仍是科技成果转化的重要制约因素。

技术转化所需的科技服务资源不足。《2014年国家主体科技计划成果转化应用情况统计分析》显示，6成以上的课题成果通过自行转化应用而并未通过中介机构，从各类课题牵头单位看，科研院所、高校、企业或其他单位依托自行转化的成果分别为62.6%、56.1%、67.3%和66.5%。究其缘由，我国科研成果依托中介机构转化率较低的根本原因在于，科技成果转化对人才、技术、信息等服务具有很高的要求，但我国现阶段专业的中介机构较少，在风险评估、技术评价、法律、管理等方面的专业化服务能力较弱，难以承接有价值的科研成果，如《2014年国家主体科技计划成果转化应用情况统计分析》调查显示，38.9%的科研成果由于专业技术、人才以及合适合作单位缺失导致无法产业化。

第三节　发达国家科技成果转化成功做法

通过科技成果转化资助计划加大资金投入。在加快科技成果转化的诸多措施中，发达国家普遍通过科技成果转化资助计划实现强有力的政府投入。美国政府推出的小企业技术转移计划（STTR）提出技术转移资金投入应保证每年0.3%的部门研发经费，自2011年开始每两年增长0.05%，至2016年不得低于0.45%。该计划还针对待转化项目不同阶段给予差异化资助，具体而言，在启动阶段和研发阶段分别给予最高 10 万美元和 75 万美元的资助，商业化阶段则不提供资金。小企业技术创新资助计划（SBIR）针对小企业给予每年 2.5% 的部门研发预算，在企业新构想、新设想、新技术可行性研究阶段以及商业化可行性阶段分别给予 15 万—100 万美元和 25 万美元以上的资助，在产品开发和商业化阶段不给予资助。加拿大政府推出的技术伙伴计划（TPC）针对企业、研发机构及其联合体具有战略意义的研发项目给予 50万—2000 万加元的资助。英国政府推出的联系计划（LINK）针对高校、科研机构和企业具有潜在商业价值的科研项目提供资助，其中，核心科技创新研究最高为 50%，产业化研究最多为 75%，产品开发研究最多为 25%。

搭建科技成果转化平台。推动科技成果转化进程中，发达国家政府往往注重搭建科技成果转化平台，紧密结合科技成果生产者、使用者和转化者，围绕成果、资金、技术及人才等方面的服务，加速科技成果转化。加拿大联邦政府依托科技成果转化网络发布商业化层面信息，帮助研发部门和企业交流经验、共享信息及专家观点，促进技术和知识转移。英国政府为知识转移伙伴计划的每个项目配备一个咨询专家，为待转化项目提供咨询意见，解决科技成果转化中面临的风险评估、技术评价及法律、管理方面的问题。日本科学技术振兴机构（JST）通过搭建平台撮合科技成果交易活动，实现科研成果的商业化。

第四节　启示与建议

整合现有科技成果转化资助计划，增强资金使用效果。根据中央财政科技计划管理改革，对以往分散在不同部门间的技术转化类资助计划加以整合，在资助主体、经费、资助对象和方式等方面，加强不同资助计划间的衔接，避免资源分散、冲突、聚焦不够等问题。明确科技成果转化的实施阶段，针对不同阶段设立不同的筛选和资助标准，使受资助项目的关键阶段能够集中更多资源，加快关键技术和难点突破。地方政府推出的资助计划应结合各区域自身特点和需求，形成独立的资助体系，并体现地方政府的政策导向。

多元化投入方式，加大资金投入力度。建立以财政科技资金为先导，以让利、奖励等方式撬动和引导金融资本、创投资本和社会资本向科技成果转化领域集聚。引导风险投资基金由投资中后期的成熟企业向投资科技成果转化而形成的初创期企业转型。开展知识产权质押贷款和科技保险试点，推动担保机构开展科技担保业务，拓宽企业科技成果转化的融资渠道。

培育第三方评价机构，集聚优质资源。搭建将科技成果生产者、使用者和转化者紧密结合的科技成果转化平台，围绕网络信息、技术转移、分析测试、区域服务、工程化、孵化、融资七大方面，完善科技成果转化服务体系建设，促进高校、研发机构和企业的有效对接。对促成技术成功转化的中介机构按项目标定推广定价给予补贴，充分调动中介服务机构的积极性。

展望篇

第十六章　2017 年中小企业发展政策环境展望

　　2017 年中小企业发展政策环境有望继续得到改善，创业创新环境将持续优化，中小企业跨区域合作范围将不断拓宽，以"加强引导服务"为重点的中小企业知识产权战略将得到进一步贯彻落实，围绕"互联网＋"主线推动中小企业信息发展的政策措施将不断丰富。随着税费减免政策不断落实，企业负担将进一步降低，尤其随着融资政策效果评估工作的推进，中小企业融资政策环境将进一步优化。

一、创业创新——政策环境持续优化

　　2016 年，为了进一步激发创业活力和创新动力，各级政府创业创新政策频出。财政部、工信部、科技部、商贸部、工商总局五部委联合推动的"小微企业创业创新基地城市示范"工作深入推进，第二批 15 个城市入围城市示范，中央财政投入近百亿元，辅之以不同地方 3—5 倍的配套资金，财政支持力度空前。工业和信息化部、国家发展和改革委员会、财政部、国土资源部、国家税务总局 2016 年 12 月出台了《关于推动小型微型企业创业创新基地发展的指导意见》（工信部联企业〔2016〕394 号），指导各地按照政府引导科学布局、因地制宜特色鲜明、市场主导主体多元、整合资源融合创新的原则，围绕服务信息化、服务平台化、基地生态化、基地绿色化、基地智慧化、基地特色化发展提出重点工作任务，加大了用地、财政、税收等方面的支持力度。工业和信息化部 2016 年持续开展了第二批国家级中小企业创新创业示范基地的申报评定工作，认定了 99 家国家级示范基地。此外，国务院办公厅 2016 年 5 月 12 日印发了《关于建设大众创业万众创新示范基地的实施意见》（国办发〔2016〕35 号），认定了首批 28 家双创示范基地。各项政策举措推动大众创业万众创新进程深入推进，各地掀起的双创热潮热度不减。

2017年，各项创新创业政策有望承接2016年的政策脉络，继续深化细化，双创政策环境不断优化。2017年3月5日，李克强总理在第十二届全国人民代表大会第五次会议上所作政府工作报告中提出了将推动双创作为2017年重点工作任务之一，提出新建一批双创示范基地，鼓励大企业和科研院所、高校设立专业化众创空间，加强对创新型中小微企业支持，打造面向大众的双创全程服务体系，使各类主体各展其长、线上线下良性互动，使小企业铺天盖地、大企业顶天立地，市场活力和社会创造力竞相迸发。

二、跨区域合作——合作范围不断拓宽

为了支持中小企业"走出去"和"引进来"相结合、融入国内国际两个市场、利用国际国内两种资源、强化中小企业跨区域合作、加强中小企业跨区域合作区建设成为各级政府践行"一带一路"倡议、推动中小企业转型升级的着力点。截至2016年底，已经认定了中德（揭阳）中小企业合作区、中德（蒲江）中小企业合作园、中德（芜湖）中小企业合作区、中德（太仓）中小企业示范区、中欧（江门）中小企业国际合作区、中国（广州）中小企业先进制造业中外合作区六家国家级中外中小企业合作区。通过示范区建设系统优化中小企业跨区域建设环境，积累经验示范全国。

2017年，中小企业中外合作区建设依然是促进中小企业"走出去""引进来"的重要工作抓手，本着成熟一家批准一家的原则，继续推进国家级中小企业中外合作区的认定工作。未来工作将围绕两条脉络开展：一时适当扩充不同区域合作区建设，在目前以中德合作区建设为主基础上适当扩展中国—东盟合作区、中国—中亚合作区等领域。二是继续梳理国内外经验，在总结前期经验的基础上加强相关研究，加强合作区建设规律探寻和方向引导，进一步加大政策引导支持力度。

三、知识产权——坚持加强引导服务

2009年开始，工业和信息化部和国家知识产权局联合启动实施了中小企业知识产权战略推进工程，并在32个城市从完善政策环境、构建服务体系、培育知识产权优势的产业集群和中小企业等方面开展试点。推进工程实施后，

中小企业知识产权意识显著提高，创新能力明显增强、具有知识产权优势的中小企业数量不断增加，知识产权服务支撑体系逐步建立，扶持政策取得积极成效。2016 年 12 月 22 日，国家知识产权局、工业和信息化部联合发布《关于全面组织实施中小企业知识产权战略推进工程的指导意见》（国知发管字〔2016〕101 号），引起了社会各界的广泛关注。该文件旨在深入贯彻国家实施创新驱动发展战略和知识产权战略的部署，落实《国务院关于新形势下加快知识产权强国建设的若干意见》（国发〔2015〕71 号）、《国务院关于扶持小型微型企业健康发展的意见》（国发〔2014〕52 号），通过政策引导和强化服务，提高中小企业知识产权创造、运用、保护和管理能力。

2017 年，总理政府工作报告中也明确提出要将开展知识产权综合管理改革试点，完善知识产权创造、保护和运用体系作为政府重要工作。可以预见，在中央高度关注下，在国知发管字〔2016〕101 号文件的指导下，中小企业知识产权环境将不断优化。具体来看，政策将围绕以下几方面发力：一是建立专利导航工作机制。充分发挥互联网等信息技术的作用，将专利信息资源与中小企业、产业发展三者深度结合，推动专利的高端运用。实现中小企业知识产权信息等各类服务的便利化、集约化、高效化。二是建立知识产权激励机制，激发中小企业创新活力。要促进高价值专利培育，推进产学研合作，建立健全订单式的专利技术研发机制，同时，优化知识产权考核评价体系，形成中小企业创新的良性循环。三是提升中小企业知识产权运营能力。要创新中小企业知识产权转移转化方式，进一步强化技术、资本、人才、服务等创新资源的深度融合与优化配置，破解科技创新成果向现实生产力转化不力、不顺、不畅的难题，打通科技成果转化"最后一公里"。四是加强知识产权保护力度，构筑中小企业知识产权的"防波堤"。要完善中小企业维权援助工作机制，加大知识产权执法力度，通过整合现有社会资源，开展有针对性的专项行动，加强中小企业知识产权保护力度，为激励中小企业创新发展提供强有力的保障。五是创新知识产权管理机制，探索中小企业知识产权管理新模式。要加强中小企业知识产权资产管理，实施中小企业知识产权托管工程，多策并举，全面优化中小企业知识产权管理的制度环境。

四、信息化发展——围绕"互联网+"主线

2005 年以来，国务院有关部门联合实施中小企业信息化推进工程，取得了显著成效，涌现出一批具有明显信息化优势、市场竞争力强的中小企业，集聚了一批优质的信息化服务资源，形成了支持中小企业信息化和创新发展的服务网络。新常态下，按照党中央、国务院的决策部署，牢固树立创新、协调、绿色、开放、共享的发展理念，着力加强供给侧结构性改革，紧紧围绕"中国制造2025""互联网+"、创新驱动等国家战略，支持中小企业参与产业链，打造创新链，都离不开中小企业围绕"互联网+"主线提升信息化水平。在中小企业信息化政策方面，政策着力点围绕着完善中小企业信息化服务，降低中小企业信息化应用成本，提高中小企业信息化水平，培育新兴业态，打造新的增长点，推动中小企业创新发展等方面。

2017 年，中小企业知识产权政策环境营造将紧紧围绕 2016 年 12 月 30 日工业和信息化部发布的《关于进一步推进中小企业信息化的指导意见》（工信部企业〔2016〕445 号）文件精神，在以下几方面发力：一是以信息技术提升研发设计水平。要充分发挥计算机辅助（CAD/CAE/CAPP/CAM）系统应用的作用，通过构建基于互联网的开放式研发平台，推广应用数字化产品建模工具、三维及虚拟现实模拟设计方式，为中小微企业提供用户参与式的研发设计、仿真与验证分析，实现大中小企业协同研发与产品设计的网络化。二是以信息技术改造生产制造方式。要充分发挥工业互联网和自主可控的软硬件产品为支撑作用，推广"智能制造"信息化集成应用产品和解决方案，提升智能工业控制系统的应用水平，推进生产制造流程的柔性化改造和智能化转型，为先进制造中小企业提供信息化支撑，实现信息技术与现代制造业的深度融合。三是以信息技术提升经营管理能力。要充分利用云计算、大数据、移动互联网等信息技术提升中小企业以租代建、支持核心业务发展、覆盖企业经营管理链条的便捷信息化服务水平，推动经营管理信息化向商业智能（BI）转变和关键环节的整合与创新，提高经营效率和管理水平，提升经营管理信息系统的集成程度，为中小企业降低信息化应用的成本和门槛，实现中小企业内外部管理信息的互通与共享。四是以信息技术优化市场营销。

要充分利用信息化拓展市场空间，发展社交型电子商务和基于大数据的精准营销，构建覆盖采购、生产和销售等全链条的产品品质追溯系统，优化互联网产品质量监督环境，为精准化营销提供更为广阔的发展空间。五是探索互联网金融缓解中小企业融资难。要加快拓宽中小企业融资渠道，发展投融资公共服务平台，通过集聚各类金融资源，营造良好的金融创新环境，协作解决小微企业融资难题。六是引导大型信息化服务商服务中小企业。要支持大型服务商向小微企业和创业团队开放各类资源，支持大型信息化服务商与地方政府、有关部门、工业园区、产业集群等开展务实合作，培育第三方信息化服务市场。七是完善中小企业信息化服务体系。要推动服务机构专业化发展，打造特定行业、领域的信息化服务平台，建设各种中小企业创新创业服务平台，通过集聚整合专业服务资源，为中小企业信息化难题提供对策。八是加强案例研究和应用宣传。各地要结合区域发展实际开展信息化相关创新政策试点，开展中小企业信息化示范推广行动。各地通过举办信息化经验交流会、试点示范工程推广会、信息化产品与服务展示推介会，普及信息化专业知识和应用技能。通过加强跨区域合作与交流，总结和推广中小企业信息化建设的成功模式和经验。

五、税费减免——切实降低企业负担

2016 年，中央和地方各级政府非常关注中小企业税费负担问题，各项减税降费举措不断推出，取得了较好的效果。仅通过营改增一项，已为企业减少税收负担 5700 多亿元。为了促进企业创新，财政部、税务总局在 2016 年 9 月出台措施，对符合条件的公司股票期权、限制性股票和股权奖励延长纳税期限，切实减轻技术入股税收负担。在行政性收费方面，2016 年取消了 37 项行政事业性收费，大幅减轻了企业负担。各种减费降负政策为企业营造了更好的发展环境，为企业适应新常态、化解经济下行压力创造了条件，也为稳增长、调结构营造了空间。

2017 年，结构性减税和普遍性降费依然是主旋律。2 月 8 日的国务院常务会议决定进一步清理和规范涉企收费，持续为实体经济减负。2017 年 3 月 5 号总理政府工作报告中，明确提出 2017 年要进一步减税降费。减税方面，

加大中小企业结构性减税力度：一是扩大小微企业享受减半征收所得税优惠的范围，年应纳税所得额上限由 30 万元提高到 50 万元；二是降低企业科研成本，科技型中小企业研发费用加计扣除比例由 50% 提高到 75%。降低企业非税负担方面，一是要全面清理规范政府性基金，取消城市公用事业附加等基金，授权地方政府自主减免部分基金。二是进一步取消或停征中央涉企行政事业性收费 35 项，力争收费项目再减少一半以上，保留的项目要尽可能降低收费标准。各地也要削减涉企行政事业性收费。三是减少政府定价的涉企经营性收费，清理取消行政审批中介服务违规收费，推动降低金融、铁路货运等领域涉企经营性收费，加强对市场调节类经营服务性收费的监管。四是继续适当降低"五险一金"有关缴费比例。五是通过深化改革、完善政策，降低企业制度性交易成本，降低用能、物流等成本。通过各方努力，使企业轻装上阵，创造条件形成我国竞争新优势。

六、融资拓宽——加强政策落实效果评估

多年来，针对中小企业融资难、融资贵问题，各级政府不断探索新举措扩充中小企业融资渠道、降低融资成本。在银企合作方面，工信部与中农工建交等国有商业银行签订战略合作协议，引导商业银行加大对中小企业融资支持力度，银监会也提出商业银行中小企业融资"三个不低于"目标，并适当放开主体限制，大力发展中小银行和村镇银行。在直接融资市场方面，不断完善多层次资本市场，不断完善新三板改革突破，探索分层转板机制，并鼓励发展区域股权交易市场（新四板）。在互联网金融方面，不断加强引导和监管，推进中小企业股权众筹合法化进程。在风险分担机制构建方面，探索推进银担合作、政银担合作、政银保担合作模式，加强政策性担保体系建设，构建中小企业信贷再担保风险补偿资金池。多重政策合力下，中小企业融资环境不断优化。

2017 年，中小企业融资政策在延续以往政策脉络的基础上，将重点完善政策支持体系，着力加强各项政策的落实评估环节。多年来中小企业政策落实方面存在的"最后一公里"问题与一直以来存在的重政策出台、轻政策评估不无关系。预计中小企业融资政策效果评估将重点围绕中小企业融资环境

的整体评价展开，立足于政策的最终受众——广大中小企业的最终感受，从融资难不难、贵不贵、快不快、够不够几个关键方面展开，切实反映中小企业感受，客观评价各地中小企业融资的整体环境，通过不同地区横向比较、同一地区不同时期的纵向比较，反映宏观融资环境的变化，以此促进各地中小区域相关部门切实加强服务、改善中小企业融资环境。

第十七章 2017年中小企业发展趋势展望

预计2017年随着宏观经济触底企稳，中小企业内需逐渐回升，创业创新动力将持续迸发，融资压力将不断缓解，中小企业发展信心有望不断增强。尽管如此，由于整体宏观环境仍处于下行通道，小型企业压力将变得尤为明显，东中西部地区差距将进一步拉大，政策落实仍存在"最后一公里"问题，中小企业转型升级仍任重道远。因此，还需要进一步推进体制机制改革，优化中小企业发展环境，完善科技成果转化机制，激发中小企业创新活力，完善投融资体系，助力中小企业实现创业创新发展。

一、对2017年发展形势的基本判断

（一）宏观经济触底企稳，中小企业内需有望回升

2016年前三季度，我国GDP增长率均为6.7%。2017年1月16日，国际货币基金组织（IMF）估计，中国2016年经济增速为6.7%，印度为6.6%，这也意味着，中国经济增速重回全球第一。最重要的是，如今的"全球第一"速度，是在经济质量优先的供给侧结构性改革进程中实现的。这说明，我国政府着力实施的创新宏观调控、以简政放权释放市场活力、以创新驱动和双创激发全社会创造力等一系列"组合拳"取得了显著成效。

从消费来看，除8月和9月以外，2016年其余月份社会消费品零售总额同比增速均高于上一年数值，经济复苏态势良好。8月，社会消费品零售总额同比增速降至2016年最低值，之后经过缓慢回升，社会消费品零售总额同比于11月升至2.3的水平。但自从2014年5月份以来，社会消费品零售总额同比值不断下滑，2015年1月份，社会消费品零售总额同比降至最低值0.76%，之后缓慢回升至8月份的1.96%的水平，9月份回落为1.60%。从环比来看，2016年2月，社会消费品零售总额环比为1.6%，经过大幅滑落，5月降至

－0.5%，创下 2015 年 5 月以来的最低值，7 月 CPI 环比回升至零点以上，但 10 月又降至－0.1%。

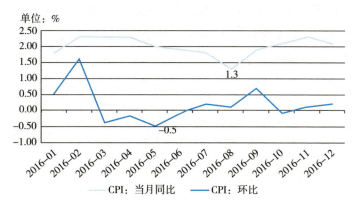

单位：%

图 17 － 1　2016 年我国社会消费品零售总额

资料来源：Wind 数据库，2017 年 1 月。

投资方面，1—10 月期间，民间固定资产投资同期累计增长率低于 2015 年水平。以 10 月为例，民间固定资产投资累计增长率为 2.9%，增速较上一年同期回落 7.3 个百分点。但进入下半年以来，我国民间资产投资累计增长率开始呈现缓慢上升态势。

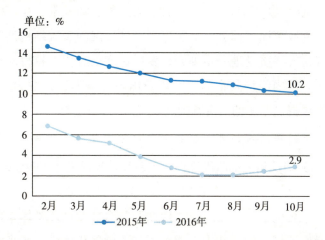

单位：%

图 17 － 2　2015—2016 年 1—10 月我国民间资产投资累计增长率对比

资料来源：国家统计局，2017 年 1 月。

从工业品出厂价格指数来看，2016 年前 8 个月，工业品出厂价格指数

（PPI）延续同比负增长的趋势，成为自2012年3月以来第54个月当月同比负增长。8月份，创下近六年来最大同比降幅，9月份PPI同比水平增至零点以上，并于12月升至2011年10月以来的最高值。从环比来看，PPI环比围绕零点略有波动，进入下半年以来，PPI环比缓慢攀升，12月以1.6%的水平实现2002年以来的最高值。

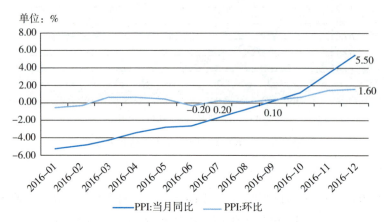

单位：%

图17-3　2015年1—9月工业品出厂价格指数（PPI）变化情况

资料来源：Wind数据库，2017年1月。

2017年，随着以"去库存、去杠杆、去产能、降成本、补短板"为核心的供给侧结构性改革深入推进，困扰我国经济发展的深层结构性问题有望进一步破解，经济发展质量进一步提升，发展速度也有望保持目前已经显现的良好复苏势头。国内经济基本面趋暖以及国内市场消费升级势必利好企业，为中小企业发展提供坚实的内需基础。

（二）创业创新深入推进，创业创新动力有望持续迸发

2016年国务院及相关部门围绕创业创新领域先后出台了20多项指导性文件，推出了"互联网+"11个领域行动计划等政策举措，打造了汇集"众创""众包""众扶""众筹"的"四众"平台，双创政策体系框架初步形成，极大地激发了创业创新活力，调动了创业创新积极性，使我国成为全球创业活动最活跃的区域之一。财政部、工业和信息化部、科技部等五部委联合启动小微企业创业创新基地城市示范工作，全国已有30个城市作为双创城市示范全国，为小微企业创业创新发展营造良好环境。此外，中央和地方系

列双创扶持政策以及"三证合一、一照一码"等商事制度改革形成叠加效应，激发了百姓投资创业的热情，促进了市场主体快速增长，创业创新蔚然成风，创业投资大幅增长，成为社会投资的新热点。数据显示，2016年上半年，全国新设市场主体783.8万户，比2015年同期增长13.2%，平均每天新登记超过4万户。目前，全国各类市场主体达到8078.8万户。

新创中小企业活跃指数稳步增长。2016年第三季度，国家工商总局通过对新设立的小微企业一周年调查问卷分析显示，新设小微企业总体比较活跃，活跃指数为69.9%，超八成开业企业实现营收，创新和涉网企业盈利比例高。中小企业景气指数从2016年2月份的98.90稳步提升到5月份的99.90，由此可见中央和地方前期出台的一系列稳增长政策进一步推动中小微企业快速复苏。

2017年，随着国家"创新驱动""大众创业，万众创新"战略的持续推进，以及各方促进创业创新政策的逐渐显效，可以预见企业创业创新环境必将愈发完善，中小企业创业动力与创新活力必将进一步迸发，中小企业有望迎来新一轮创业创新高潮。

（三）融资环境不断优化，融资压力有望继续缓解

2016年，针对中小企业融资难、融资贵的问题，中国银监会、国家税务总局与银行业金融机构联合开展"银税互动"活动，通过实现纳税人的"纳税信用"与"贷款信用"挂钩，对缓解小微企业融资难具有重要促进作用。截至6月末，全国各省级国税局、地税局与466家省级银行业金融机构签订"征信互认银税互动"合作协议，推出了230余项无抵押信用贷款金融产品，例如"税易贷""税融通""税添富"等，共为9万余户纳税守信企业发放了近1548.74亿元的贷款余额。中小企业融资环境在政策扶持下不断优化，根据银监会的统计，截至第三季度末，银行业金融机构用于小微企业的贷款（包括小微型企业贷款、个体工商户贷款和小微企业主贷款）余额25.6万亿元，同比增长13.7%。

2017年，融资政策有望进一步细化。在金融支持实体经济的大政策背景下，随着银监会对民营银行牌照的逐渐放开，面向中小企业的金融实体不断增加；信贷支持中小企业"三个不低于"政策的持续推进，中小企业信贷融资总量及覆盖率不断增长；多层次资本市场建设日益推进，中小企业融资渠道有望不断拓宽；各级中小企业融资担保、再担保体系将日益完善，中小企业融资门槛有望继续降低；面对中小企业的新型融资产品不断推出，中小企业选择范围有望越来越大。整体来看，长期困扰中小企业发展的"融资难、融资贵"问题有望继续得以缓解，整体融资环境有望持续改善。

（四）发展信心略有好转，中小企业未来预期依然谨慎

2016年中小企业生产活动整体有所复苏，销售状况温和改善，中小企业发展信心略有好转，但中小企业对未来预期更为谨慎，亟须树立市场信心。从渣打中国中小企业信心指数（SMEI）看，截至2016年11月份，中国中小企业信心月度指数波动明显，但较2015年持续下降的趋势略有改善，出现初步企稳的良好态势。最新的11月份数据显示，中小企业经营现状略显改善，但未来仍将面临困难。11月SMEI三个分项指数中，经营现状指数由上月的55.6略升至55.7，其中增长动能指数由于销售提速和产成品库存下降而从上月的6.9升至9.0。但预期指数降至近10个月以来最低值57.0，表明受访中小企业对经营前景的预期更为谨慎。信用指数亦由10月的53.3回落至52.3。中国中小企业信心指数和中国中小企业发展指数尽管并不能代表所有中小企业对当前经济发展实际的判断，但也在一定程度上反映了目前中小企业的普遍心态，中小企业对未来前景态度愈趋谨慎，经营缺乏持续性动力。

2017年，国内外经济形势不确定性较大，在外部经济环境未完全回暖前，预计中小企业对未来的预期依然谨慎。

二、需要关注的几个问题

（一）整体发展处于下行通道，小型企业压力尤大

2016年，我国中小企业发展整体处于收缩状态，中、小企业制造业采购经理人指数（PMI）基本处于荣枯线（50）以下，小型企业下行压力尤大，PMI指数全年处于49以下，需要重点关注。从PMI具体分布来看，2月降至当前最低水平，之后虽略有回升，但7月又降至荣枯线以下，8月，我国制造业采购经理人指数重回荣枯线之上，并实现小幅增长，11月以51.7的水平实现当年最高值，反映出我国经济在进入下半年以后企稳趋势明显。从不同规模企业的 PMI 来看，大型企业 PMI 全年均处于荣枯线上，2016 年 11 月，大型企业 PMI 比上月回升 4.3 个百分点，升至全年最高水平；中型企业 PMI 基本处于荣枯线上下浮动，在 4、5 两个月的 PMI 指数分别为 50 和 50.5，处于荣枯线以上，其余月份指数皆低于 50，虽然 2016 年第四季度有所回升，但下行压力明显。截至 2016 年 12 月，小型企业制造业 PMI 已经连续 29 个月低于荣枯分水岭。

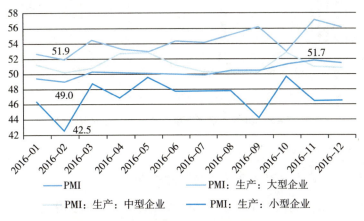

图 17-4　2016 年我国制造业采购经理人指数（PMI）

资料来源：Wind 数据库，2017 年 1 月。

2017 年，由于制造业所处外部环境短期内难以发生根本性变化，制造业转型升级依然任重道远，各种制约因素依然存在，中小企业自身在人才、资金、技术、信息等资源方面的劣势和短板决定了大中小型企业之间 PMI 分化的趋势将依旧延续，加之目前中小企业内在发展信心不足的因素，预期中小企业尤其是制造业中小企业处境依然较为严峻。

（二）东中西部差异化发展，地区差距进一步拉大

2016 年我国中小企业发展呈现出不同的变化趋势，从中小企业发展指数（SMEDI）（渣打银行）来看，东部地区中小企业发展指数呈上升趋势，从第一季度的 92.5，上升到第三季度的 92.7；而中、西部地区中小企业发展指数普遍呈下降趋势，西部地区从第一季度的 91.6，下降到第三季度的 89.9；中部地区发展状况最差，且下降趋势最为明显，从第一季度的 92.2 下降到第三季度的 84.9，下降了 7.9 个百分点。2017 年，我国东、中、西部中小企业地

区差异恐将进一步拉大，阻碍我国中小企业整体转型升级步伐。因此，2017年需要重点关注中、西部，尤其是中部地区的小微企业，可以适当给予政策倾斜。

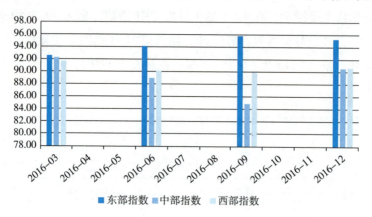

图 17 – 5 2016 年我国东中西部中小企业发展指数

资料来源：Wind 数据库，2017 年 1 月。

（三）投融资内生动力不足，转型升级任重道远

2017年，虽然我国中小企业外部融资环境有望不断优化，但却面临投融资内生动力不足的问题。民间固定资产投资一直是拉动我国中小企业发展的重要引擎，也可以反映出中小企业的发展状态。但自 2016 年以来，我国民间固定资产投资持续下降。截至 2016 年 9 月份，我国民间固定资产投资累计同比增长率已经下降至 2.47% ，较 2015 年同期降低 7.94 个百分点，而这一数

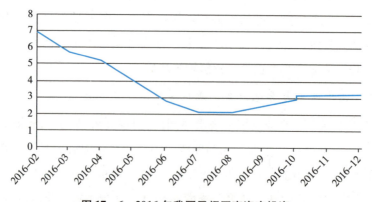

图 17 – 6 2016 年我国民间固定资产投资

资料来源：Wind 数据库，2017 年 1 月。

据在 2005—2015 年间的平均值是 32.75%。这说明民间投资推动我国中小企业增长的力量正在急剧减弱。与此同时，我国中小企业内在融资需求也呈不断下降趋势。自 2015 年以来，我国中小企业贷款需求指数持续（中国人民银行）下降，2016 年第三季度双双跌至 2009 年以来的最低点，中型企业 2016 年第三季度的贷款需求指数为 52%，小型企业的贷款需求指数为 55.8%，与 2015 年同期相比分别下降 2.6 个和 5.6 个百分点，均为 2009 年以来的最低水平。这些数据都说明我国中小企业生产经营动力不足。

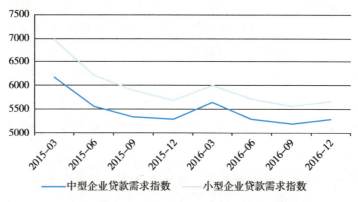

图 17 – 7　2015 年至 2016 年我国中、小企业季度贷款需求指数

资料来源：Wind 数据库，2017 年 1 月。

（四）政策落实有待加强，仍存在"最后一公里"问题

"最后一公里"并不是一个新问题，但 2017 年我国中小企业仍然面临这一难题。事实上长期以来，政府出台的各项扶持中小企业发展政策，在落实的过程中都很难解决"最后一公里"问题，减弱了政策实施效果。形成"最后一公里"现象的原因很多，既有主观认识方面的不足，又有地区差异的因素，还有政策制定的精准性不高、落实效果评估的缺失以及体制机制等方面的问题。

基于造成"最后一公里"问题原因的复杂性以及改革进入深水区，存在阻碍多、难度大等问题，清除政策落实阻碍具有长期性和艰巨性的特点。展望 2017 年，我国中小企业发展面临的国内外形势依然比较严峻，中小企业转型升级刻不容缓，要勇于抓住新一代信息技术带来的机遇，以"中国制造 2025"为发展契机，大力发展"专精特新"中小企业，勇于破除体制机制束

缚，推进各项扶持政策切实落地，尽快实现我国中小企业转型升级。

三、应采取的对策建议

（一）继续推进体制机制改革，优化中小企业发展环境

继续大力推进体制机制改革，为我国中小企业创造良好的发展空间，释放企业创业创新活力。一是进一步加强税收方面的支持力度，在加大对中小企业税收减免的同时，关键要注重政策的落实效果。二是继续缩减行政事业性收费，减轻中小企业生产经营负担，引导中小企业将更多的精力投入产品和技术创新。三是继续推进商事制度改革，实行"一照一码""多证合一"和企业简易注销登记制度，降低中小企业市场准入门槛。四是大力开展中小企业"互联网＋"专项行动，打造以信息化平台为支撑的中小企业"互联网＋"生态体系，在此过程中，对于中、西部中小企业适当予以倾斜，促进全国中小企业协同发展。

（二）完善科技成果转化机制，激发中小企业创新活力

切实完善我国科技成果转化机制，形成以企业为主体的产学研金政合作体系。一是进一步推进科技成果使用、处置和收益管理改革，加大对科技成果承接、转化和产业化的以及创新企业和创新人员的财政补贴力度，例如可以采取一次性奖励、股权奖励等方式，对于创新成果转化起到关键作用的创新企业和创新人员以激励。二是继续鼓励科研院所人员、高校毕业生创业，壮大创业创新队伍，从源头上为中小企业创业创新活动增加活力。三是大力促进科技金融平台的发展，可以采取引入国内外知名创业投资机构，建立互联网众筹平台等方式，依靠市场化力量，自发引导科技成果完成转化过程。

（三）完善投融资体系，为中小企业提供资金支持

继续完善中小企业投融资体系建设，为中小企业提供资金支持。一是深化投融资机制改革，进一步降低投资门槛，完善中小企业创业补贴政策，设立中小企业贷款风险补偿专项资金，探索构建完善的"银行＋企业＋平台"的融资模式，创新政府、银行、企业的风险分担机制，缓解中小企业融资难题。二是进一步发挥中小企业发展基金的引导作用，撬动社会资本，为中小

企业、尤其是小微企业提供资金支持。三是完善助保贷风险保证金制度，健全中小企业投融资担保体系，构建起政府牵头的中小企业融资担保平台，为中小企业、尤其是小微企业提供融资担保。四是鼓励并支持中小企业直接融资，扶持条件较好的中小企业在创业板、新三板上市，为中小企业发展尤其是初期发展提供资金保证。

（四）加强政策落实，解决"最后一公里"问题

全面开展各项专项行动，加大力度缓解中小企业政策落实"最后一公里"难题。一是加大相关部门，尤其是地方政府相关部门的重视程度，将政策落实效果与地方政府绩效考核挂钩，从制度入手提高政策的执行效果。二是深入调查研究，明确各项政策难以落实的各个关键点，有针对性的探索解决思路，让中小企业切实享受到"政策红利"。三是建立政策落实效果评估机制，选取相应指标，构建科学合理的指标体系，对政策落实效果进行评估。四是建立相应的监督检查机制，如开展中小企业政策落实监督检查专项行动，对于政策落效果较好的地区予以鼓励。

后 记

　　《2016—2017 年中国中小企业发展蓝皮书》是由中国电子信息产业发展研究院赛迪智库中小企业研究所编制完成。本书通过客观描述中小企业发展情况、深入分析中小企业发展环境、系统梳理中小企业问题，科学展望未来发展前景，为读者提供一个中小企业发展全景式描述；通过对中小企业相关领域的专题分析，为读者提供中小企业重点领域的深度刻画。

　　本书由刘文强担任主编，赵卫东任副主编。赵卫东负责书稿的整体设计，并撰写第十六章、第十七章内容。韩娜负责撰写第一章、第四章内容。龙飞负责撰写第三章、第九章内容。王世崇负责撰写第五章、第十章内容。张朝负责第六章、第七章内容。冷哲负责第二章、第八章内容。陈辰负责第十一章、第十二章内容。景治铖负责撰写第十三章、第十四章、第十五章内容。赵卫东负责全书修改定稿。

　　在本书的撰写过程中，工业和信息化部中小企业局给予了精心指导和大力协助，在此向各位领导和专家的帮助表示诚挚的谢意。

　　通过本书的研究，希望为中小企业相关政府主管部门制定决策提供参考，为中小企业领域的研究人员以及中小企业管理者提供相应的基础资料。

面向政府　服务决策

思想，还是思想
才使我们与众不同

编 辑 部：赛迪工业和信息化研究院

通讯地址：北京市海淀区万寿路27号院8号楼12层

邮政编码：100846

联 系 人：刘颖　董凯

联系电话：010-68200552 13701304215

　　　　　010-68207922 18701325686

传　　真：0086-10-68209616

网　　址：www.ccidwise.com

电子邮件：liuying@ccidthinktank.com

研究，还是研究
才使我们见微知著

信息化研究中心	工业化研究中心	规划研究所
电子信息产业研究所	工业经济研究所	产业政策研究所
软件产业研究所	工业科技研究所	军民结合研究所
网络空间研究所	装备工业研究所	中小企业研究所
无线电管理研究所	消费品工业研究所	政策法规研究所
互联网研究所	原材料工业研究所	世界工业研究所
集成电路研究所	工业节能与环保研究所	安全产业研究所

编 辑 部：赛迪工业和信息化研究院
通讯地址：北京市海淀区万寿路27号院8号楼12层
邮政编码：100846
联 系 人：刘颖 董凯
联系电话：010-68200552 13701304215
　　　　　010-68207922 18701325686
传　　真：0086-10-68209616
网　　址：www.ccidwise.com
电子邮件：liuying@ccidthinktank.com